Vorläufiges Verwaltungsverfahren und vorläufiger Verwaltungsakt

T0326422

Europäische Hochschulschriften

Publications Universitaires Européennes

European University Studies

Reihe II

Rechtswissenschaft

Série II   Series II

Droit

Law

Bd./Vol. 1242

PETER LANG

Frankfurt am Main · Berlin · Bern · New York · Paris · Wien

Ferdinand Johannes Kopp

Vorläufiges Verwaltungsverfahren und vorläufiger Verwaltungsakt

PETER LANG
Frankfurt am Main · Berlin · Bern · New York · Paris · Wien

Die Deutsche Bibliothek- CIP-Einheitsaufnahme

Kopp, Ferdinand J.:

Vorläufiges Verwaltungsverfahren und vorläufiger
Verwaltungsakt / Ferdinand Johannes Kopp. - Frankfurt am
Main ; Berlin ; Bern ; New York ; Paris ; Wien : Lang, 1992
(Europäische Hochschulschriften : Reihe 2, Rechts-
wissenschaft ; Bd. 1242)
Zugl.: Berlin, Freie Univ., Diss., 1991
ISBN 3-631-45066-4

NE: Europäische Hochschulschriften / 02

D 188
ISSN 0531-7312
ISBN 3-631-45066-4

© Verlag Peter Lang GmbH, Frankfurt am Main 1992

Printed in Germany 1 2 3 5 6 7

Vorwort

Die Arbeit stellt die jüngste Monographie zum "vorläufigen Verwaltungsakt und vorläufigen Verwaltungsverfahren" dar. Sie berücksichtigt die zu diesem Thema erschienene Literatur und Rechtsprechung bis einschließlich Februar 1992.

Erstmalig wird der vorläufige Verwaltungsakt nicht isoliert untersucht, sondern zusammen mit dem Verfahren, das ihm zugrunde liegt, dem sog. "vorläufigen Verfahren". Breiten Raum widmet die Arbeit den Anforderungen der Ermessensausübung bei der Entscheidung der Verwaltung, ob sie einen vorläufigen Verwaltungsakt erlassen kann und soll. Die gefundenen Ergebnisse werden durch die jüngste Rechtsprechung bestätigt.

Die Monographie basiert auf der Ende 1991 von der Freien Universität Berlin angenommenen Dissertation. Mein Dank gilt allen, die diese Arbeit ermöglicht und gefördert haben. Vor allem möchte ich meinen Doktorvätern, Herrn Professor Dr. Ronellenfitsch und Herrn Professor Dr. Peine danken, die mir die für die Bearbeitung notwendige wissenschaftliche Freiheit ließen, die Arbeit zügig begutachteten und mir bei administrativen Problemen zur Seite standen.

Besonderen Dank möchte ich auch Herrn Professor Dr. Zippelius zukommen lassen, an dessen Lehrstuhl ich 1989/90 die Gedanken für diese Arbeit entwickeln konnte und der mir neben meiner Tätigkeit als wissenschaftlicher Assistent den Freiraum gewährte, diese zu Papier zu bringen.

Brüssel, im April 1992   Ferdinand Kopp

Inhaltsverzeichnis

§ 1   Einleitung 1

§ 2   Anwendungspraxis 3

A.) Definitionen 3
    I.) "vorläufiges" Verwaltungsverfahren 3
    II.) "vorläufiger" Verwaltungsakt 6

B.) Anwendungsgebiete 6
    I.) Grundsätzliches 6
    II.) Leistungsgewährende Verwaltung 7
        1.) Allgemeines 7
        2.) Gesetzlich geregelte Fälle vorläu-
            figer Verwaltungsakte 9
            a) Sozialrecht 9
               aa) § 42 SGB I 9
               bb) § 43 SGB I 11
               cc) Vergleichbare Normen 12
            b) Subventionsrecht 12
        3.) Gesetzlich nicht geregelte Fälle
            vorläufiger Verwaltungsakte 13
            a) Wintergeld/Schlechtwettergeld
               unter Vorbehalt 13
            b) Bewilligungen von Beihilfen
               nach dem MOG 14
    III.) Gestaltende und feststellende Verwal-
        tungstätigkeit 14
    IV.) Vorläufige Verwaltungsakte in der Ein-
        griffsverwaltung 18
        1.) Der Begriff "Gefahr" im Polizei-
            und Ordnungsrecht 19
        2.) Sonstige Regelungen vorläufiger
            Verwaltungsakte im allgemeinen
            Polizei- und Ordnungsrecht 21

a) Notkompetenzen 21

b) Polizeilicher und ordnungsbehördlicher Notstand 22

C.) Anwendungsgründe 23

   I.) Vorteile für den Bürger 23

   II.) Verwirklichung des Normzwecks 25

   III.) Interesse der Allgemeinheit 25

   IV.) Interesse der Verwaltung 28

      1.) Effektivität 29

      2.) Verfahrensökonomie 29

      3.) Befreiung von Zeitdruck 30

      4.) Risikobegrenzung 31

   V.) Gewaltenteilung 31

   VI.) "Besonderes Regelungsinteresse" 32

D.) Zwischenbilanz 33

   I.) Typische Konstellationen 33

   II.) Instrument zur Lösung komplexer Verfahren? 37

§ 3   Abgrenzung und Eingrenzung 39

A.) Grundsätzliches, Vorläufigkeit, Akzessorietät,
"summarisches" Verfahren 39

B.) "einstweilige Erlaubnis" nach § 20 PBefG 42

C.) Teilgenehmigungen, Vorbescheide 43

D.) Zusicherung, Zusage 44

E.) Verwaltungsvorakt 45

F.) Abschlagszahlungen, Vorschußleistungen 46

§ 4   Rechtsnatur des vorläufigen Verwaltungsaktes 48

A.) Allgemeines 48

B.) Nebenbestimmungen 48

   I.) Befristung 49

II.) Bedingung 56

III.) "uneigentliche" Bedingung 66

IV.) Sog. "Rechtsbedingung" 68

V.) Widerrufsvorbehalt 69

C.) Verwaltungsakt sui generis - Nebenbestimmung sui generis 80

D.) Der "vorsorgliche" Verwaltungsakt 86

§ 5 Nebenbestimmungen zu vorläufigen Verwaltungsakten 90

§ 6 Vorläufige Teil-Verwaltungsakte; vorläufige
Vorbescheide 91

§ 7 Verhältnis "Haupt"-verfahren - "vorläufiges"
Verfahren 92

§ 8 "Verfahrenswahl" 96

A.) Bedeutung 96

B.) "Rechtmäßigkeit" der Verfahrenswahl 98
I.) Formelle Rechtmäßigkeit der Entscheidung, im konkreten Fall ein "vorläufiges" Verfahren einzuleiten 98
1.) Zuständigkeit 98
2.) Verfahren 100
a) Untersuchungsgrundsatz 100
b) Beteiligte 102
aa) "Hauptbeteiligte" 102
bb) Hinzuziehung Dritter 104
c) Anhörung 105
d) Mitwirkung anderer Behörden 109
3.) Bekanntgabe 110
4.) Begründungspflicht 111

II.) Materielle Rechtmäßigkeit bzgl. der Entscheidung für ein vorläufiges Verfahren 112
   1.) Rechtsgrundlage 112
   2.) Ermessensausübung 115
      a) Gebundene Verwaltungsakte 116
      b) Ermessensverwaltungsakte 116
   3.) Verhältnismäßigkeit 117
      a) Grundsatz der Geeignetheit 118
         aa) vorläufiger Sicherungs-
             oder Aufklärungsverwal-
             tungsakt 120
             (1) Gefahr für die Rechts-
                 verwirklichung 120
             (2) schwerwiegende Beein-
                 trächtigung der Rechts-
                 verwirklichung 121
             (3) Veränderung des beste-
                 henden Zustandes 122
             (4) Regelungsart 122
         bb) Vorläufige Regelungsverwal-
             tungsakte 123
      b) Grundsatz der Erforderlichkeit ...124
      c) Grundsatz der Angemessenheit 125
   4.) Bestimmtheitsgrundsatz 127

§ 9   Rechtmäßigkeit in der Sache 129

   A.) Bedeutung 129

   B.) Formelle Rechtmäßigkeit 129

   C.) Materielle Rechtmäßigkeit 129
      I.) Rechtsgrundlage für den Inhalt einer
          vorläufigen Regelung 129
     II.) Verhältnismäßigkeit 130
    III.) Bestimmtheitsgrundsatz 130

§ 10 Rückerstattungsansprüche, Schadensersatzforde-
      rungen 132

      A.) Rückerstattungsansprüche 132

      B.) Schadensersatz 133

§ 11 Rechtswirkungen des vorläufigen Verwaltungsaktes .135

      A.) Bindungswirkung 135

      B.) Tatbestandsverwirkung 137

      C.) Fristen 137

      D.) Verwirkung 138

      E.) Beweislast 139

§ 12 Rechtsbehelfe, Anfechtbarkeit 140

§ 13 Kosten 144

§ 14 Zusammenschau, Ausblick 145

Literaturverzeichnis 149

Sachverzeichnis 164

§ 1 Einleitung

Die vorliegende Arbeit untersucht das Phänomen des sog. "vorläufigen Verwaltungsaktes".

Dieser ist das Produkt eines Verfahrens. Dieses Verfahren soll hier als "vorläufiges Verwaltungsverfahren" bezeichnet werden[1].

Einer der Schwerpunkte dieser Arbeit ist neben der Frage der Notwendigkeit des vorläufigen Verwaltungsaktes und der ihn erfordernden Interessenkonstellationen das Problem seiner dogmatischen Zulässigkeit und seiner Rechtsnatur.

Ein weiterer Schwerpunkt liegt bei der Frage nach den An forderungen und Voraussetzungen des Erlasses eines vorläufigen Verwaltungsaktes. Hierbei wird insbesondere untersucht, "wann" und "wie" die Verwaltung sich für den Erlaß eines "vorläufigen Verwaltungsaktes" entscheiden darf und welchen Erfordernissen ein entsprechendes Verfahren gerecht werden muß. Des weiteren wird auf das Verhältnis des "vorläufigen Verfahrens" zum "endgültigen Verfahren" eingegangen.

Bei der Suche nach Antworten ging ich stets von den Grundrechten, dem Rechtsstaatsprinzip und anderen verfassungsrechtlichen Grundentscheidungen aus. Die zum "Prozeßverfahrensrecht" hoch entwickelte Rechtsprechung des BVerfG konnte hier ebenso wie die zu diesen und angrenzenden Problemkreisen erschienene Literatur in die dogmatischen Überlegungen eingebracht werden. Auch scheute ich nicht, auf den ersten Blick unorthodox anmutende Gedankengänge zu beschreiten, wenn dies zu einem tieferen Verständnis des "vorläufigen Verwaltungsaktes" und der damit zusammenhängenden allgemeinen Dogmatik des Verwaltungsaktes angebracht erschien. Insofern soll vorliegende Schrift auch ein Beitrag zur Lehre des Verwaltungsaktes und der Nebenbestimmungen sein und neue Impulse vermitteln.

Die Diskussion um den vorläufigen Verwaltungsakt war erst mit der Entscheidung des BVerwG vom 14.4.83[2], in der es um Bescheide ging, nach denen das bewilligte Geld "vorbehaltlich des Ergebnisses der noch durchzuführenden Betriebsprüfung" auszuzahlen sei, in Gang gekommen[3]. Dies verwundert,

---

1 So Kopp, VwVfG, § 9 Rdnr. 22 ff.; s. aber auch die Definition und Eingrenzung dieses Begriffs unten §§ 2 A I, 3 A und 7.
2 E 67, 99 = DVBl 1983, 851 = DÖV 1983, 814
3 Vor 1983 hatte bereits Herrmann in BayVBl 1965, 53 diese Problematik angedeutet. Kopp, BayVBl 1968, 236 und Tiedemann, DÖV 1981, 786 befaßten sich erstmals eingehender mit diesem Bereich, ohne daß jedoch eine Diskussion entstanden war. Zu unproblematisch erschien offenbar die Existenz vorläufiger Verwaltungsakte.

da es "vorläufige Verwaltungsentscheidungen" seit jeher gab
und in der Rechtsordnung häufig anzutreffen sind[4]. Es
handelt sich beim "vorläufigen Verwaltungsakt" quasi um ein
"Alltags-Problem"[5] der Verwaltung. Auf die unterschied-
lichste Weise bringt die Verwaltung die vorläufige
Geltungswirkung eines derartigen Verwaltungsaktes zum
Ausdruck: durch Vorbehalte (der Rückforderung, der Anrechnung, der Erstattung, der Nachprüfung, der Änderung, der
Rücknahme oder der endgültigen Entscheidung), durch die Bezeichnung der erlassenen Regelung als "vorläufig", "vorzeitig", "einstweilig" oder "vorsorglich". Die Vorläufigkeit
kann sich auch aus der Bezeichnung als "Vorschuß" oder
"Vorausleistung" erkennen lassen. Oft ergibt sich die Vorläufigkeit erst aus den Umständen oder aus dem Zusammenhang
mit speziellen Rückforderungstatbeständen[6].

Nachdem die erste Diskussion um den vorläufigen Verwaltungsakt bereits ins Stocken gekommen war, bevor sie in
Gang gekommen war[7], fachte die Entscheidung des BSG vom
11.6.1987[8] zur Bewilligung von Wintergeld/Schlechtwetter-
geld unter dem Vorbehalt, daß zu Unrecht erfolgte Leistungen grundsätzlich zurückverlangt werden könnten, erneut die
Auseinandersetzung heftig an. Das Urteil des BVerwG vom
15.12.1988[9] brachte schließlich den "vorsorglichen Verwaltungsakt".

Einheitliche Ergebnisse, geschweige denn ein systematisches
Bild, sind bislang zu vermissen[10]. Die bisherigen Untersu-
chungen[11] konzentrieren sich vornehmlich auf die Frage der
Zulässigkeit des vorläufigen Verwaltungsaktes und seiner
Rechtsnatur und gelangen zu höchst unterschiedlichen Ergeb-
nissen. Auf das Verfahren wird höchstens am Rande eingegan-
gen, obwohl hier einer der wesentlichen und weiterführenden
Problemkreise zum vorläufigen Verwaltungsakt liegt.

Diese Lücke zu schließen und neue Ansatzpunkte für die dogmatische Behandlung des "vorläufigen Verwaltungsaktes" zu
bieten, ist Anliegen dieser Arbeit.

---

4 Vgl. die Beispiele unten § 2 B sowie die umfangreiche
   Fallsammlung vorläufiger Verwaltungsakte bei
   Schimmelpfennig, Vorläufige Verwaltungsakte.
5 Bieback, DVBl 1988, 453.
6 Vgl. Schimmelpfennig, BayVBl 1989, 70.
7 So J. Martens, DÖV 1987, 992; vgl. auch Schimmelpfennig,
   Vorläufige Verwaltungsakte, S. 1.
8 DVBl 1988, 449
9 BVerwGE 81, 84 = JZ 1989, 843.
10 J. Martens, NVwZ 1991, 1043; Kopp, DVBl 1990, 1191.
11 Vgl. König, BayVBl 1989, 33; Schimmelpfennig, BayVBl
   1989, 69; ders., Vorläufige Verwaltungsakte; Kemper,
   DVBl 1989, 981; Kreßel, BayVBl 1989, 65.

§ 2 Anwendungspraxis

A.) Definitionen

I.) Vorläufiges Verwaltungsverfahren

Unter dem Begriff "vorläufiges Verwaltungsverfahren" ist die nach außen wirkende Tätigkeit der Behörden zu verstehen, die aufgrund summarischer Prüfung der Sach- und/oder Rechtslage die Rechte und Pflichten innerhalb eines Verwaltungsrechtsverhältnisses[1] unter dem Vorbehalt späterer genauerer, endgültiger Prüfung feststellt und auf den Erlaß eines "vorläufigen Verwaltungsaktes" gerichtet ist[2]. Es soll also eine einstweilige, vorläufige Regelung eines verwaltungsrechtlichen Rechtsverhältnisses getroffen werden, die später durch eine endgültige Regelung ersetzt werden soll[3]. Ausgenommen von dieser Definition ist der Fall, daß eine Behörde durch die einstweilige Anordnung eines Verwaltungsgerichts zum Erlaß einer vorläufigen Regelung verpflichtet wird[4].

Der Erlaß einer vorläufigen, einstweiligen Regelung kommt in Betracht, wenn die Verwaltung sich einer Situation gegenübersieht, in der sie alsbald Entscheidungen treffen muß, aber nach dem Ergebnis der Ermittlungen noch nicht über eine endgültige Beurteilungsgrundlage verfügt, auch wenn sie der Ansicht ist, daß die Voraussetzungen für den Erlaß eines Verwaltungsaktes mit hoher Wahrscheinlichkeit vorliegen[5].

---

1 Vgl. zum Begriff Verwaltungsrechtsverhältnis Erichsen/ Martens, Allgemeines Verwaltungsrecht, § 10 II; Mayer/ Kopp, Allgemeines Verwaltungsrecht, § 35; Maurer, Allg. VerwR, § 8 Rdnr. 16 ff.
2 Vgl. J. Martens, Praxis, Rdnr. 246; ders., NVwZ 1985, 161 f.; Peine, DÖV 1986, 849; Tiedemann, DÖV 1981, 787; Kopp, VwVfG, § 9 Rdnr. 23 f.
3 So schon Merk, Deutsches Verwaltungsrecht, 1962, S. 824.
4 Vgl. BayVGH, BayVBl 1970, 295: Verpflichtung zur vorläufigen Erteilung eines Waffenscheins.
5 Ähnlich der Referentenentwurf zum SGBX - § 37 SGB - E -, dessen Übernahme in das Gesetz jedoch vor allem am Widerstand aus dem Bayer. Staatsministerium für Arbeit und Sozialordnung scheiterte, das eine Regelung des vorläufigen Verwaltungsaktes neben dem vorhandenen Instrumentarium von Nebenbestimmungen und vorläufigen Leistungen nach dem materiellen Sozialleistungsrecht und dem SGB I für überflüssig hielt, zumal auch der Entwurf des VwVfG ohne derartige Regelung auskomme (so die Stellungnahme des Bay. Staatsministeriums für Arbeit und Sozialordnung gegenüber dem Bundesminister für Arbeit und Sozialordnung vom Mai 1975, S. 20; vgl. zum Referentenentwurf Stelkens in Stelkens/Bonk/Leonhardt, § 35 Rdnr. 121).

Merkmal vorläufiger Verwaltungsakte ist die Ungewißheit hinsichtlich der endgültigen Tatbestandsverwirklichung.

Ob auch eine Ungewißheit bezüglich der Rechtslage ausreicht[6], erscheint wegen der Bindung der Verwaltung an Gesetz und Recht auf den ersten Blick als bedenklich. Bei der vorläufigen Steuerfestsetzung nach § 165 AO z. B. geht die Rechtsprechung des BFH davon aus, daß die Ungewißheit hinsichtlich der steuerrechtlichen Beurteilung von Tatsachen nicht für den Erlaß einer vorläufigen Festsetzung ausreicht[7]. Dies mag im Steuerrecht als Eingriffsverwaltung überzeugen. Hieraus jedoch einen allgemeinen Grundsatz für das Institut des vorläufigen Verwaltungsaktes herleiten zu wollen, erscheint unangemessen. In der Leistungsverwaltung geht es um die Sicherung von Ansprüchen des Bürgers, wo es u.U. auf rasches Handeln der Verwaltung ankommt. Im Bereich der Eingriffsverwaltung muß hingegen nicht zuletzt wegen des Gesetzesvorbehalts ein strengerer Maßstab Anwendung finden, der nur in außergewöhnlichen Fällen und bei hinreichender Wahrscheinlichkeit einer Rechtslage zum Erlaß von vorläufigen Regelungen führen darf. Hinsichtlich vorläufiger Verwaltungsakte bei ungewisser Rechtslage werden ebenfalls strengere Maßstäbe gelten müssen als bei der bloßen Ungewißheit bezüglich der Tatbestandsverwirklichung. Denn der Bürger muß davon ausgehen können, daß die Behörde "ihr Recht" anzuwenden versteht und sich nicht selbst erst rechtskundig machen muß. Die Behörde wird daher nur dann vorläufig handeln dürfen, wenn es gilt, offensichtliche Mißstände bei komplizierter Rechtslage zu unterbinden. Sie wird jedoch für rascheste Klärung der Rechtslage durch Rückfrage bei der vorgesetzten Behörde sorgen müssen. Im Zweifel muß sie eine endgültige Entscheidung fällen, auch auf die Gefahr hin, daß sie der Bürger sofort anficht und das Gericht die Entscheidung aufhebt.

Erfordert die Tatbestandsermittlung längere Zeit und widerspricht ein weiteres Zuwarten schwerwiegenden öffentlichen Interessen oder den Erfordernissen eines wirksamen Rechtsgüterschutzes des Bürgers oder ist diesem nicht mehr zumutbar, dann muß die Verwaltung den Erlaß einer einstweiligen Regelung in Erwägung ziehen. Denn ohne vorläufige Regelung würde gar nichts geschehen. Eine Untätigkeitsklage nach § 75 VwGO seitens des Bürgers würde ebenfalls nicht zum Erfolg führen, sofern ein sachlicher Grund für die Verzögerung einer endgültigen Entscheidung vorliegt[8]. "Einfach nichts zu tun"[9] und weiter zu vermitteln bis zur abschließenden Prüfung aller Voraussetzungen, läßt jedoch oft der Gesetzeszweck bereits nicht zu.

---

6 So wohl J. Martens, Praxis, Rdnr. 245; ders., DÖV 1987, 996; Peine, DÖV 1986, 849; Tiedemann, DÖV 1981, 878.
7 BFH v. 25.4.85, BStBl II 85, 648.
8 Tiedemann, DÖV 1981, 790.
9 J. Martens, DÖV 1987, 996.

Dem Bürger, dem Antragsteller oder Dritten können durch
Entscheidungsverzögerungen große Nachteile entstehen. Seine
Rechte, die u.U. sogar aus der Verfassung herrühren können,
oder die Wahrung des öffentlichen Interesses können durch
ein Abwarten der Verwaltung gefährdet werden. Es muß für
den Erlaß eines vorläufigen Verwaltungsaktes demnach eine
Situation vorliegen, die derjenigen aus § 123 VwGO ähnlich
ist: Es muß die Gefahr bestehen, daß ohne eine einstweilige
Regelung in bezug auf den Streitgegenstand durch eine Veränderung des bestehenden Zustandes die Verwirklichung eines
Rechts des Antragstellers vereitelt oder wesentlich erschwert werden könnte. Ein vorläufiger Verwaltungsakt ist
auch zur Regelung eines vorläufigen Zustandes in bezug auf
eine unklare Rechtslage angebracht, wenn eine Regelung, vor
allem bei dauernden Rechtsverhältnissen, um wesentliche
Nachteile abzuwenden oder drohende Gewalt zu verhindern
oder aus anderen Gründen nötig erscheint[10]. Es geht um die
Befriedigung oder Sicherung materieller subjektiver Rechtspositionen[11] bzw. die Wahrung des öffentlichen Interesses[12], das freilich faktisch wiederum Individualinteressen
zugute kommt[13]. So steht die Verwaltung vor dem Dilemma,
aus rechtsstaatlichen und materiellrechtlichen Gründen für
eine rasche Durchführung des Verfahrens sorgen zu müssen[14],
andererseits aber die von der jeweiligen Sache her gebotene
Gründlichkeit nicht außer acht lassen zu dürfen[15], die ihrerseits eine Folgerung des Rechtsstaatsgebotes ist[16]. Jedoch wird auch hier der vom BVerfG zum einstweiligen
Rechtsschutzverfahren nach § 123 VwGO bereits entwickelte
Rechtsgedanke heranziehbar sein, daß, je intensiver Grundrechte der Beteiligten möglicherweise betroffen sind, desto
eher eine einstweilige, vorläufige Regelung - hier seitens
der Verwaltung - zu erlassen sein wird[17].

Der schwerfälligere, häufig auch völlig überlastete, einstweilige, gerichtliche Rechtsschutz sollte in gerade genannten Situationen nicht das primäre Mittel zur raschen Erledigung von originären Angelegenheiten der Verwaltung sein,
sondern nur ultima ratio. Als letzte, nur mehr überprü-
fende, nicht agierende Schutzinstanz ist der gerichtliche
Rechtsschutz gedacht[18]. Es wäre "widersinnig, wenn die Ver-

---

10 So auch § 123 VwGO.
11 Vgl. v. Mutius im Geleitwort zu Schoch, Vorläufiger
   Rechtsschutz und Risikoverteilung im Verwaltungsrecht,
   S. V
12 Auf den Begriff des "öffentlichen Interesses" wird noch
   unter 2 C III eingegangen.
13 Pietzner/Ronellenfitsch, Assessorexamen, § 9 Rdnr. 13.
14 Kopp, Verfassungsrecht, S. 110 ff.
15 Kopp, Verfassungsrecht, S. 115.
16 Kopp, Verfassungsrecht, S. 61.
17 BVerfG v. 25.10.88, DVBl 1989, 36; ein ähnlicher Gedanke
   kommt auch in den BVerfGE 35, 382 (402); 38, 52 (58);
   68, 220 (228) zum Ausdruck.
18 Kopp, Verfassungsrecht, S. 116; ders., BayVBl 1968, 238;
   Schimmelpfennig, Vorläufige Verwaltungsakte, S. 147 ff.;
   ders., BayVBl 1989, 74; Tiedemann, DÖV 1981, 789;

waltung einen rechtsuchenden Bürger an die Gerichtsbarkeit
verweisen müßte, damit diese eine entsprechende vorläufige
Anordnung erläßt und damit die Verwaltung zu dem verpflichtet, wozu diese von sich aus bereit gewesen wäre"[19]. Die
Folge wäre, daß die Gerichte nicht mehr die Verwaltung
kontrollieren, sondern selbst originäre Verwaltungsaufgaben
wahrnähmen[20]. Dies würde zwangsläufig zu einem Ansehens-
und Vertrauensverlust des Bürgers in die Verwaltung führen.
Einem Rechtsstaat kann das auf Dauer kaum gut bekommen.

II.) Vorläufiger Verwaltungsakt

Das vorläufige Verwaltungsverfahren ist auf den Erlaß eines
vorläufigen Verwaltungsaktes gerichtet[21]. Als mögliches
"Produkt"[22] des vorläufigen Verfahrens[23] ist der vorläufige
Verwaltungsakt die konkrete einstweilige Regelung bzw.
Feststellung der Rechte und Pflichten der Beteiligten eines
Verwaltungsrechtsverhältnisses aufgrund einer summarischen
Prüfung der Sach- und Rechtslage unter dem Vorbehalt einer
späteren genaueren Prüfung[24]. Diese ist nicht bloß eine
reine Vorbereitungshandlung oder Mitentscheidung im "Innen-
bereich" der Verwaltung, sondern trifft - z.B. bei Gefahr
im Verzuge - mit Außenwirkung konkrete bestimmte vorläufige
Regelungen, die dann in einem endgültigen Verwaltungsakt
bestätigt oder auch relativiert werden können[25].

B.) Anwendungsgebiete

I.) Grundsätzliches

Der Anwendungsbereich für vorläufige Verwaltungsakte und
entsprechende Verfahren umfaßt sämtliche Gebiete des besonderen Verwaltungsrechts. Überall, wo "Verwaltung"[26] vorliegt, können die Behörden bei entsprechender Fallkonstruktion mehr oder weniger mit der Überlegung, ob es zweckmäßig
oder notwendig ist, einen vorläufigen Verwaltungsakt zu erlassen, konfrontiert werden. In vielen Rechtsgebieten ist
ein sog. "vorläufiger Verwaltungsakt" ausdrücklich vorgese-

Burianek, NJW 1987, 2728; s. auch unten § 2 C V.
19 Kopp, Verfassungsrecht, S. 116; Tiedemann, DÖV 1981,
   789.
20 Tiedemann, DÖV 1981, 789; Schimmelpfennig, Der vorläufige Verwaltungsakt, S. 147.
21 Kopp, VwVfG, § 9 Rdnr. 23; s. oben § 2 A I.
22 Stern, Das Staatsrecht der Bundesrepublik Deutschland,
   Band II, § 41 III 3 b.
23 Zur Beendigung eines Verfahrens auf sonstige Weise s.
   Kopp, VwVfG, § 9 Rdnr. 45.
24 J. Martens, Praxis, Rdnr. 246; ders., NVwZ 1985, 161 f.;
   Peine, DÖV 1986, 849; Tiedemann, DÖV 1981, 787.
25 Hufen, Fehler im Verwaltungsverfahren, Rdnr. 393.
26 Zum Begriff "Verwaltung" und seiner Definition vgl.
   Mayer/Kopp, Allgemeines Verwaltungsrecht, § 1 II;
   Maurer, § 1 Rdnr. 1 ff.

hen[27]. So spricht das Gaststättengesetz in § 11 ausdrücklich von einer "vorläufigen" Erlaubnis. Manchmal ergibt sich die Vorläufigkeit jedoch erst aus dem Zusammenhang wie bei § 10 VII BSeuchenG. Aber auch "verdeckt"[28], nur durch geregelte, weitgehende Rückzahlungsverpflichtungen, kommt die Vorläufigkeit in manchen Bereichen zum Ausdruck, wie z.B. im GVLwG[29], insbesondere in § 9, oder im FFG[30]. Vielfach fehlen aber auch Regelungen, aus denen sich wenigstens mittelbar die Zulässigkeit von vorläufigen Verwaltungsakten ergibt. Dennoch arbeitet die Verwaltung auch in diesen Bereichen mit dem Instrument des vorläufigen Verwaltungsakts. Im folgenden wird eine kleine Übersicht über die verschiedenen Bereiche gebracht, in denen vorläufige Verwaltungsakte vorkommen und von der Verwaltung auch benützt werden.

II.) Leistungsgewährende Verwaltungstätigkeit

1.) Allgemeines

Als "Prototyp" des vorläufigen Verwaltungsaktes wird die vorläufige Subventionsbewilligung angesehen[31]. Diese gehört zum Bereich der Leistungsverwaltung. Bei der Leistungsverwaltung wird die Verwaltung tätig, indem sie zur Erreichung wirtschafts-, gesellschafts-, sozial- oder kulturpolitischer Ziele im öffentlichen Interesse für den Bürger vor allem bestimmte Leistungen, meist in Form von Geld- oder Sachleistungen, erbringt oder Einrichtungen für die Öffentlichkeit bereitstellt[32]. Hierher gehören insbesondere die Subventions- und Förderungsverwaltung (z.B. Subventionen für die Landwirtschaft und den Bergbau, Förderung von Kunst u. Wissenschaft), die Sozialverwaltung (z.B. Sozialversicherung, Sozialhilfe), die Besoldungs- und Versorgungsverwaltung (z.B. Beamtengehälter, -pensionen) wie auch die sog. Vorsorgeverwaltung (Bereitstellen von öffentlichen

---

27 Z.B. §§ 11 GastG, 9 a WHG, 7 a AbfG, 4 II BWaStrG, 18 f. BFStrG, 77 BauGB, 38 ff. LBeschG, 164, 165 AO, 74 III VwVfG; s. auch unten § 2 B II 2 III und IV; eine umfangreiche Aufzählung der gesetzlich geregelten vorläufigen Verwaltungsakte bringt Schimmelpfennig, Vorläufige Verwaltungsakte.
28 Schimmelpfennig, Vorläufige Verwaltungsakte, S. 9.
29 Gasölverwendungsgesetz - Landwirtschaft vom 22.12.1967 - BGBl I. S. 1339, geändert durch G. v. 8.9.1969, BGBl I. S. 1589
30 Gesetz über Maßnahmen zur Förderung des deutschen Films - FFG - vom 25.6.1979, BGBl I. S. 803, das in § 38 einen deutlichen Hinweis auf einen vorläufigkeitstypischen "Nachprüfungsvorbehalt" enthält.
31 Peine, DÖV 1986, 853; Schimmelpfennig, BayVBl 1989, 70; J. Martens, DÖV 1987, 993.
32 Creifelds, Rechtswörterbuch, Stichwort: Leistungsverwaltung; Wolff/Bachof, Verwaltungsrecht I, § 3 I b 2; Erichsen/Martens, Allgemeines Verwaltungsrecht, § 2 II 3.

Einrichtungen für die Allgemeinheit wie z.B. die Bereitstellung von Verkehrs- und Beförderungseinrichtungen oder von Bildung- und Kultureinrichtungen)[33]. In vielen Bereichen der Leistungsverwaltung bestehen materiellrechtliche Ansprüche des Bürgers, die frühmöglichst befriedigt werden sollen, damit er leben oder wirtschaften kann[34]. Das Ziel, die wirtschaftliche Bewegungsfreiheit, sei diese persönlicher oder wirtschaftlicher Art, zu erhalten oder im öffentlichen Interesse zu vergrößern, steht bei der Leistungsverwaltung im Vordergrund, gleichgültig, ob es sich um Zahlungen für den Lebensunterhalt, Zahlungen zum Ausgleich besonderer Härten, BAföG-Zahlungen oder um Subventionszahlungen handelt[35]. Ein rascher Zahlungsbeginn liegt im öffentlichen Interesse, wenn soziale Mißstände verhindert werden sollen oder sofortige "Finanzspritzen" makro- oder auch mikroökonomischen Interessen zu dienen bestimmt sind[36]. Ist die Verwaltung damit konfrontiert, daß einerseits noch Ungewißheit über das Vorliegen tatsächlicher und/oder rechtlicher Voraussetzungen des Leistungsanspruchs bestehen, deren Klärung jedoch noch längere Zeit in Anspruch nehmen würde, andererseits die vorliegenden Prüfungsergebnisse eine endgültige Gewährung der Leistung erwarten lassen und ein weiteres Abwarten sowohl im Interesse der Verwirklichung des Normzwecks als auch im Interesse des Entscheidungsadressaten und/oder der Allgemeinheit untunlich und für die Betroffenen unzumutbar wäre, so liegt eine typische Situation für einen vorläufigen Verwaltungsakt vor[37].

Insbesondere bei der Leistungsverwaltung, die dem Normadressaten Leistungen im engeren Sinn, d.h. Geld- oder Sachleistungen, gewährt[38], lassen sich zwei Komponenten für den Ansatz vorläufiger Verwaltungsakte erkennen: zum einen die Komponente der Anspruchsgrundlage, zum anderen die Komponente des Anspruchsumfangs bzw. der Anspruchshöhe. Dies wurde auch in der grundlegenden Entscheidung des BSG vom 11.6.87[39] herausgearbeitet, indem das Gericht feststellt, daß die gesetzliche Regelung aus § 42 SGB I, die vorläufige Zahlungen vorsieht, nicht "in Fällen anzuwenden" ist, "in denen fraglich ist, ob ein Leistungsanspruch dem Grunde nach überhaupt besteht"[40]. Eine gewisse Parallele zum Steuerrecht, das ebenfalls zwischen Grundlagenbescheid und Steuerfestsetzung unterscheidet[41], läßt sich nicht übersehen, verwundert aber nicht, da es hier ebenfalls um Geld-

---

33 Creifelds, Rechtswörterbuch, Stichwort: Leistungsverwaltung; König, BayVBl 1989, 37; Kreßel, BayVBl 1989, 67; Peine, DÖV 1986, 852.
34 Peine, DÖV 1986, 852; J. Martens, DÖV 1987, 996 f.
35 Peine, DÖV 1986, 852.
36 J. Martens, DÖV 1987, 996.
37 Siehe oben § 2 A I.
38 König, BayVBl 1989, 37.
39 DVBl 1988, 449 (452).
40 BSG v. 11.6.87, DVBl 1988, 452.
41 Vgl. § 171 X AO.

leistungen geht, freilich in entgegengesetzter Richtung:
vom Bürger zum Staat.

Die Komponente der Anspruchsgrundlage wie die Komponente
des Anspruchsumfangs bzw. der Leistungshöhe können getrennt
durch zwei verschiedene vorläufige Verwaltungsakte festgelegt werden.

So kann die Verwaltung einen vorläufigen Verwaltungsakt bezüglich der Anspruchsgrundlagen[42] und einen bezüglich der
Anspruchshöhe erlassen, sofern die Anspruchsgrundlagen
feststehen. Aber auch ein vorläufiger Verwaltungsakt bezüglich Anspruchsgrundlagen und Anspruchsumfang ist möglich.

2.) Gesetzlich geregelte Fälle vorläufiger Verwaltungsakte

Der Bereich der Leistungsverwaltung weist aufgrund seiner
Besonderheiten eine Reihe von gesetzlichen Regelungen für
den Erlaß von vorläufigen Verwaltungsakten auf[43], wobei das
Gesetz die Vorläufigkeit auf verschiedenste Weise konstru-
iert und zum Ausdruck bringt.

a) Sozialrecht

aa) § 42 SGB I

Ist die Leistungspflicht des Leistungsträgers bereits geklärt, aber ist die Höhe des Anspruchs des Leistungsberechtigten noch offen und erfordert seine Feststellung "voraussichtlich" noch "längere Zeit", dann kann bzw. muß[44] die
Verwaltung gem. § 42 SGB I Vorschußzahlungen leisten, deren
Höhe sich an der voraussichtlich endgültig zu gewährenden
Leistung orientieren soll[45]. Hier liegt ein typischer Fall
eines gesetzlich geregelten vorläufigen Verwaltungsaktes
vor.

Ein endgültiger Verwaltungsakt kann nicht ergehen, solange
die Höhe des Anspruchs nicht festgestellt ist. Um jedoch
Nachteile und Härten für den Sozialleistungsberechtigten
aus der Dauer einer Feststellung der Höhe des Anspruchs zu
vermeiden, hat der Gesetzgeber die Regelung von § 42 SGB I
geschaffen[46]. In dieser "erlaubt" der Gesetzgeber der Ver-

---

42 So der Fall, den das BSG vom 11.6.87 zu beurteilen
   hatte, DVBl 1988, 449.
43 Eine umfangreiche Darstellung gesetzlich geregelter
   Fälle vorläufiger Verwaltungsakte bringt Schimmelpfennig, Vorläufige Verwaltungsakte. An dieser Stelle
   soll nur exemplarisch auf einige für die weitere Darstellung relevante gesetzliche Regelungen vorläufiger
   Verwaltungsake eingegangen werden.
44 Vgl. § 42 I S. 2 SGB I.
45 Grüner/Dalichau, SGB I, § 42 Anm. II 3; Bley in Bley
   u.a., SGB SozVersGesKomm, § 42 SGB I Anm. 5.
46 BT-Drucks. 7/868 zu § 42, S. 29; Bochumer Komm. zum SGB
   I, § 42 Rdnr. 1; Hauck/Haines, SGB I, § 42 Rdnr. 1.

waltung, sich, auch im Interesse einer raschen und effektiven Aufgabenerfüllung, zunächst mit einem geringeren Überzeugungsgrad vom Vorliegen der Anspruchsvoraussetzungen, z.b. lediglich einer "Glaubhaftmachung", zu begnügen und die Unsicherheit durch eine entsprechende Vorläufigkeit der Entscheidung zu kompensieren[47]. Der Gesetzgeber trifft hier im Spannungsfeld der Grundrechte des Leistungsberechtigten, des Sozialstaatsprinzips und der Rechtssicherheit eine bewußte Entscheidung dahingehend, daß hier die Hilfe des Anspruchsberechtigten auf jeden Fall Vorrang haben muß. § 42 SGB I ersetzte und vereinheitlichte nicht nur die in verschiedenen Sozialleistungsbereichen bestehenden gesetzlichen Vorschriften[48], sondern bildete auch die Grundlage für die bis dato von der Sozialverwaltung angewandte und von der BSG-Rechtsprechung anerkannte Praxis, auch ohne ausdrückliche Ermächtigung Vorschüsse und vorläufige Leistungen zu gewähren[49]. Er dient dem "Prinzip der Schnelligkeit"[50] im Sozialrecht[51] und ist somit Ausfluß des Sozialstaatsprinzips des Art. 20 I GG.

Die gesetzliche Konstruktion des § 42 SGB I ist überraschend einfach, ohne daß es Nebenbestimmungen oder sonstiger Instrumente bedurft hätte. Das Gesetz spricht von "Vorschüssen", die "auf die zustehende Leistung anzurechnen" sind. Viel Raum widmet § 42 SGB I hingegen dem Erstattungsanspruch gegen den Empfänger, wenn zu viel Vorschuß geleistet wurde. Der Erstattungsanspruch des § 42 SGB I ist auf die sozialrechtlichen Besonderheiten ausgerichtet. Er kann gestundet, niedergeschlagen oder erlassen werden. Den vorläufigen Charakter einer Zahlung nach § 42 SGB I drückt der Gesetzgeber einerseits durch den Begriff "Vorschüsse" (im Gegensatz zur endgültigen "zustehenden Leistung") aus, andererseits durch die umfassende Regelung des Erstattungsanspruchs, die insoweit als Vorbehalt einer abschließenden, endgültigen Entscheidung verstanden werden kann[52].

---

47 Zur Funktion der Glaubhaftmachung als Kompensation von Verfahrensdauer vgl. BVerwGE 55, 23, 29 f.; Schimmelpfennig, Vorläufige Verwaltungsakte, S. 23.
48 BSGE 55, 287, 290 m. Hinw. auf die amtl. Begr. zu § 42 SGB I, BT-Drucks. 7/868, S. 29.
49 BSG SGB 76, 457, 461 mwN; BSGE 18, 198, 150; Barnewitz, SGb, 1979, 99, 100.
50 Gagel, AFG, vor § 142 Rdnr. 65 ff.
51 Vgl. § 17 I Nr. 1 SGB I.
52 Schimmelpfennig, Vorläufige Verwaltungsakte, S. 19; Freischmidt in Hauck/Haines, SGB I, § 42 Rdnr. 8; BSGE 18, 148, 151; vgl. auch BSG SozR 4150 Art. 4 § 2 aF KG Nr. 1 (bei Grüner/Dalichau, SGB I, § 42 Rspr. Nr. 7): Einem Vorschuß ist es wesenseigen, durch eine erst zukünftige endgültige Verbescheidung des Leistungsantrags abgelöst und ersetzt zu werden.

Umstritten ist, ob § 42 SGB I eine materiell-rechtliche[53] oder eine verfahrensrechtliche[54] Vorschrift ist. Nach der Rspr. des Bundessozialgerichts kommt der Vorschußgewährung gegenüber der endgültigen Leistung eigenständige Rechtsnatur zu. Bezüglich des Anspruchsgrundes hat die Vorschußgewährung keine Bindungswirkung[55]. Geht man davon aus, daß das vorläufige Verfahren ein eigenständiges Verfahren und nicht nur ein "Vor"-Verfahren eines endgültigen Verfahrens ist, kommt man zu dem Ergebnis, daß die materielle Rechtsgrundlage für die Leistungen sich aus dem Besonderen Teil des Sozialrechts ergeben muß und § 42 SGB I lediglich eine verfahrensrechtliche Vorschrift ist, nicht jedoch eine eigene materiell-rechtliche Rechtsgrundlage[56].

bb) § 43 SGB I

§ 43 SGB I betrifft den Fall einer rechtlichen Unsicherheit. Wenn feststeht, daß ein Anspruch auf Sozialleistung besteht, jedoch noch zwischen mehreren Leistungsträgern streitig ist, wer zur Leistung verpflichtet ist (sog. negativer Kompetenzkonflikt), darf dies nicht zu Lasten des Empfangsberechtigten gehen. Vielmehr soll bzw. muß[57] dann, bis der "richtige" Leistungsverpflichtete festgestellt ist, der zuerst angegangene Leistungsträger vorläufige Leistungen erbringen. Der Gesetzgeber verwendet hier ausdrücklich den Begriff "vorläufig" und verweist bezüglich der Leistungsanrechnung bzw. des Erstattungsanspruchs bei Überzahlung auf die umfangreichen Regelungen von § 42 II, III SGB I. Die "vorläufige" Leistung ergeht unter dem Vorbehalt der endgültigen Entscheidung, welcher Sozialträger aufgrund welcher Rechtsgrundlage für die (endgültigen) Sozialleistungen zuständig ist[58].

---

53 Freischmidt in Hauck/Haines, SGB I, § 42 Rdnr. 8: gegenüber dem Anspruch auf Sozialleistung eigenständiger, aber von diesem abgeleiteter Anspruch.
54 Schellhorn in Burdenski u.a., GK SGB I, § 42 Rdnr. 18; Rode in Wertenbruch, Boch. Großkommentar, SGB AT, § 42 Rdnr. 9; die materielle Anspruchsgrundlage ergibt sich aus dem Besonderen Teil des Sozialrechts.
55 BSGE 55, 287, 290 f.; 20, 287, 288; 23, 259, 261; 37, 155, 159; Peters, SGB AT, § 42 Anm. 3, 4.
56 Dem widerspricht auch nicht die Entscheidung des BSG, DVBl 1988, 449, die die Unterscheidung der Komponenten der Grundlagen und des Leistungsumfangs (s.o.) herausgearbeitet hat und zu dem Ergebnis gekommen ist, daß § 42 SGB nur die Komponente des Umfangs regelt, nicht jedoch den Erlaß eines vorläufigen Verwaltungsaktes in in bezug auf die Anspruchsvoraussetzungen.
57 § 43 I S. 2 SGB I.
58 Freischmidt in Hauck/Haines, SGB I, § 43 Rdnr. 3; Kocher in Jahn, SGB I, § 43 Rdnr. 5; vgl. auch Bauer VersBea 77, 138, 139, der § 43 SGB I als Unterfall des § 42 SGB I ansieht.

Ähnlich wie bei § 42 SGBI ist umstritten, ob § 43 SGB I eine eigenständige materielle Anspruchsgrundlage[59] oder bloß eine besondere Zuständigkeitsregelung für sozialrechtliche Ansprüche ist, die ihre materiell-rechtliche Grundlage im Besonderen Teil des SGB haben[60]. Letztere Ansicht ist die überzeugendere. § 43 SGB I setzt, wie sich aus dem Wortlaut ergibt, einen materiell-rechtlichen Anspruch voraus und begründet nicht selbst einen materiell-rechtlichen Anspruch. Ohne eine materielle Anspruchsgrundlage im Besonderen Teil des SGB kann aus § 43 SGB I kein Anspruch hergeleitet werden.

cc) Vergleichbare Normen

Ähnliche Normen wie § 43 SGB I finden sich in § 44 BSHG und in Art. 8 I BayAGBSHG[61]. Auch hier regelt der Gesetzgeber wie selbstverständlich die vorläufige Zuständigkeit von Sozialleistungsträgern.

b) Subventionsrecht

Das Subventionsrecht gilt als der klassische Bereich der Leistungsverwaltung. Es weist ebenfalls eine Reihe von gesetzlichen Bestimmungen auf, die den Erlaß vorläufiger Verwaltungsakte regeln.

Nach dem Filmförderungsgesetz[62] kann die Herstellung eines neuen Films mit Geldmitteln gefördert werden, wenn das Filmvorhaben aufgrund des Drehbuchs sowie der Stab- und Besetzungsliste einen zur Verbesserung der Qualität und Wirtschaftlichkeit des deutschen Films geeigneten Film erwarten läßt. Nach Zuerkennung und Auszahlung der Mittel sind diese innerhalb bestimmter Fristen zweckentsprechend zu verwenden. Jedoch stehen die Mittel dem Antragsteller nur dann endgültig zu, wenn der mit Hilfe der Fördermittel erstellte Film den Förderungsvoraussetzungen[63], insbesondere den Anforderungen des § 19 FFG[64], genügt. Ergibt die spätere abschließende Prüfung, daß der geförderte Film nicht förderungswürdig ist, sind die Fördermittel zurückzuzahlen. In der vorläufigen Förderung ist daher ein Fall eines vorläufigen Verwaltungsaktes zu sehen[65].

---

59 Kocher in Jahn, SGB I § 43 Rdnr. 9: "Sozialleistung eigener Art"; Schellhorn in Burdenski u.a. GK SGB I, § 43 Rdnr. 11, 18, ausdrücklich anders als bei § 42 SGB, vgl. o. Fn. 53.
60 Rode in Wertenbruch, Boch. Großkommentar, SGB AT, § 43 Rdnr. 11
61 Auf weitere geht Schimmelpfennig, Vorläufige Verwaltungsakte, S. 25 ff. ein.
62 Gesetz über Maßnahmen zur Förderung des deutschen Films - FFG - v. 25.6.1979, BGBl. I S. 803.
63 Vgl. §§ 15, 16, 18 FFG.
64 Keine Verletzung von Verfassung, Gesetzen, sittlichen oder religiösen Gefühlen, keine "Schundfilme".
65 Vgl. auch Schimmelpfennig, Vorläufige Verwaltungsakte, S. 8 ff.

Ähnliches gilt für das Gasölverwendungsgesetz (GVLwG)[66] im
Bereich der Landwirtschaft. Hier werden Verbilligungsbe-
träge nach entsprechendem Antrag (§ 9 GVLwG) für das lau-
fende Kalenderjahr im voraus bewilligt und ausgezahlt (§ 10
GVLwG). Grundlage der Festsetzung ist der nachgewiesene begünstigte Vorjahresverbrauch (§ 9 II, III GVLwG), wobei
durch Glaubhaftmachen eines Mehrbedarfs eine Aktualisierung
für den Bewilligungszeitraum erfolgen kann (vgl. § 9 III
GVLwG). Zu viel oder zu wenig gezahlte Subventionen werden
bei der Festsetzung des folgenden Jahres ausgeglichen (§ 9
III GVLwG). Zu Unrecht gezahlte Subventionen sind
zurückzuzahlen (§ 11 II GVLwG). Demnach handelt es sich bei
den Verbilligungsbeträgen um durch vorläufige Verwaltungsakte gewährte Leistungen, die unter dem Vorbehalt der endgültigen Festsetzung nach Abschluß des Bewilligungszeit-
raums gewährt werden[67].

3.) Gesetzlich nicht geregelte Fälle vorläufiger Verwal-
    tungsakte

Während in grundrechtsrelevanten Bereichen wie dem Sozialrecht, dem Filmförderungsrecht oder dem Erziehungsrecht der
Gesetzgeber weitgehend klare Entscheidungsvorgaben zugunsten vorläufiger Verwaltungsakte erlassen hat, fehlen in
weiten Bereichen der sonstigen Leistungsverwaltung Normen,
die ausdrücklich vorläufige Verwaltungsakte regeln. Dennoch
arbeitet die Verwaltung auch in diesen Bereichen mit dem
Instrument des vorläufigen Verwaltungsaktes.

a) Wintergeld/Schlechtwettergeld unter Vorbehalt

Paradebeispiel ist der vom BSG mit Urteil vom 11.6.87[68]
entschiedene Fall. In dem zu entscheidenden Fall ging es um
die von der Verwaltung geübte Praxis, Wintergeld/Schlecht-
wettergeld den Antragstellern unter dem Vorbehalt zu bewil-
ligen, daß zu Unrecht gezahlte Beträge zurückzuzahlen
seien, wenn sich nachträglich herausstelle, daß die Voraussetzungen für die Gewährung dem Grunde oder der Höhe nach
nicht vorgelegen hätten oder weggefallen seien. Der Hinweis
auf den Rückzahlungsvorbehalt hinsichtlich der Höhe ist
eine Tautologie zu § 42 SGB I. Jedoch fehlt, wie das BSG
feststellt, eine ausdrückliche gesetzliche Grundlage für
den Vorbehalt bezüglich der Anspruchsvoraussetzungen. Auch
wenn das BSG den Wortlaut der Bewilligung nicht als Vorbehalt einer Aufhebung anerkennt[69], so stellt es doch sehr

---

66 Gasölverwendungsgesetz-Landwirtschaft v. 22.12.1967 –
   BGBl. I S. 1339, geänd. durch G. v. 8.9.1969, BGBl. I
   S. 1589.
67 So auch Schimmelpfennig, Vorläufige Verwaltungsakte, S.
   6 ff.; a.A. Kemper, Der vorläufige Verwaltungsakt, S. 85
   f.
68 DVBl 1988, 449.
69 BSG, DVBl 1988, 451.

detailliert die grundsätzliche Zulässigkeit eines Aufhe-
bungsvorbehalts und seiner Anwendung in der Verwaltungspraxis fest[70].

b) Bewilligung von Beihilfen nach dem MOG

Ein weiterer Fall vorläufiger Verwaltungsakte ohne gesetzliche Grundlage im Bereich der Leistungsverwaltung ist die
Bewilligung und Auszahlung von Beihilfen für die in zurück-
liegenden Monatszeiträumen durchgeführte Denaturierung von
Magermilch bzw. -pulver nach dem MOG[71] innerhalb weniger
Tage, wobei der Antragsteller das Vorliegen der Bewilli-
gungsvoraussetzungen nur glaubhaft nachweisen muß[72]. Weder
in den materiell einschlägigen, noch in den auf § 6 MOG ge-
stützten nationalen Ausführungsverordnungen ist eine "vorläufige Subventionsbewilligung" vorgesehen[73]. Dennoch ist
es jahrelange ständige Praxis des für die Vergabe zuständigen Bundesamtes für Ernährung und Forstwirtschaft in Frank-
furt/Main[74], die Bewilligungen "unter dem Vorbehalt des
Ergebnisses einer Betriebsprüfung"[75] zu erteilen, sofern
aufgrund der nach den Vergaberichtlinien der EG[76] festge-
legten Prüfungsabständen und der unterschiedlichen Prüfungsintensität[77] noch Unsicherheiten bezüglich der Anspruchsvoraussetzungen bzw. des Anspruchsumfangs bleiben.
Diese Praxis hat das BVerwG bestätigt[78].

III.) Gestaltende und feststellende Verwaltungstätigkeit

In weiten Bereichen wird die Verwaltung tätig, indem sie
eine Rechtslage aktiv durch Verwaltungsakte gestaltet. Sie
erteilt Erlaubnisse (zum Betrieb eines Gewerbebetriebes,
einer Gaststätte etc.), versetzt Beamte in den Ruhestand,
verfügt die Widmung öffentlicher Sachen[79].

Feststellender Natur ist hingegen die Tätigkeit der Verwaltung, wenn sie mittels Verwaltungsakt die Rechtslage für
einen konkreten Einzelfall klarstellend festlegt. Rechtser-
hebliche Eigenschaften innerhalb eines Verwaltungsrechts-

---

70 BSG DVBl 1988, 451 ff.
71 Marktordnungsgesetz v. 31.8.72, BGBl. I 1617.
72 Art. 9 II EWG-VO Nr. 1725 aus 1979, Amtsbl. EG L 199 S.
   1 ff.
73 Schimmelpfennig, Vorläufige Verwaltungsakte, S. 3.
74 Vgl. § 3 I Nr. 2 MOG i.d.F. vom 23.6.76, BGBl. I, 1608,
   1613.
75 Vgl. VG Frankfurt RIW/AWD 81, 479; Urt. v. 1.12.83, I/2
   E 2495/81, S. 2; BVerwGE 67, 99.
76 Vgl. z.B. VO (EWG) 1725 aus 1979, Amtsbl. EG L 199 S. 1
   ff.
77 Vgl. Art. 10 II c), d), e) der VO (EWG) Nr. 1725/79.
78 BVerwGE 67, 99 ff., sog. "Magermilchfall"; Beschl. v.
   3.10.89, Buchh. 316 § 48 Nr. 28; BVerwGE 74, 357 (365).
79 Vgl. Schwerdtfeger, Öffentliches Recht in der Fallbearbeitung, Rdnr. 41.

verhältnisses werden verbindlich festgestellt[80]. So wird
das Besoldungsdienstalter eines Beamten durch Verwaltungsakt festgelegt oder der Flüchtlingsstatus oder der Grad der
Erwerbsunfähigkeit festgestellt[81].

In diesen Bereichen kann es zur Erfüllung der jeweiligen
Verwaltungsaufgabe im Interesse des Antragstellers bzw. im
öffentlichen Interesse geboten sein, mit dem rechtlich an-
gestrebten Verhalten nicht bis zur endgültigen Klärung der
Rechtslage zu warten, sondern eine Zwischenlösung anzu-
ordnen und das endgültige Verfahren dadurch zugleich vom
Zeitdruck zu entlasten[82]. So erläßt die Verwaltung Erlaubnisse, Genehmigungen, Bewilligungen, Konzessionen oder ähnliche Verwaltungsakte, mit denen sie ein beabsichtigtes
Verhalten für zulässig erklärt oder ermöglicht, "vorbehaltlich des Ergebnisses einer noch durchzuführenden Betriebsprüfung", "unter dem Vorbehalt der endgültigen Entscheidung", oder als "vorläufige" oder "einstweilige Erlaubnisse"[83]. Ebenso verfährt sie im Bereich der feststellenden
Verwaltung, indem sie eine bestimmte Rechtslage unter Vorbehalt" oder bloß "vorläufig" feststellt[84].

Beispiele gesetzlicher Regelungen von vorläufigen Verwaltungsakten im Bereich der gestaltenden und feststellenden
Verwaltungstätigkeit sind §§ 11 GastG, 9 a WHG, 7 a AbfG,
14 II BWaStrG.

Die Voraussetzungen in den genannten Normen zum Erlaß eines
vorläufigen Verwaltungsaktes variieren entsprechend der Intention des Gesetzgebers. Im WHG und im AbfG, die als
umweltschützende Gesetze dem Wohl der Allgemeinheit in besonderem Maße zu dienen bestimmt sind, wurden konkrete,
strenge Anforderungen für den Erlaß vorläufiger Erlaubnisse
ausdrücklich normiert[85].

So ist die Erteilung einer "jederzeitig widerruflichen" Be-
nutzungszulassung nach § 9 a WHG nur dann möglich, wenn mit
einer endgültigen "Entscheidung zugunsten des Unternehmers
gerechnet werden kann"[86]. Neben dieser überwiegenden Wahr-

---

80 König, BayVBl 1987, 261; Stelkens in Stelkens/Bonk/
   Leonhardt, VwVfG, § 35 Rdnr 110.
81 Vgl. Schwerdtfeger, Öffentliches Recht in der Fallbearbeitung, Rdnr. 41.
82 So auch die amtl. Begr. zu § 9 a WHG, BT-Drucks. 7/888
   S. 16; Gieseke u.a., WHG, § 9 a Rdnr. 1; Sieder u.a.,
   WHG, § 9 a Rdnr. 2; Michel/Kienzle, GastG, § 11 Rdnr. 2,
   7; Hösel/v. Lersner, Abfallbeseitigung, § 7 a AbfG Rdnr.
   2; Mörtel/Metzner, GastG, § 11 Rdnr. 1; OVG Münster v.
   1.4.69 = GewA 69, 230; Schwermer in Kunig/Schwermer/
   Versteyl, AbfG, § 7 a Rdnr. 2.
83 Vgl. König, BayVBl 1989, 35.
84 Z.B. die vorläufige Festsetzung des Beamtendienstalters
   bei Neueinstellung eines Beamten; vgl. Peine, DÖV
   1986, 854 f.
85 Vgl. § 1 a I WHG und § 1 I AbfG.
86 § 9 a I 1 WHG.

scheinlichkeit[87] der Erteilung der endgültigen Genehmigung ist ein "öffentliches Interesse" oder ein "berechtigtes Interesse des Unternehmers"[88] am vorzeitigen Beginn erforderlich. Darüber hinaus muß sich nach § 9 a I Nr. 3 WHG der Unternehmer verpflichten, sämtliche Schäden, die durch ihn bis zum Erlaß der endgültigen Entscheidung verursacht wurden, zu ersetzen und, falls die endgültige Entscheidung negativ ausfallen sollte, den früheren Zustand wieder herzustellen[89].

Ganz ähnlich ist § 7 a AbfG formuliert. Auch hier kann vor Erteilung der endgültigen Genehmigung der Beginn der Ausführung unter dem Vorbehalt des Widerrufs bei überwiegender Wahrscheinlichkeit der Erteilung der endgültigen Genehmigung[90] und Vorliegen eines öffentlichen Interesses am vorzeitigen Beginn[91] sowie einer Verpflichtung des Trägers des Verfahrens, sämtliche bis zur Entscheidung verursachten Schäden zu ersetzen und bei negativer endgültiger Entscheidung den früheren Zustand wieder herzustellen[92], bei eventueller Sicherheitsleistung[93] zugelassen werden.

In § 11 GastG hat der Gesetzgeber auf solche Anforderungen für den Erlaß einer vorläufigen Erlaubnis verzichtet. Dies ist verständlich. Denn auch wenn das GastG als Gesetz des besonderen Sicherheitsrechts der Allgemeinheit dient, so steht dennoch die Berufs- und Gewerberegelung unter besonderer Berücksichtigung des Grundrechts aus Art. 12 GG im Vordergrund. Der Schaden, den ein unzuverlässiger Gastwirt verursachen kann, erschien dem Gesetzgeber offensichtlich nicht als dermaßen das Allgemeinwohl gefährdend wie etwaige Schäden im Bereich des Wasserhaushaltes oder der geordneten Abfallbeseitigung. Insofern hat der Gesetzgeber hier eindeutige Wertentscheidungen getroffen. Auch berücksichtigte der Gesetzgeber, daß eine zeitweilige Stillegung des Betriebs sich wirtschaftlich für den Erwerber schwer nachteilig auswirken und zu unerwünschten Folgen für die Allgemeinheit, insbesondere in kleinen Gemeinden, führen kann[94]. Dennoch ist für den Erlaß einer vorläufigen Erlaubnis nach § 11 GastG, wie Rspr. und Lehre herausgearbeitet

---

87 Gieseke u.a., WHG, § 9 a Rdnr. 7.
88 Vgl. § 9 a I Nr. 2 WHG; Gieseke u.a., WHG, § 9 a Rdnr. 8, 9
89 Gieseke u.a., WHG, § 9 a Rdnr. 19.
90 § 7 a I Nr. 1 AbfG; Hoschützky/Kreft, Abfallwirtschaft, § 7 a AbfG Anm. 1.2.2; Schwermer in Kunig/Schwermer/Versteyl, AbfG, § 7 a Rdnr. 19.
91 § 7 a I Nr. 2; Bedenken wegen der Vorwegnahme des Ergebnisses der Planfeststellung führten zur Streichung des "berechtigten Interesses des Unternehmers" in § 7 a AbfG; vgl. Hösel/v. Lersner, Abfallbeseitigung, § 7 a AbfG Rdnr. 1.
92 § 7 a I Nr. 3 AbfG.
93 § 7 a II AbfG.
94 Vgl. schriftl. Bericht des Wirtschafts-Aussch. Drucks. V/1652 S. 5 zu § 11; Mörtel/Metzner, GastG, § 11 Rdnr. 1.

haben, notwendig, daß eine aufgrund summarischer Prüfung
festgestellte gewisse Wahrscheinlichkeit für das Vorliegen
der Erlaubnisvoraussetzungen nach § 4 GastG gegeben ist[95].

Wie bei §§ 42 und 43 SGBI könnte es auch zweifelhaft sein,
ob es sich um eigenständige materielle Anspruchsgrundlagen
oder um eher verfahrensrechtliche Normen[96] handelt. Für
letzteres spricht die diesen Regelungen eigene "Akzessorietät"[97]. "Akzessorietät" bedeutet, daß vorläufige Genehmigungen nach §§ 9 a WHG, 7 a AbfG oder 11 GastG nicht "isoliert", sondern nur im Rahmen eines auf Erteilung einer
endgültigen Erlaubnis gerichteten Hauptverfahrens zulässig
sind[98]. Das vorläufige Genehmigungsverfahren hängt vom
Hauptverfahren ab. Es muß das Hauptverfahren eingeleitet
sein, damit im "vorläufigen" Verfahren eine "vorläufige"
Erlaubnis erteilt werden kann[99]. Ist die endgültige Erlaubnis unzulässig, so kann auch keine vorläufige Erlaubnis erteilt werden[100]. Der "Haupt"-Antrag und der Antrag auf Erlaß einer vorläufigen Genehmigung beruhen auf demselben
Sachverhalt. Problematisch ist, ob man angesichts des unterschiedlichen Antrags ("endgültige" Genehmigung - "vorläufige" Genehmigung) von einer Identität des Regelungsgegenstandes sprechen kann[101]. Zwar bezwecken beide Anträge
die Erteilung einer Erlaubnis bzw. Genehmigung. Jedoch
richten sich die Anträge auf zwei völlig verschiedene Regelungen. Ziel des einen Antrags ist eine vorläufige Genehmigung, während der Hauptantrag auf den Erlaß einer endgültigen Genehmigung gerichtet ist. Auch kann eine "vorläufige"
Erlaubnis niemals zusammen mit einer "endgültigen" Genehmigung erteilt werden, was ein Paradoxon wäre. Deshalb liegt
keine Identität des Verfahrensgegenstandes vor.

95 Hoffmann/Seitter, Gaststättenrecht, § 11 GastG Rdnr. 5;
   Robinski, Gewerberecht, S. 160; Mörtel/Metzner, GastG, §
   11 Rdnr. 7; OVG Münster DVBl 1973, 863, 864; Hess. VGH
   vom 26.10.83 = GewArch 84, 68; Michel/Kienzle, GastG,
   § 11 Rdnr. 3; Lohmann DVBl 1974, 321, 322.
96 So für § 7 a AbfG Schwermer in Kunig/Schwermer/Versteyl,
   AbfG, § 7 a Rdnr. 6; Franßen, Abfallrecht in: Salzwedel
   (Hrsg.), Grundzüge des Umweltrechts, S. 435; Birn/Jung,
   Abfallbeseitigungsrecht für die betriebliche Praxis, §
   7 a Anm. 1.3.
97 Hoffmann/Seitter, Gaststättenrecht, § 11 GastG Rdnr. 4;
   Sieder u.a. WHG, § 9 a Rdnr. 3; Gieseke u.a., WHG, § 9 a
   Rdnr. 2; Hoschützky/Kreft, Abfallwirtschaft, § 7 a AbfG
   Anm. 1.2.1.; Mörtel/Metzner, GastG, § 11 Rdnr. 6.
98 Bickel, DÖV 1978, 788, 790; Wernicke, ZfW 77, 76, 77;
   Hoffmann/Seitter, Gaststättenrecht, § 11 GastG Rdnr. 4;
   Sieder u.a., WHG, § 9 a Rdnr. 3; Kunig/Schwermer/
   Versteyl, AbfG, § 7 a Rdnr. 11.
99 Kunig/Schwermer/Versteyl, AbfG, § 7 a Rdnr. 11;
   Sieder/Zeitler, WHG, § 9 a Rdnr. 3; Mörtel/Metzner,
   GastG, § 11 Rdnr. 6.
100 Mörtel/Metzner, GastG, § 11 Rdnr. 6.
101 So Schimmelpfennig, Vorläufige Verwaltungsakte, S. 36.

Wesentlicher Unterschied zwischen endgültigem und vorläufigem Verfahren ist, daß der Verwaltungsakt bei ersterem nur nach endgültiger und abschließender Klärung der sachlichen und rechtlichen Voraussetzungen (Nichtvorliegen von Versagungsgründen) erlassen werden darf, während bei letzterem aufgrund eines summarisch prüfenden Verfahrens ein dem Zweck der vorläufigen Erlaubnis genügender Grad der Wahrscheinlichkeit zum Erlaß eines Verwaltungsaktes ausreicht[102].

IV.) Vorläufige Verwaltungsakte in der Eingriffsverwaltung

Auch im Bereich der Eingriffsverwaltung, in der die Verwaltung mit hoheitlichen Anordnungen aktiv in die Rechts- und Freiheitssphäre der Rechtsunterworfenen, meist in Form belastender, gebietender und verbietender Verwaltungsakte eingreift[103], finden vorläufige Verwaltungsakte Anwendung[104], obwohl die Eingriffsverwaltung in besonderem Maße an das Gesetz gebunden ist (sog. Vorbehalt des Gesetzes, Gesetzesvorbehalt)[105]. Ohne gesetzliche Ermächtigung kann die Eingriffsverwaltung nicht handeln[106].

Klassischer Bereich der Eingriffsverwaltung ist das Polizei- und Ordnungsrecht[107]. Dort ist der Grundsatz des Gesetzesvorbehalts bereits seit dem Konstitutionalismus des 19. Jahrhunderts anerkannt[108]. Trotz dieser strikten Gesetzesbindung[109] müssen die Polizei- und Ordnungsbehörden mit einer Vielzahl verschiedenster Aufgabenstellungen und Situationen zurecht kommen, die ein hohes Maß an Flexibilität und Entscheidungsfreiheit erfordern. Um die Aufgabenerfüllung nicht zu erschweren bzw. unmöglich zu machen, wird in vielen Befugnisnormen den Polizeikräften und Sicherheitsbehörden Ermessen eingeräumt[110] sowie die Befugnisse mit Hilfe sog. unbestimmter Rechtsbegriffe[111] definiert.

---

102 Mörtel/Metzner, GastG, § 11 Rdnr. 7; Lohmann DVBl 1974, 322; auf den Begriff "summarisches Verfahren" wird noch unter § 3 A näher eingegangen.
103 Creifelds, Rechtswörterbuch, Stichwort: Eingriffsverwaltung; Erichsen/Martens, Allgemeines Verwaltungsrecht, § 2 II 2; Wolff/Bachof, Verwaltungsrecht I, § 23 III a.
104 Di Fabio, DÖV 1991, 629; a.A. Peine, DÖV 1986, 852.
105 Erichsen/Martens, Allg. VerwR, § 2 II 2; Maurer, Allg. VerwR, § 6 Rdnr. 12; allgemein zum Gesetzesvorbehalt vgl. Mayer/Kopp, Allg. VerwR, § 8 III; Maurer, Allg. VerwR, § 6 Rdnr. 3 ff.
106 Erichsen/Martens, Allg. VerwR, § 2 II 2.
107 Erichsen/Martens, Allg. VerwR, § 2 II 2.
108 Mayer/Kopp, Allg. VerwR, § 8 III 2 b.
109 Erichsen/Martens, Allg. VerwR, § 2 II 2.
110 Vgl. zum Begriff Ermessen Kopp, VwVfG, § 40 Rdnr. 2 ff.
111 Vgl. zum sog. "unbestimmten Rechtsbegriff" Kopp, VwVfG, § 40 Rdnr. 30 ff.

1.) Der Begriff "Gefahr" im Polizei- und Ordnungsrecht

Ein unbestimmter Rechtsbegriff ist der Begriff "Gefahr"[112],
dem zentrale Bedeutung im Polizei- und Sicherheitsrecht zukommt[113]. Unter "Gefahr" ist eine Lage zu verstehen, in der
nach verständiger, auf allgemeiner Lebenserfahrung beruhen-
der Beurteilung bei ungehindertem Ablauf des objektiv zu
erwartenden Geschehens der Eintritt eines Schadens für die
öffentliche Sicherheit und/oder Ordnung mit hinreichender
Wahrscheinlichkeit zu erwarten ist[114]. Gemäß dieser Definition ist dem Begriff "Gefahr" bereits ein prognostisches
Wahrscheinlichkeitsurteil (bezüglich der Schadenseignung)
immanent[115], wobei auf das Urteil eines fähigen, besonnenen
und sachkundigen Amtswalters abzustellen ist (sog. "normativ-subjektiver Wahrscheinlichkeitsbegriff)[116]. Im Interesse einer effektiven Gefahrenbekämpfung ist maßgeblich, ob
bei verständiger Würdigung aus der Sicht des handelnden Po-
lizeibeamten im Zeitpunkt seiner Entscheidung, also aus der
ex-ante-Perspektive, der objektive Anschein einer Gefahr
vorhanden war[117]. Folgerichtig stellt auch die sog. "Anscheinsgefahr"[118] und der sog. "Gefahrenverdacht"[119] eine

---

112 Vgl. zum Begriff "Gefahr" im Polizeirecht Knemeyer,
    Polizei- und Ordnungsrecht, Rdnr. 61; Berner,
    Polizeiaufgabengesetz, Art. 2 Rdnr. 9.
113 Vgl. Friauf in v. Münch, Bes. VerwR, S. 221; Knemeyer,
    Polizei- und Ordnungsrecht, Rdnr. 61.
114 W. Martens in Drews u.a., Gefahrenabwehr, § 13 Anm. 1;
    Schenke in Steiner, Bes. VerwR II, Rdnr. 28; Knemeyer,
    Polizei- und Ordnungsrecht, Rdnr. 61; Berner,
    Polizeiaufgabengesetz, Art. 2 Rdnr. 9; BVerwGE 28, 310,
    315; 45, 51, 57; 62, 36, 38 f.
115 W. Martens in Drews u.a., Gefahrenabwehr, § 13 Anm. 2
    b; Friauf in v. Münch, Bes. VerwR, 3. Abschn. II 1 d;
    Hoffmann-Riem, in Festschr. für Wacke, S. 327, 331;
    Götz, Allg. Polizei- u. OrdR, § 7 Rdnr. 117; Kickartz,
    Ermittlungsmaßnahmen, S. 60, 64.
116 Hoffmann-Riem, in Festschr. für Wacke, 1972, S. 327,
    339; W. Martens in Drews u.a., Gefahrenabwehr, § 13
    Anm. 2 b; Schneider, DVBl 1980, 306, 408; Hansen-Dix,
    Die Gefahr im Polizeirecht, im Ordnungsrecht und im
    Technischen Sicherheitsrecht, 1982, S. 34; Nell,
    Wahrscheinlichkeitsurteile in juristischen Entscheidun-
    gen, 1983, S. 47 ff.; abweichend Schwabe, DVBl 1982,
    655 f.; wohl auch Götz, Allg. Polizei- u. OrdR, § 7
    Rdnr. 117.
117 Schenke in Steiner, Bes. VerwR II, Rdnr. 37; Friauf in
    v. Münch, Bes. VerwR, 3. Abschn. II 1 d; Hoffmann-Riem,
    in Festschr. für Wacke, 1972, S. 327; W. Martens in
    Drews u.a., Gefahrenabwehr, § 13 Anm. 2 b; Breuer, in
    Gedächtnisschrift W. Martens, 1987, S. 317, 333 ff.;
    a.A. Götz, Polizei- u. OrdR, Rdnr. 127; Schwabe, in
    Gedächtnisschrift für Martens, 1987, 419, 426 f.
118 Zum Begriff Anscheinsgefahr s. W. Martens in Drews
    u.a., Gefahrenabwehr, § 13 Anm. 2 e; Schenke in
    Steiner, Bes. VerwR II, Rdnr. 37; Knemeyer, Polizei- u.

20

Gefahr im polizei- und sicherheitsrechtlichen Sinn dar[120].
Konnte die handelnde Behörde bei der "Anscheinsgefahr" aufgrund einer objektiv nicht zu beanstandenden ex-ante-Beur-
teilung der Sachlage vom Vorliegen einer Gefahr überzeugt
sein, so nimmt sie im Fall des sog. "Gefahrenverdachts" bewußt gewisse Unsicherheiten bezüglich des Sachverhalts
(z.B. anonyme Bombendrohung, Befall importierter Lebensmit-
tel mit Seuchenerregern) oder des zu erwartenden Kausalab-
laufs (z.b. hinsichtlich der Nebenwirkungen eines Medika-
ments) in Kauf, wodurch ihr die Prognose der Wahrscheinlichkeit eines Schadenseintritts erschwert wird[121].
Im Interesse einer effizienten Gefahrenabwehr und der Erfüllung des Gesetzesauftrags[122] ist die Behörde trotz dieser Unsicherheiten zum Einschreiten befugt[123]. Das Vorgehen
muß jedoch dem Grundsatz der Verhältnismäßigkeit entsprechen[124], wobei vorläufige aufklärende oder sicherstellende
Maßnahmen grundsätzlich erlaubt sind[125]. Die getroffenen
vorläufigen Maßnahmen stützen sich auf die gleiche materiell-rechtliche Grundlage wie endgültige Maßnahmen (z.B.

OrdR, Rdnr. 69.
119 W. Martens in Drews u.a., Gefahrenabwehr, § 13 Anm. 2
c; Hansen/Dix, S. 66 f., 68 ff.; Schneider, DVBl 1980,
406, 408; Knemeyer, Rdnr. 70.
120 Bzgl. sog. "Anscheinsgefahr" vgl. W. Martens in Drews
u.a., Gefahrenabwehr, § 13 Anm. 2 c; Schenke in
Steiner, Bes. VerwR II, Rdnr. 37; Knemeyer, Polizei- u.
OrdR, Rdnr. 69, Hansen-Dix, S. 60; Breuer, Gedächtnis-
schrift W. Martens, 1987, S. 334; Darnstädt, S. 85 ff.;
Gerhardt, Jura 1987, 521 ff.; Schneider, DVBl 1980,
408; BVerwGE 45, 51, 58; 49, 36, 42, 44; a.A.: Schwabe,
DVBl 1982, 655; bzgl. sog. "Gefahrenverdachts" vgl. W.
Martens in Drews u.a., Gefahrenabwehr, § 13 Anm. 2 c;
Knemeyer, Polizei- u. OrdR., Rdnr. 70; Darnstädt, S. 94
ff.; Hansen-Dix, S. 67 mwN; BVerwGE 39, 193 f.; a.A.
Götz, Allg. Polizei- u. OrdR, Rdnr. 128: Vorstadium der
Gefahr.
121 W. Martens in Drews u.a., Gefahrenabwehr, § 13 Anm. 2
c; Schimmelpfennig, Vorläufige Verwaltungsakte, S. 55.
122 Schenke in Steiner, Bes. VerwR II, Rdnr. 38; Friauf in
v. Münch, Bes. VerwR, 3. Abschn. II 1 d a.E.; Hoffmann-
Riem, in Festschr. für Wacke, 1972, S. 330 f.
123 W. Martens in Drews u.a., Gefahrenabwehr, § 13 Anm. 2
c; Hoffmann-Riem, S. 332.
124 W. Martens in Drews u.a., Gefahrenabwehr, § 13 Anm. 2
c; Knemeyer, Polizei- u. OrdR, Rdnr. 70; Di Fabio,
DÖV 1991, 635.
125 W. Martens in Drews u.a., Gefahrenabwehr, § 13 Anm. 2
c; Hoffmann-Riem, S. 334; Friauf in v. Münch, Bes.
VerwR, 3. Abschn. II 1 d a.E.; Knemeyer, Polizei- u.
OrdR, Rdnr. 70; Schlink, DVBl 1986, 166; Schneider,
DVBl 1980, 408 a.E.; grundsätzlich hierzu Kickartz, Ermittlungsmaßnahmen, Gefahrenerforschung und einstweilige polizeiliche Anordnungen, Diss. Mannheim 1984; Di
Fabio, DÖV 1991, 636; BVerwGE 39, 195 f.; OVG Münster,
DVBl 1982, 654; VGH Mannheim, DÖV 1985, 688; VGH
München, BayVBl 1986, 591.

Art. 11 I BayPAG; § 14 I berl. ASOG; § 8 I PolG   NW; Art.
7 II Nr. 3, III BayLStVG; § 51 GewO; § 17 I BlmSchG)[126].
Stellt sich heraus, daß trotz des Anscheins einer objektiven Gefahrenlage keine Gefahr vorlag bzw. der Gefahrenverdacht unbegründet war, so werden die getroffenen vorläufigen Maßnahmen nicht ex tunc rechtswidrig[127]. Sie sind jedoch umgehend aufzuheben, soweit dies noch möglich ist[128].
Bestätigt sich hingegen die Gefahrenlage, so sind die vorläufigen Maßnahmen durch die jeweils gebotenen endgültigen
Maßnahmen zu ersetzen[129].

Es läßt sich erkennen, daß der Erlaß einer vorläufigen oder
einer endgültigen Maßnahme nicht nur eine Frage des dem
Tatbestandsmerkmal "Gefahr" zugrundeliegenden Wahrschein-
lichkeitsgrades ist, sondern auch eine Frage der Verhältnismäßigkeit[130]. Die Verhältnismäßigkeit kann es erfordern,
daß in einer Lage, in der trotz getroffener vorläufiger
Maßnahmen zur Aufklärung des Sachverhalts der Gefahrenverdacht weder bestätigt noch entkräftet werden konnte, die
Behörde zu weiteren, einschneidenderen, vorläufigen bis hin
zu endgültigen Maßnahmen (z.B. Vernichtung der Lebensmit-
tel) übergehen muß, wenn besonders wichtige Rechtsgüter
(z.B. Leben und Gesundheit, Wasserhaushalt) auf dem Spiel
stehen oder der möglicherweise eintretende Schaden außerge-
wöhnlich groß zu sein droht[131]. Die Frage der Verhältnismäßigkeit ist grundlegend für die Prüfung der materiellen
Rechtmäßigkeit eines vorläufigen Verwaltungsaktes. Hierauf
wird unter § 8 B II 3 noch detailliert eingegangen.

2.) Sonstige Regelungen vorläufiger Verwaltungsakte im all-
    gemeinen Polizei- und Ordnungsrecht

a) Notkompetenzen

Bei Gefahr im Verzug sieht eine Reihe von Gesetzen für unaufschiebbare Maßnahmen eine sog. "Notzuständigkeit"
vor[132]. Danach dürfen an sich nicht zuständige Behörden

---

126 Di Fabio, DÖV 1991, 637.
127 Hoffmann-Riem, S. 331.
128 W. Martens in Drews u.a., Gefahrenabwehr, § 13 Anm. 2
    c; vgl. auch Di Fabio, DÖV 1991, 637.
129 Schimmelpfennig, Vorläufige Verwaltungsakte, S. 55;
    Di Fabio, DÖV 1991, 637.
130 W. Martens in Drews, u.a., Gefahrenabwehr, § 13 Anm. 2
    c a.E.; Hoffmann-Riem, in Festschr. Wacke, 1972, S. 333
    f.; Schimmelpfennig, Vorläufige Verwaltungsakte, S. 55
    f.; Di Fabio, DÖV 1991, 635, 637.
131 W. Martens in Drews u.a., Gefahrenabwehr, § 13 Anm. 2 c
    a.E.; Friauf in v. Münch, Bes. VerwR, 3. Abschn. II 1
    d; Knemeyer, Polizei- u. OrdR, Rdnr. 70; Schink, DVBl
    1986, 166; BVerwG v. 24. 2. 61, BVerwGE 12, 87 (93); v.
    16.12.71, BVerwGE 39, 190 (190 f.); VGH Baden-Württem-
    berg v. 13.2.85, DÖV 1985, 687 f.; a.A.: offenbar
    Papier, DVBl 1985, 875.
132 Z.B. im Polizeirecht: vgl. die Nachweise bei Friauf in
    v. Münch, Bes. VerwR, 3. Absch. II 1 b, bb; im beson-

(z.B. Polizei- und Ordnungsbehörden auf entpolizeilichten
Gebieten[133]) die erforderlichen Maßnahmen treffen, wenn die
nach den allgemeinen Vorschriften zuständige Behörde nicht
rechtzeitig einzugreifen in der Lage ist und sofortige unaufschiebbare Maßnahmen notwendig sind, um unmittelbar be-
vorstehende konkrete Gefahren[134] für wesentliche Rechtsgüter der Allgemeinheit, eines Beteiligten oder Dritte abzu-
wehren[135]. Beispiele solcher Fälle sind die drohende Grund-
wasserverseuchung durch auslaufendes Öl bei einem Tank-
wagenunfall oder der Ausbruch eines Brandes[136]. Hierbei
sind grundsätzlich ebenfalls nur vorläufige, unaufschiebbare Maßnahmen zur Verhinderung des drohenden Schadens oder
zur Sicherung der bedrohten Rechtsgüter (z.B. Absperrung
eines Gebäudes) zulässig[137]. Diesen Regelungen im besonderen Verwaltungsrecht entspricht § 3 VwVfG, der ebenfalls
eine vorläufige Zuständigkeit bei Gefahr im Verzug vorsieht[138].

b) Polizeilicher und ordnungsbehördlicher Notstand

Auch der polizeiliche und ordnungsbehördliche Notstand[139]
stellen Kompetenzregelungen für vorläufige Verwaltungsakte
dar. Wenn bei Vorliegen einer akuten Gefahr[140] es nicht
möglich oder unverhältnismäßig ist, den eigentlich polizei-
pflichtigen Störer in Anspruch zu nehmen[141] und die Gefahrenabwehr auch auf andere Weise nicht möglich ist[142], kann

---

    deren Sicherheitsrecht, § 10 VII BSeuchG; § 11 II Tier-
    seuchenG; § 3 IV VwVfG.
133 Vgl. hierzu Friauf in v. Münch, Bes. VerwR, 3. Abschn.
    II 1 b, bb.
134 Obermayer RiA 76, 229; Finkelnburg/Lässig, VwVfG, Rdnr.
    57; Kopp, VwVfG, § 3 Rdnr. 48; Knack, § 3 Anm. 6, 2;
    zum Begriff konkrete Gefahr vgl. Schenke in Steiner,
    Bes. VerwR II, Rdnr. 28; Knemeyer, Polizei- u. OrdR,
    Rdnr. 62.
135 Im Polizei- und Ordnungsrecht vgl. Friauf in v. Münch,
    Bes. VerwR, 3. Abschn. II 1 b, bb; zum BSeuchG vgl.
    Götz, Allg. Polizei- und OrdR, Rdnr. 429; zum VwVfG
    vgl. Begr. d. Regierungsentwurfs vom 18.7.73 zum Ent-
    Entwurf des VwVfG, mit der Stellungnahme des Bundesrats
    dazu, BT-Dr. 7/910 S. 39; Kopp, VwVfG, § 3 Rdnr. 46,
    48; Knack, § 3 Anm. 6, 2; BVerwGE 45, 57.
136 Vgl. Kopp, VwVfG, § 3 Rdnr. 48.
137 Friauf in v. Münch, Bes. VerwR, 3. Abschn. III 1 a, bb;
    Götz, Allg. Polizei- und OrdR, Rdnr. 429 a.E.
138 Vgl. hierzu Kopp, VwVfG, § 3 Rdnr. 49; Knack, § 3 Anm.
    6.3.
139 Vgl. Art. 10 BayPAG; Friauf in v. Münch, Bes. VerwR, 3.
    Abschn. II 33 Fn. 200 mit w. Nachw. landesrechtl.
    Normen; W. Martens in Drews u.a., Gefahrenabwehr, S.
    331 ff.
140 W. Martens in Drews u.a., Gefahrenabwehr, S. 332 f.;
    Friauf in v. Münch, Bes. VerwR, 3. Abschn. II 3 a.
141 W. Martens in Drews u.a., Gefahrenabwehr, S. 333 f.;
    Friauf in v. Münch, Bes. VerwR, 3. Abschn. II 3 b.
142 W. Martens in Drews u.a., Gefahrenabwehr, S. 333;

die Polizei- oder Ordnungsbehörde ausnahmsweise[143] einen unbeteiligten Dritten, den sog. "Nichtstörer", in Anspruch nehmen. Auch hier gebietet der Grundsatz der Verhältnismäßigkeit den Erlaß nur vorläufiger Maßnahmen[144]. Diese vom Verhältnismäßigkeitsprinzip abhängige Vorläufigkeit erfaßt und begrenzt das sachliche und zeitliche Ausmaß der Inanspruchnahme des Nichtstörers auf das erforderliche Mindestmaß[145]. Die Maßnahmen dürfen nur solange aufrechterhalten werden, solange die (endgültige) Abwehr der Gefahr auf andere Weise nicht möglich ist[146].

C.) Anwendungsgründe

Wie diese exemplarische Sammlung und Beschreibung von in der Praxis vorkommender vorläufiger Verwaltungsakte zeigt[147], besteht in den verschiedensten Bereichen ein Bedürfnis für vorläufige Verwaltungsakte. Nicht selten regelte der Gesetzgeber erst im Anschluß an eine bereits bestehende Verwaltungspraxis spezialgesetzlich den Erlaß vorläufiger Verwaltungsakte.

Im Vordergrund steht bei allen vorläufigen Verwaltungsakten eine rasche Regelung und Entscheidung. Eng hiermit zusammen hängt der im Verwaltungsrecht geltende "Grundsatz der Beschleunigung"[148].

I.) Vorteile für den Bürger

Die Notwendigkeit einer gegenüber dem "normalen Endverwaltungsakt" erhöhten Beschleunigung des Verfahrens mit dem Erlaß eines vorläufigen Verwaltungsaktes ergibt sich oftmals aus Interessen sowie Rechten des Bürgers bzw. Antragstellers. Dies ist insbesondere der Fall, wenn ein weiteres Zuwarten Rechte, die dem Bürger mit hoher Wahrscheinlichkeit zustehen, ernsthaft gefährden würde oder infolge eines lang andauernden Genehmigungsverfahrens ein "Interessenfortfall" beim Antragsteller zu befürchten ist[149]. Insofern

---

Friauf in v. Münch, Bes. VerwR, 4. Abschn. II 3 c.
143 Friauf in v. Münch, 3. Abschn. II 3.
144 W. Martens in Drews, Gefahrenabwehr, § 338; Friauf in v. Münch, Bes. VerwR, 3. Abschn. II 3 c; Poppermann, JZ 1970, 286 f. (287) mwN; PrOVG 106, 37 (42).
145 W. Martens in Drews, Gefahrenabwehr, S. 338; Friauf in v. Münch, Bes. VerwR, 3. Abschn. II 3 c.
146 W. Martens in Drews, Gefahrenabwehr, S. 338 f.; Götz, Allg. Polizei- u. OrdR., Rdnr. 247; vgl. § 6 II PG, § 1 II BWPG, Art. 10 II BayPAG, § 13 II Berl ASOG, § 13 II Brem. PG, § 15 II Hess. SOG, § 8 II Nds. SOG, § 6 II NPWG und § 11 II NW OBG, § 187 I SH LVwG, § 16 II BGSG.
147 Eine umfassendere Sammlung vorläufiger Verwaltungsakte bringt Schimmelpfennig, Vorläufige Verwaltungsakte.
148 Wolff/Bachof, Verwaltungsrecht III, § 156 IV a (Rn. 31); Knack, VwVfG, § 10 Rn. 3.6.
149 Schimmelpfennig, BayVBl 1989, 71.

kommt vorläufigen Regelungen im Hinblick auf die Realisier-
barkeit der beabsichtigten endgültigen Regelung quasi eine
entscheidende Sicherungsfunktion zu[150].

Aus Art. 2 und 1 GG (Existenzminimum) i.V.m. 20 I GG (Sozialstaatsprinzip) ergeben sich grundgesetzlich ge-
währleistete subjektive Rechte, die in Spezialnormen wie
dem BSHG, BAföG etc. ihre Umsetzung finden. Um eine effektive Durchsetzung der Rechte des Bürgers durch die Verwaltung sicherzustellen, findet man gerade in den Bereichen
der Sozialverwaltung häufig ausdrückliche, gesetzliche Regelungen über vorläufige Zu-ständigkeiten[151], vorläufige
Grundlagenfestsetzungen[152] sowie die vorläufige Festsetzung
der Höhe eines Anspruchs[153]. Ebenso ergibt sich im Bereich
des Polizei- und Sicherheitsrechts oft aus den Grundrechten
das Erfordernis und der Anspruch des Bürgers[154] auf eine
effektive Gefahrenabwehr, falls nötig, in Form vorläufiger
Maßnahmen[155].

Vorzeitige Leistungen (Geldleistungen oder sonstige Leistungen)[156], für Lebensunterhalt, zwecks Ausgleichs besonderer Härten oder als Wirtschaftssubventionen, dienen dem
Interesse des Bürgers am Erhalt bzw. der Erweiterung der
persönlichen oder wirtschaftlichen Bewegungsfreiheit[157].
Eine rasche Leistung kann für ihn wirtschaftlich oder per-
sönlich existenznotwendig sein[158]. Damit der Bürger/An-
tragsteller mit den Leistungen der Verwaltung leben oder
wirtschaften kann, ist er an einer möglichst frühzeitigen
Verwaltungsentscheidung interessiert[159].

Effektive Gefahrenaufklärung und -abwehr, auch in Form vorläufiger Maßnahmen, stehen im Interesse auch des einzelnen.
Ebenso stehen vorläufige Gestattungen im Interesse des Bürgers (z.B. vorläufige Gaststättenerlaubnis nach § 11
GastG).

---

150 Schimmelpfennig, BayVBl 1989, 71.
151 Vgl. oben § 2 BB I 2 a bb, IV 1 a.
152 Vgl. oben § 2 B II 3.
153 S. oben § 2 B II 2 a aa.
154 Götz, Allgem. Polizei- u. OrdR, Rdnr. 272 ff. mwN;
    Wilke, Festschr. für Scupin, 1983, S. 89, 103 ff.
155 Vgl. oben § 2 B IV 1.
156 Zum Begriff Leistungen s. oben § 2 B II.
157 Peine, DÖV 1986, 852.
158 Schimmelpfennig, BayVBl 1989, 70; Martens, Praxis,
    Rdnr. 246.
159 Peine, DÖV 1986, 852; Martens, DÖV 1987, 997 Fn. 63;
    Tiedemann, DÖV 1981, 786.

II.) Verwirklichung des Normzwecks

Die vorzeitige, wenn auch nur vorläufige Gewährung von Leistungen oder Erteilungen, Erlaubnissen und das Treffen von
vorläufigen Maßnahmen kann auch zur Sicherung und Verwirklichung des Normzwecks erforderlich sein[160].

a) Ohne frühzeitige Leistungen an den Sozialhilfeberechtig-
ten kommt Hilfe u.U. zu spät. Der Normzweck könnte nicht
erfüllt werden. Deshalb darf auch wegen Kompetenzstreitig-
keiten zwischen Sozialhilfeträgern die Leistung nicht ver-
zögert werden.

b) Auch wenn noch nicht sämtliche Genehmigungsvoraussetzungen abschließend geklärt sind, kann der Gesetzeszweck eine
vorläufige Genehmigung erforderlich machen. So dient das
GastG zwar einerseits der Volksgesundheit, aber es soll
nicht den Geschäftsbetrieb unterbinden. Um die Fortführung
und Existenz einer bestehenden Gaststätte nicht zu gefährden, ist deshalb, auch vor dem Hintergrund von Art.12 GG,
eine Übergangsregelung bis zur endgültigen Genehmigung in
Form der vorläufigen Erlaubnis nach § 11 GastG erforderlich. Ähnliches gilt für die übrigen vorläufigen Gestattungen[161] und die vorzeitige Besitzeinweisung[162].

c) Normzweck der Polizeiaufgabengesetze und Ordnungsgesetze
ist die Gefahrenabwehr. Dieser Normzweck erfordert, um
frühzeitiges und effektives Handeln zu gewährleisten, auch
vorläufige Maßnahmen[163].

d) Ebenso erfordert der Normzweck im Denkmalschutz[164], im
Bereich des Jugendschutzes[165], des Lastenausgleichs[166] oder
im Bereich der Personalvertretung[167] in bestimmten Fällen
zur Sicherung der Erreichung der Gesetzesintention vorläufige Regelungen.

III.) Interesse der Allgemeinheit

a) Das besondere Interesse der Allgemeinheit am Erlaß einer
vorläufigen Regelung im Einzelfall wird im Gesetz i.d.R.
durch den Begriff "öffentliches Interesse" zum Ausdruck ge-

---

160 Schimmelpfennig, BayVBl 1989, 70; vgl. auch Di Fabio,
   DÖV 1991, 636; BVerwGE 81, 91.
161 Vgl. §§ 20 PBefG, 9 a WHG, 14 II BWaStrG.
162 Vgl. Art. 39 BayEG, §§ 38 ff. LandGeschF, § 18 f.
   BFStrG, 91 ff. BBergG, § 60 BBG, § 28 SchornstfG,
   § 4 II EnWG und § 36 FlurbG.
163 S. oben § 2 B IV 1.
164 Vgl. die vorläufige Unterschutzstellung im Denkmal-
   schutzrecht z.B. in § 11 Hess. DSchG, § 17 Bad.-Württ.
   DSchG.
165 Vgl. die vorläufige Indizierung nach § 15 GjS.
166 Vgl. § 360 II LHG.
167 Vgl. § 69 V BPersVG.

bracht[168]. Das "öffentliche Interesse" ist kein starrer
feststehender Begriff. Vielmehr ist es ähnlich wie bei § 80
II Nr. 4 VwGO Ergebnis einer Abwägung aller im konkreten
Fall betroffenen öffentlichen und privaten Interessen[169]
unter Berücksichtigung der Natur, Schwere und Dringlichkeit
des Interesses am Erlaß einer vorläufigen Regelung, ihrer
Folgen und der Wahrscheinlichkeit einer positiven "End"-
Entscheidung[170]. Maßstab des "öffentlichen Interesses" ist
die am Gesetzes- bzw. Regelungszweck orientierte Wahrung
und Mehrung des Gemeinwohls[171].

Unter "Gemeinwohl" und "öffentliche Interessen" läßt sich
grob vereinfacht die Abwehr von Nachteilen für Staat, Gesellschaft und den einzelnen subsumieren. Hierzu gehören
sowohl die Gemeinwohlgrundwerte wie Menschenwürde, frei-
heitliche Selbstbestimmung und Persönlichkeitsentfaltung,
Gleichheit, Gerechtigkeit, innere wie äußere Sicherheit,
Frieden und Wohlstand[172] als auch die Grundrechte, das
Rechtsstaatsprinzip, das Sozialstaatsprinzip, das Interesse
an einem gesamtwirtschaftlichen Gleichgewicht und die
Erhaltung und Fortentwicklung der Demokratie[173]. Letztendlich handelt es sich um einen dynamischen Interes-
senausgleich, der auch der Flexibilität und Fortentwicklung
einer Gesellschaft dient[174].

---

168 Vgl. z.B. §§ 9 a WHG; 7 a AbfG, 20 a PBefG
169 Daß öffentliche Interessen stets "letztlich auf
    Individuen zurückzuführen" sind und so letztlich "immer
    den Interessen der Menschen dienen", legen eingehend
    Rehbinder/Burgbacher/Knieper, Bürgerklage, S. 109 und
    v. Arnim, Gemeinwohl und Gruppeninteresse, S. 22 ff.,
    81 f., dar; kritisch Leisner, VVDStRL 20, S. 185, 217-
    219, 222 f.: öffentliche Interessen können mit Indi-
    vidualinteressen übereinstimmen, aber auch ihnen
    entgegenstehen, vgl. Maurer, Allg. VerwR, § 1 Rdnr. 10.
170 Vgl. Kunig/Schwermer/Versteyl, AbfG, § 7 a Rdnr. 7 ff.,
    18 ff.; Mörtel/Metzner, GastG § 11 Rdnr. 2; Gieseke/
    Wiedemann/Czychowski, WHG, § 9 a Rdnr. 8; Maurer, § 1
    Rdnr. 10; zu § 80 II Nr. 4 VwGO vgl. Kopp, VwGO, § 80
    Rdnr. 54.
171 Vgl. v. Arnim, Gemeinwohl u. Gruppeninteresse, S. 5;
    vgl. auch Gieseke/Wiedemann/Czychowski, WHG, § 9 a
    Rdnr. 8; BVerfGE 42, 313 (332); 44, 125 (162); enger
    Maurer, Allgem. VerwR, § 1 Rdnr. 10, der nur das GG und
    die Gesetze als maßgebend ansieht. GG und die Gesetze
    dienen jedoch ihrerseits der Allgemeinheit und dem
    Gemeinwohl (vgl. BVerfGE 50, 51) und somit letztlich
    dem einzelnen, der Freiheit und Gerechtigkeit (vgl.
    BVerfGE 42, 313, 332; ähnlich BVerfGE 44, 125, 142).
172 Vgl. hierzu im Detail v. Arnim, Gemeinwohl und Grup-
    peninteressen, S. 22 ff.; ders., Staatslehre der
    Bundesrepublik Deutschland, S. 124 ff.
173 Vgl. hierzu v. Arnim, Gemeinwohl und Gruppeninteressen,
    S. 35 ff.
174 Vgl. auch Zippelius, Allgemeine Staatslehre, § 26 II.

b) So steht ein vorzeitiger Beginn der Wassernutzung gem. §
9 a WHG regelmäßig im "öffentlichen Interesse", wenn die
beantragte Benutzung der öffentlichen Energie- oder Wasser-
versorgung, der öffentlichen Abwasserbeseitigung oder einem
gewerblichen Unternehmen von nicht unerheblicher volkswirt-
schaftlicher Bedeutung dient[175].

c) Dem Erhalt wertvoller kultureller Leistungen für die
Allgemeinheit[176] dient beispielsweise im Bereich des Denk-
malschutzes die vorläufige Unterschutzstellung von Denkmä-
lern[177].

Im Interesse der Allgemeinheit und der Zukunft einer Gesellschaft ist dem Gesetzgeber der Schutz der Jugend ein
besonderes Anliegen[178]. Aufgabe des Jugendschutzrechts ist
es, bestimmten sittlichen Gefährdungen während des körper-
lich und geistigen Reifungsprozesses der Jugend entgegenzuwirken[179]. Der effektiven Gestaltung dieses Jugendschutzes
dient trotz der bestehenden Bedenken im Zusammenhang mit
einer verfassungskonformen Handhabung[180] die vorläufige Anordnung zur Aufnahme in die Liste jugendgefährdender
Schriften nach § 15 GjS.

In beiden genannten Fällen kommt die Sicherungsfunktion
deutlich zum Tragen.

d) Die rasche und unbürokratische Auszahlung der Lei-
stungsmittel im Rahmen der Leistungsverwaltung kann sozial,
ordnungs- und wirtschaftspolitische Zwecke verfolgen[181].

Der Sozialhilfeempfänger soll nicht auf der Straße schlafen
müssen und zum Betteln oder Stehlen verurteilt sein. Abgesehen von der Menschenwürde, die hierdurch betroffen wäre,
klingt im Sozialhilferecht neben dem sozialpolitischen Ziel
der ursprüngliche Zweck der Fürsorge als ordnungspolitische
Maßnahme an.

Der Erhalt wirtschaftlicher Leistungsfähigkeit von exi-
stenzgefährdeten Wirtschaftsbetrieben, kulturellen oder so-
zialen Einrichtungen dient letztendlich der gesamten Gesellschaft. Die Vergrößerung wirtschaftlicher Leistungsfähigkeit eines Unternehmens zur Sicherung internationaler
Konkurrenzfähigkeit kann unter Umständen wirtschaftspoli-
tisch zweckmäßig und geboten sein, was wiederum zum allge-

---

175 Vgl. hierzu beispielsweise Gieseke/Wiedemann/Czy-
    chowski, WHG, § 9 a Rdnr. 8 und § 6 Rdnr. 20.
176 Vgl. Art. 1 BayDSchG: "... im Interesse der Allge-
    meinheit".
177 Z.B. § 11 HessDSchG, § 17 Bad.-Württ. SchG.
178 Vgl. BVerwGE 39, 197 ff.
179 Vgl. H. Schneider, Die öff. Jugendhilfe zwischen Ein-
    griff und Leistung, 1964; Dickfeldt, RdJB 1976, 101 ff.
180 Vgl. Oppermann in v. Münch, Bes. VerwR, 10. Abschn. III
    3 b mwN.
181 Bieback, DVBl 1988, 453.

meinen Wohl beitragen und für die Allgemeinheit, sei es arbeits- oder konjunkturpolitisch, von Vorteil sein kann[182].

e) Die Funktion der Gefahrenabwehr der Polizei- und Sicherheitsbehörden dient der Aufrechterhaltung der öffentlichen Sicherheit und Ordnung und bildet mit dem Schutz des einzelnen und der Allgemeinheit die "ratio essendi" des Staates als Ordnungs- und Friedensverband[183]. Um diese Funktion und Aufgabe effektiv erfüllen zu können, müssen die Behörden flexibel, auch in der Gefahrenaufklärung, handeln können. Diesem Erfordernis müssen die gesetzlichen Regelungen entsprechen. Der Begriff der "Gefahr" als unbestimmter, dennoch justiziabler Rechtsbegriff trägt diesem Erfordernis Rechnung[184].

f) Durch eine vorgezogene Steuerfestsetzung unter Vorbehalt nach § 164 AO bzw. eine vorläufige Steuerfestsetzung gem. § 165 AO werden finanzpolitische Ziele verfolgt, die sowohl aus dem Gleichheitsgrundsatz[185] als auch in der raschen Realisierung steuerrechtlicher Zahlungsverpflichtungen[186] ihre Berechtigung finden. Sie dienen wiederum einer verantwortungsbewußten Verwaltung des Steueraufkommens im Interesse des Gemeinwesens.

IV.) Interesse der Verwaltung

Verwaltung ist kein Selbstzweck. Sie dient stets der Erfüllung öffentlicher Aufgaben und hat hierbei unter Beachtung des Grundgesetzes[187] im öffentlichen Interesse[188] zur Wahrung und Mehrung des Gemeinwohls zu handeln[189].

---

182 Vgl. Tiedemann, DÖV 1981, 786; Martens, DÖV 1987, 996 f.
183 Friauf in v. Münch, Bes. VerwR, 3. Abschn. I 1.
184 S. oben § 2 B IV 1 a.
185 Vgl. Hübschmann/Hepp/Spitahr, Kommentar zur Abgabenordnung und Finanzgerichtsordnung, § 164 AO Rdnr. 5.
186 Paulick, Lehrbuch, Rdnr. 933; Weber-Fas, Grundzüge, S. 169.
187 Vgl. allgemein zur verfassungsrechtlichen Abhängigkeit der Verwaltung und insbesondere des Verfahrensrechts vom Verfassungsrecht: Kopp, Verfassungsrecht und Verwaltungsverfahrensrecht, 1971.
188 Vgl. Maurer, Allgem. VerwR, § 1 Rdnr. 10.
189 v. Arnim, Gemeinwohl und Gruppeninteresse, S. 5. Diesen Aspekt hebt auch die sog. Interessentheorie hervor, auch wenn sie kein geeignetes Kriterium zur Abgrenzung zwischen öffentlichrechtlichem und privatrechtlichem Handeln ist, da öffentliche Aufgaben vielfach auch mit Mitteln und in Formen des Privatrechts erfüllt werden können, vgl. zur Interessentheorie BVErwGE 19, 312; 41, 130; 47, 11.

1.) Effektivität

Deshalb steht im Vordergrund des Verwaltungshandelns ihre
Effektivität, ihre Effizienz, ihre Leistungsfähigkeit und
ihre Wirksamkeit, um die Erreichung des Normzweckes bei der
Gesetzesausführung zu gewährleisten. Die Verwaltung muß
flexibel agieren und reagieren können. Je rascher sie handeln kann, desto eher wird sie den Normzweck erreichen können. Um rasch handeln zu können, muß der Verwaltung das nö-
tige Instrumentarium zur Verfügung stehen. Der Verfah-
rensablauf darf nicht unnötig erschwert werden, sondern muß
so kurz, so unbürokratisch, bürgerfreundlich und gesetzes-
zweckentsprechend gehalten werden, wie nur irgend möglich.
Nichts anderes bestimmt § 10 S. 2 VwVfG, der vorschreibt,
daß das Verwaltungsverfahren "einfach und zweckmäßig durchzuführen" ist[190]. Läuft der Intention einer Norm der Zeit-
bedarf für das Verfahren einer "endgültigen" Entscheidung
zuwider, so ist die Effektivität der Verwaltung in Frage
gestellt, wenn sie mit ihrer "endgültigen" Entscheidung zu
spät kommt[191]. Deshalb muß die Verwaltung in der Lage sein,
in bestimmten Fällen vorläufige bzw. einstweilige Regelungen erlassen zu können.

2.) Verfahrensökonomie

Gleichzeitig können vorläufige Verwaltungsakte der Verfahrensökonomie dienlich sein. Dies ist insbesondere der Fall,
wenn eine umfassende Prüfung der Voraussetzungen für den
Erlaß von Regelungen unverhältnismäßig ist und eher zum Zusammenbruch der Verwaltung als zur Erfüllung ihrer Aufgaben
führen würde und außerdem vom Gesetzeszweck und seiner Sicherstellung gar nicht gefordert ist.

Klassisches Beispiel ist die Finanzverwaltung. Statt einer
Vielzahl aufwendiger Einzelprüfungen ergehen gem. §§ 164,
165 AO vorläufige Entscheidungen in vereinfachten Verfahren, deren endgültige Regelung in einer einzigen, turnus-
mäßigen Prüfung und Entscheidung zusammengefaßt werden
kann[192].

Ähnliches gilt im Bereich vorläufiger Subventionen oder
sonstiger Leistungsgewährungen[193] mit turnusmäßiger Nachprüfung. Vor allem in Bereichen, wo eine Vielzahl von Entscheidungen rasch getroffen werden muß und eine "Massenverwaltung"[194] stattfindet, muß die Verwaltung auf das Instrument des vorläufigen Verwaltungsaktes zwangsläufig zu-
rückgreifen, wenn sie nicht in der Flut unerledigter Anträge der Bürger versinken möchte.

---

190 Vgl. Kopp, VwVfG, § 10 Rdnr. 2 u. 10.
191 Schimmelpfennig, BayVBl 1989, 72.
192 Schimmelpfennig, BayVBl 1989, 72.
193 S. oben § 2 B II.
194 Bieback, DVBl 1988, 453.

Dieses Vorgehen bietet sich insbesondere an, wenn die Entscheidungsgrundlagen überwiegend aus der Sphäre des Bürgers stammen und dieser weitgehend zum Nachweis dieser Entscheidungsgrundlagen verpflichtet ist. Dann kann und soll den Angaben des Bürgers zunächst vertraut werden, soweit dem nichts entgegensteht[195]. Aber auch, wenn aus Gründen der Verfahrensökonomie oder -effizienz auf Ergebnisse anderer Verfahren zurückgegriffen werden soll, die noch ausstehen, kann sich der Erlaß vorläufiger Verwaltungsakte anbieten[196]. Unnötige, doppelte Verwaltungsarbeit läßt sich auf diese Weise vermeiden, ohne daß das Interesse an einer raschen Regelung gefährdet würde[197].

3.) Befreiung vom Zeitdruck

Ein weiterer Vorteil der Durchführung eines vorläufigen Verfahrens liegt darin, daß die Verwaltung zur Beurteilung der endgültigen Regelung von etwaigem unangemessenen Zeitdruck befreit wird[198] und so die für eine endgültige Entscheidung notwendigen Ermittlungen mit ausreichender Gründlichkeit und Gewissenhaftigkeit gem. § 24 VwVfG durchführen kann. Durch diese Entlastung kann die Zahl von Fehlentscheidungen, die wegen Zeitmangels aufgrund oberflächlicher Amtsaufklärung zustande kommen und die nachträglich nur unter einem nicht unvermeidbaren Vertrauensverlust des Bürgers in die Verwaltung aufgehoben oder korrigiert werden können, vermindert werden[199]. Die Notwendigkeit vorläufiger Regelungen wird insoweit vom Bürger ohne weiteres verstanden und auch akzeptiert. Deshalb stehen vorläufige Verwaltungsakte nicht vor vornherein im Widerspruch zum im Verwaltungsrecht gem. § 24 VwVfG geltenden umfassenden Amtsermittlungsgrundsatz[200]. Freilich darf die Möglichkeit, ein vorläufiges Verfahren parallel zum endgültigen Verfahren durchzuführen, von der Verwaltung nicht mißbraucht werden. Grundsätzlich hat sie, auch im Interesse der Rechtssicherheit, das Verfahren so zu gestalten, daß eine "Zwischenlösung" in Form eines vorläufigen Verwaltungsaktes nicht erforderlich ist. Hiervon geht auch der Gesetzgeber aus, der vorläufige Verwaltungsakte nur als Ausnahme bei besonderen Interessenlagen regelt. Die Frage, in welchen Fällen die Verwaltung richtigerweise sich für eine Zwischenlösung mit einem vorläufigen Verfahren und einer vorläufigen Regelung entscheidet, ist ein Problem der Angemessenheit und der

---

195 Vgl. Steueranmeldungen gem. § 164 AO, die gem. § 168 einer Steuerfestsetzung unter dem Vorbehalt der Nachprüfung gleichsteht.
196 Z.B. hinsichtlich der Steuerbescheide über das elterliche Einkommen für die Berechnung der Förderhöhe bei § 24 II BAföG.
197 Schimmelpfennig, BayVBl 1989, 72.
198 Vgl. BSGE 55, 290; Schimmelpfennig, Vorläufige Verwaltungsakte, S. 16.
199 Kopp, BayVBl 1968, 237.
200 Näheres zu § 24 VwVfG unten bei § 8 B I 2 a.

31

Verhältnismäßigkeit. Hierauf wird ausführlicher noch eingegangen[201].

4.) Risikobegrenzung

Wichtige Aspekte der Beweislast und der Risikobegrenzung
können für die Durchführung eines vorläufigen Verwaltungsverfahrens sprechen.

a) Obliegt bei der Rücknahme eines endgültigen Bescheids
gem. § 48 VwVfG die Beweislast für die Rechtswidrigkeit des
aufzuhebenden Verwaltungsaktes der Verwaltung, so bleibt
bei einem nur vorläufigen Bescheid der Antragsteller für
das Vorliegen der Gewährungsvoraussetzungen beweis- und
nachweispflichtig[202].

b) Versetzt die Möglichkeit einer "vorläufigen Leistungsgewährung" die Verwaltung in die Lage, rasch und effizient[203]
zu handeln, so ist es ihr dennoch verwehrt, "voreilig" öffentliche Leistungen, die letztlich fast immer aus Steuer-
geldern finanziert werden, zu "verschenken". Insofern muß
das Risiko eines endgültigen Verlusts begrenzt sein. Eine
Rückforderung unterliegt bei "vorläufig" gewährten Leistungen nicht den Aufhebungserschwernissen des § 48 VwVfG.
Insofern begrenzt die "vorläufige" Leistungsgewährung das
Risiko der Verwaltung. Eine Rückforderung zuviel oder zu
Unrecht erbrachter Leistungen wird grundsätzlich nicht
durch den in § 48 VwVfG geregelten besonderen Vertrauensschutz oder dem Einwand der Entreicherung erschwert[204]. Im
Interesse einer wirksamen und flexiblen Leistungsverwaltung
kommt es hier in der Tat für den Vorteil der Rechtzeitig-
keit der Leistung zu einer gewissen Risikoverlagerung auf
den Antragsteller[205]. Diesem wird jedoch nichts genommen,
sondern, im Gegenteil, vorzeitig gewährt, ohne daß der
Staat jedoch allzu große Nachteile befürchten müßte[206].

V.) Gewaltenteilung

Für die Anwendung vorläufiger Verwaltungsakte spricht auch
die primäre Verantwortung der Verwaltung als Exekutive für
den effektiven Vollzug der Gesetze[207]. Es wäre widersinnig
und mit dem Grundsatz der Gewaltenteilung unvereinbar, wenn
die Verwaltung bei einer in der Sache gebotenen vorläufigen

201 S. unten § 8 A, B II 3.
202 Hierauf weist bereits Tiedemann, DÖV 1981, 786 hin;
    eingehend mit der Beweislastfrage befaßt sich Kemper,
    Der vorläufige Verwaltungsakt, S. 61 ff.; vgl. auch
    Schimmelpfennig, BayVBl 1989, 70.
203 S. oben § 2 C IV.
204 Tiedemann, DÖV 1981, 786; Götz, JuS 1983, 924, 925;
    Schimmelpfennig, BayVBl 1989, 70.
205 Schimmelpfennig, BayVBl 1989, 70.
206 Peine, DÖV 1986, 859.
207 Schimmelpfennig, BayVBl 1989, 74.

Regelung auf die Verwaltungsgerichtsbarkeit angewiesen wäre
und den Bürger an diese verweisen müßte, damit diese eine
einstweilige Anordnung nach § 123 VwGO erläßt und die Verwaltungsbehörde verpflichtet, das zu tun, wozu sie von sich
aus bereit wäre[208]. Eine Fortentwicklung des vorläufigen
Verwaltungsaktes könnte somit zu einer Entlastung der Gerichtsbarkeit führen. Die Gerichte könnten sich wieder auf
ihre eigentliche richterliche "Überprüfungstätigkeit" konzentrieren. Unnötig an die Gerichte verlorenes Terrain kann
in Verwirklichung des Gewaltenteilungsprinzips das Instrument des vorläufigen Verwaltungsaktes der Verwaltung zurückgeben[209].

VI.) "Besonderes Regelungsinteresse"

Unter "besonderem Regelungsinteresse" ist zu verstehen, daß
die vorne genannten Interessen des Bürgers, der Allgemeinheit etc. alleine nicht ausreichen werden, den Erlaß einer
vorläufigen Regelung anstelle einer endgültigen Regelung zu
rechtfertigen. Denn der endgültige Verwaltungsakt ist die
Regel. Er ist der Normalfall. Auch er bezweckt die Regelung
eines Falles im Interesse des Bürgers oder des öffentlichen
Interesses. Der Erlaß eines vorläufigen Verwaltungsaktes
hingegen erfordert ein über dem Normalinteresse gelegenes
"besonderes Interesse" an einer eben "nur" vorläufigen Regelung eines Falles. Eine einstweilige oder vorläufige Regelung ist nur dann zulässig, wenn sie unumgänglich erscheint, um wesentliche Nachteile abzuwenden oder drohende
Gewalt zu verhindern, oder aus anderen erheblichen Gründen
zur Wahrung des öffentlichen Interesses, der Rechte des
Bürgers oder Dritter notwendig ist[210]. Dieses "besondere
Regelungsinteresse" kann als besondere "Eilbedürftigkeit im
weitesten Sinne" umschrieben werden[211]. Grundlage des "besonderen Regelungsinteresses" ist der Verhältnismäßigkeitsgrundsatz, dem jegliches Verwaltungshandeln unterworfen ist. Inwieweit für die Beurteilung des einen vorläufigen Verwaltungsakt rechtfertigenden "besonderen Interesses" im Rahmen der Prüfung der Verhältnismäßigkeit seiner
Anwendung Wertungskriterien der §§ 80 II Nr. 4, V, 123 VwGO
herangezogen werden können, wird unter § 8 B II 3 noch zu
behandeln sein.

208 Kopp, Verfassungsrecht, S. 116; ders., DVBl 1990, 729;
    ders., BayVBl 1968, 237; Schimmelpfennig, BayVBl 1989,
    74; J. Martens, Praxis, Rdnr. 242; Pestalozza, Fest-
    schr. 50 Jahre Boorberg-Verlag, S. 202 f.; Burianek,
    NJW 1987, 2728.
209 Schimmelpfennig, Vorläufige Verwaltungsakte, S. 197
    ff.; ders., BayVBl 1989, 74; Kemper, DVBl 1989, 988;J.
    Martens, Praxis, Rdnr. 242.
210 Kopp, VwVfG, § 9 Rdnr. 23; ähnlich Bieback, DVBl 1988,
    453, der nur die Summe mehrerer "Interessen" zur
    Rechtfertigung eines vorläufigen Verwaltungsaktes
    anerkennt.
211 So Schimmelpfennig, BayVBl 1989, 72.

D.) Zwischenbilanz

Wie gezeigt, sind die Anwendungsgründe und -interessen für
vorläufige Verwaltungsakte mannigfaltig. Oft ging gesetzlich geregelten Fällen von vorläufigen Verwaltungsakten
eine bereits vorhandene entsprechende Verwaltungspraxis
voraus[212]. Kennzeichnend für sämtliche vorläufigen Regelungen ist, daß die Verwaltung sie aus einer Situation der Ungewißheit erläßt. Das Erfordernis der Unsicherheit, aus der
heraus die Verwaltung aus den oben genannten Interessenlagen eine vorzeitige, einstweilige Entscheidung fällen muß,
ist quasi ein allen vorläufigen Verwaltungsakten innewohnende Tatbestandsmerkmal[213].

I.) Typische Konstellationen

1.) Ungewißheitslagen lassen sich auf vier Grundsituationen
zurückführen:

a) Die Unsicherheit kann auf einer Sachverhaltsentwicklung
beruhen, die zum Entscheidungszeitpunkt noch nicht abgeschlossen ist.

b) Die Unsicherheit kann sich aber auch, trotz Vorliegens
eines abgeschlossenen und aufgeklärten Sachverhalts, aus
offenen rechtlichen und sachlichen Detailfragen ergeben.

c) Oder die Unsicherheit ergibt sich aus einem Sachverhalt,
der wegen seiner Komplexität zum Entscheidungszeitpunkt
noch nicht überschaubar ist.

d) Des weiteren kann sich die Unsicherheit bei der Entscheidung aus einer Kombination von obigen Konstellationen
ergeben.

2.) a) Zu Konstellation 1 a gehören Fälle, in denen ein
Leistungsanspruch oder eine Leistungspflicht dem Grunde
nach entstanden ist, jedoch seine Höhe infolge eines noch
nicht abgeschlossenen Sachverhalts noch nicht feststellbar
ist. Beispiele sind § 1585 RVO, die Vorauszahlungsbescheide
nach § 164 I S. 2 AO oder im Enteignungsverfahren nach §
112 II BauGB[214] sowie die vorläufige Kostenfestsetzung nach
§ 13 IV VwVG[215].

Weiter fallen hierunter die Fälle von Subventionen, deren
"Behaltendürfen" von bestimmten, mit der Leistung zu bewir-
kenden Erfolgen abhängt. Beispiele sind die Subventionen im

---

212 Seibert, Bindungswirkung, S. 558.
213 Vgl. Schimmelpfennig, Vorläufige Verwaltungsakte, S.
    86.
214 Vgl. auch § 91 BBergG, Art. 30 II BayEG.
215 Schimmelpfennig, BayVBl 1989, 71 f.

Filmförderungsrecht[216] oder bei der Kindergartenförderung aufgrund vorläufiger Anerkennung[217].

b) Unter Konstellation 1 b fallen vor allem Kompetenzkonflikte. Wenn feststeht, daß dem Bürger eine Leistung zusteht und diese so rasch wie möglich zu erbringen ist, aber die Frage, wer die Leistung zu erbringen hat, noch ungeklärt ist, so darf dies nicht zu Lasten des Bürgers, für den eine rasche Leistung u.U. existenznotwendig ist, gehen[218]. Hierzu zählen die Fälle des § 43 SGB I sowie ähnliche Regelungen[219].

Weiter sind hierzu Fälle zu zählen, in denen der Sachverhalt und der Leistungsanspruch feststeht, aber die Berechnung der Höhe oder des Umfangs eines Anspruchs[220] oder der Grundlagen des Leistungsumfangs[221] noch nicht genau festgestellt wurde.

c) Die Konstellation 1 c kommt vor allem bei der Planung und dem Bau komplexer Großvorhaben vor, deren Realisierung oft Jahrzehnte in Anspruch nimmt und eine Vielzahl von Fragen, meist technischer oder wissenschaftlicher Art, aufwirft. Beispiele sind Vorhaben wie Atomkraftwerke, Wiederaufbereitungsanlagen, damit verbundene Projekte oder sonstige Vorhaben mit weitreichenden und oft unüberschaubaren Folgewirkungen. Dem Staat obliegt hierbei eine besondere Verantwortung für den Schutz des Bürgers vor Gefahren, die von solchen Anlagen ausgehen können.

Die Verwaltung ist bei der Prüfung der Genehmigungsvoraussetzungen derartiger Großvorhaben mit einer Vielzahl von Problemen konfrontiert. Sie muß im Interesse des Antragstellers und seiner Rechte[222], aber auch im volkswirtschaftlichen Interesse eine rasche Entscheidung treffen, damit der Antragsteller disponieren, investieren und wirtschaften kann. Andererseits ist sie oftmals aufgrund der Komplexität der offenen Fragen, die technischer, wissenschaftlicher, aber auch sachlicher Art sein können, nicht

---

216 §§ 15 ff., 28 f., 38 f. FFG (v. 25.6.1979, BGBl I S. 803); vgl. hierzu Schimmelpfennig, Vorläufige Verwaltungsakte, S. 8 ff.
217 Art. 8 III, Art. 23, 24 BayKiG; vgl. hierzu BayVGH, BayVBl 1988, 51; Schimmelpfennig, Vorläufige Verwaltungsakte, S. 10 f.
218 Schimmelpfennig, BayVBl 1989, 71.
219 Vgl. weitere Nachweise bei Grüner/Dalichau, SGB I, § 43 Anm. I 2.
220 Z.B. § 42 SGB I "Vorschüsse" oder die ihm gegenüber vorrangigen Spezialnormen, vgl. Nachweise bei Grüner/ Dalichau, SGB I, § 42 Anm. I.
221 Z.B. die Berechnung des Dienstalteres eines Beamten als Grundlage der Besoldungshöhe.
222 Betroffen können hier u.a. die Art. 14, 12 und Art. 2 GG sein, vgl. Seifert/Hömig, GG, Art. 14 Rdnr. 2 und Art. 12 Rdnr. 4; vgl. auch BVerfGE 50, 339; 35, 290 und 50, 363 sowie BVerwGE 71, 189.

in der Lage, rasch eine endgültige Entscheidung zu fällen,
sei es, weil ihr noch gar nicht sämtliche notwendigen Unterlagen eines Projekts vorliegen oder die Unterlagen so
umfangreich und kompliziert sind, daß eine genaue Prüfung
erhebliche Zeit beansprucht. Hinzu kommt die Schwierigkeit,
daß technische oder naturwissenschaftliche Fragen in vielen
Fällen unter den Sachverständigen und Wissenschaftlern
selbst noch umstritten sind und oft auch mit dem Fort-
schritt der Forschung einem Wandel unterworfen sind. Dennoch ist die Verwaltung gezwungen, eine für alle Beteiligten und das Gemeinwohl bestmögliche Entscheidung möglichst
rasch zu treffen.

In der Praxis behilft sich die Verwaltung in solchen Fällen
mit einer Zerstückelung der Gesamtprüfung in Teilbereiche,
die jeweils eine Einheit bilden und stufenweise geprüft und
realisiert werden[223]. Die einzelnen Stufen werden jeweils
durch Teilgenehmigungen[224] abgeschlossen[225] ("vertikale
Zerstückelung").

Zum Unterschied von Vorbescheiden, die durch Vorwegnahme
der Beantwortung einzelner Genehmigungsvoraussetzungen späterer Teilgenehmigungen oder späterer Schlußgenehmigungen
eine "horizontale Zerstückelung" darstellen[226], enthält die
Teilgenehmigung bereits konkrete Gestaltungen[227]. Mit Hilfe
eines durch Teilgenehmigung "gestuften" Verfahrens soll die
Gesamtgenehmigungsproblematik abschnittweise aufbereitet
und abgearbeitet werden[228] und sich mit den Folgegenehmi-
gungen möglichst eng "an der Front des jeweiligen Standes
von Wissenschaft und Technik"[229] bewegen[230]. Die einzelnen
Teilgenehmigungen können jedoch nicht bezuglos aneinander-
gereiht werden. Sie ergehen im Hinblick auf die Gesamtgenehmigung. Diese wird durch die Teilgenehmigungen ersetzt[231]. Die Teilgenehmigungen müssen daher koordiniert,
aufeinander abgestimmt und verknüpft werden, um eine ein-

---

223 Vgl. Ronellenfitsch, Das atomrechtliche Genehmigungs-
    verfahren, S. 390 f.
224 S. hierzu Kopp, VwVfG, § 9 Rdnr. 37 ff.; J. Martens,
    Praxis, Rdnr. 279 ff.; Ronellenfitsch, Das atomrecht-
    liche Genehmigungsverfahren, S. 390 ff.
225 Vgl. hierzu z.B. die Regelung in § 7 b AtG, § 18 AtVfV,
    § 8 BImSchG, § 22 der 9. BImSchV.
226 Vgl. hierzu Sellner, Immissionsschutzrecht und Indu-
    strieanlagen, Rdnr. 264; Bender/Sparwasser, Umwelt-
    recht, Rdnr. 273, 426 ff.
227 Bender/Sparwasser, Umweltrecht, Rdnr. 271; BVerwGE 72,
    300, 307; 61, 256, 274.
228 Ronellenfitsch, Das atomrechtliche Genehmigungsverfah-
    ren, S. 391; Bender/Sparwasser, Umweltrecht, Rdnr. 271;
    J. Martens, Praxis, Rdnr. 281; Wahl, DÖV 1975, 375;
    Ossenbühl, NJW 1980, 1355.
229 Bender/Sparwasser, Umweltrecht, Rdnr. 2, 21.
230 Bender/Sparwasser, Umweltrecht, Rdnr. 271, 421; J.
    Martens, Praxis, Rdnr. 281; Ronellenfitsch, Das
    atomrechtliche Genehmigungsverfahren, S. 391.
231 BVerwG NVwZ 1986, 208, 210.

heitliche Linie und Gesamtentscheidung zu gewährleisten[232].
Verknüpft werden die einzelnen Teilgenehmigungen durch eine
jeder Teilgenehmigung innewohnende vorläufige Prüfung, ob
die Genehmigungsvoraussetzungen im Hinblick auf die Errich-
tung und den Betrieb der gesamten Anlage vorliegen werden
und keine von vornherein unüberwindlichen rechtlichen Hin-
dernisse[233] dem Vorhaben entgegenstehen (sog. "vorläufiges
positives Gesamturteil")[234]. Vorläufig ist das Gesamturteil, weil es nur auf vorläufigen, wenn auch hinreichend
aussagekräftigen Planunterlagen des Antragstellers zu beruhen braucht[235]. Insofern bestehen Unsicherheiten, da die
Planunterlagen erst überprüft werden müssen. Das Gesamturteil ist jedoch nicht durch eine herabgesetzte Intensität
der Prüfung als solche, etwa im Sinne einer bloßen Evidenzkontrolle, gekennzeichnet[236]. Bei jedem Verfahrensabschnitt
hat die Genehmigungsbehörde zu prüfen, ob sich die Sachlage
nicht durch neuere Entwicklungen geändert hat und das Vorhaben weiterhin positiv beurteilt werden kann[237]. Mit fort-
schreitender Genehmigungsstufe wird die Intensität des Re-
gelungsbestandteils des "vorläufigen positiven Gesamtur-
teils" und die aus ihr folgende Verbindlichkeit zunehmend
konkreter[238]. Maßgebend ist die Sach- und Rechtslage im jeweiligen Verfahrensabschnitt[239]. Insofern hat die Vorläu-

---

232 J. Martens, Praxis, Rdnr. 281; BVerwGE 72, 300, 307;
   Breuer, 6. Atomrecht-Symp., S. 246; Schmidt-Aßmann, FS
   BVerwG, S. 573; Ronellenfitsch, S. 396.
233 BVerwG, DVBl 1982, 960, 962.
234 Vgl. die gesetzlichen Bestimmungen in §§ 8 BImSchG, 22
   der 9. BImSchV; 7 b AtG, 18 AtVfV; Bender/Sparwasser,
   Umweltrecht, Rdnr. 271 ff., 422 ff.; v. Mutius/Schoch,
   DVBl 1983, 149, 152, 156; Schmidt-Aßmann, FS 25 J.
   BVerwG, 1978, S. 569, 573, 575 ff.; BVerwGE 72, 307;
   Breuer, 6. Dt. AtomR-Symp. S. 246; J. Martens, Praxis,
   Rdnr. 284; sieht hingegen das Verknüpfungselement in
   der Konzeptgenehmigung; Rengeling, NVwZ 1982, 217, 221
   sieht es in beiden Instituten. Als zusätzliches Verknüpfungselement kann der jedem Verwaltungshandeln ob-
   liegenden Grundsatz von Treu und Glauben sowie dem
   Verbot widersprüchlichen Verhaltens gelten, worauf
   zutreffend Hansmann, 6. Dt. AtomR-Symp. S. 263, 268 f.,
   Kopp, VwVfG, § 38 Rdnr. 5 und Mayer/Kopp, Allg. VerwR,
   S. 195, hinweisen.
235 BVerwGE 72, 300, 307 f.
236 BVerwGE 72, 300, 308 unter Hinweis auf BVerwG, DVBl 82,
   960, 962.
237 Ronellenfitsch, S. 403.
238 Ronellenfitsch, S. 403; BVerwG, NVwZ 86, 2008, 201;
   Schmitt-Glaeser/Meins, Immissionsschutz, S. 58;
   Ossenbühl, NJW 1980, 1353, 1357; näher zur Frage der
   Bindungswirkung von "vorläufigen positiven
   Gesamtbeurteilungen" s. Ronellenfitsch, S. 398 ff.
   m.w.N.
239 Ronellenfitsch, S. 403; Breuer, 6. AtomR-Symp., S. 258
   f. m.w.N.; Weber, DÖV 1980, 398 f.; a.A. Schmieder, 5.
   AtomR-Symp., S. 172 f.; Ossenbühl, NJW 1980, 1358.

37

figkeit der "vorläufigen positiven Gesamtbeurteilung" eine
zeitliche und eine sachliche Komponente[240].

d) Aber die Unsicherheit der Verwaltung bei der Entscheidung kann auch auf einer Kombination vorgenannter Konstellationen beruhen. Die Konstellationen können sich über-
schneiden. So basiert die Unsicherheit bei der Genehmigung
bzw. den Teilgenehmigungen einer Großanlage wie eines Atom-
kraftwerkes einerseits auf der Komplexität und Unüberschau-
barkeit der zu prüfenden Fragen, andererseits auf einer zum
Entscheidungszeitpunkt noch nicht abgeschlossenen Sachverhaltsentwicklung bezüglich des technischen Erkenntnisstan-
des zum zukünftigen Zeitpunkt der Inbetriebnahme.

II. Instrument zur Lösung komplexer Verfahren?

Die Interessenkonstellationen, die Gründe, die für die Anwendung sog. vorläufiger Verwaltungsakte sprechen, werfen
die Frage der Geeignetheit des Verwaltungsaktes als Instrument zur Lösung komplexer und langwieriger Verfahren auf.
Um sachgerechte Entscheidungen in kontinuierlichen, sich
entwickelnden "Genehmigungsverhältnissen" oder langandau-
ernden Leistungsverhältnissen zu ermöglichen, erscheint der
Verwaltungsakt als punktuelle Regelung, als "Momentauf-
nahme"[241], nur begrenzt geeignet zu sein[242]. Deshalb ist zu
überlegen, ob Lösungen im Rahmen eines Verwaltungsrechtsverhältnisses[243] nicht zweckmäßiger mit aus dem Vertrags-
recht bekannten Instrumenten wie etwa im Leistungsbereich
mit Hilfe von vertraglichen Leistungsstörungen, Zweckver-
fehlungen und Rückabwicklungspflichten gesucht werden sollten[244]. Ansonsten müßte das Rechtsinstitut "Verwaltungsakt"
um eine Zeitdimension ausgeweitet werden, wodurch seine
Konturen verwischt werden könnten[245].

Die Bemühungen des BVerwG und BSG mit "sui generis"-Kon-
struktionen gerade im Bereich des vorläufigen Verwaltungsaktes sprechen für die Suche nach neuen Lösungsansätzen[246].
Die Suche geht in Richtung nach flexibleren Ver-
waltungsinstrumenten, als sie der Verwaltungsakt in seiner
bisher bekannten und gehandhabten Weise bietet. Neue Ver-

240 Ronellenfitsch, S. 403; teilweise abweichend Ossenbühl,
    NJW 1980, 1357, der die Bedeutung der zeitlichen Dimen-
    sion mehrstufiger Verfahren verkennt.
241 Bachof, VVDStRL 30 (1972), 193 (231); vgl. auch
    Häberle, Das Verwaltungsrechtsverhältnis, in: Das
    Sozialrechtsverhältnis, Schriftenreihe des Deutschen
    Sozialgerichtsverbandes, Bd. XVIII, 1979, S. 61.
242 Bieback, DVBl 1988, 454.
243 Vgl. hierzu Erichsen/Martens, Allg. VerwR, § 10 II;
    s. auch Häberle, VVDStRL 30 (1982) 193 (231) sowie
    Ehlers, DVBL 1986, 912.
244 Bieback, DVBl 1988, 454; Henke, DVBl 1983, 1247.
245 Bieback, DVBl 1988, 454.
246 Vgl. BSG vom 11.6.87, DVBl 1988, 449, BVerwG vom
    14.4.83, BVerwGE 67, 99.

waltungsinstrumente werden aber erst dann erforderlich,
wenn sich herausstellen sollte, daß die Entwicklungsmög-
lichkeiten des Verwaltungsaktes als des klassischen und be-
währten Instruments des Verwaltungshandelns tatsächlich am
Ende angelangt sind[247]. Hierbei darf die dogmatische Reich-
haltigkeit wie Klarheit des Verwaltungsaktes und seine Be-
währung auch hinsichtlich des Rechtsschutzes für den Bürger
nicht unberücksichtigt bleiben[248]. Als Lösung bietet sich
daher in erster Linie die bisher vernachlässigte[249],
dogmatische Auseinandersetzung, Ausformung und Fortentwicklung des in der Praxis bereits seit langem verwendeten Instruments des "vorläufigen Verwaltungsaktes" an, bevor nach
völlig neuen Lösungskonzepten gesucht wird, die mehr Fragen
aufwerfen als beantworten würden.

---

247 Ähnlich Di Fabio, DÖV 1991, 637.
248 Hinsichtlich des Rechtsschutzes ist die Aufrechter-
    haltung des Instruments des Verwaltungsaktes nicht
    erforderlich, da hier das Verwaltungsprozeßrecht
    im Bereich der Leistungsklagen, aber auch der Fest-
    stellungsklagen, eine erstaunliche, im Ergebnis,
    insbesondere auch vor dem Hintergrund des Art. 19 IV
    GG, zu befürwortende Flexibilität an den Tag gelegt
    hat.
249 Vgl. Maurer, Allg. VerwR, § 9 Rdnr. 63 b; Seibert,
    Bindungswirkung, S. 553.

§ 3 Abgrenzung und Eingrenzung

A.) Grundsätzliches, Vorläufigkeit, Akzessorietät, "summarisches" Verfahren

Aus der Tatsache, daß Entscheidungen der Verwaltung, die
nur einen vorläufigen Charakter haben, zahlreich sind, ergibt sich das Problem, den "vorläufigen Verwaltungsakt" von
einem "normalen" Verwaltungsakt abzugrenzen.

Wie oben bereits festgestellt, ist ein vorläufiger Verwaltungsakt das "Produkt" eines vorläufigen Verwaltungsverfahrens[1]. Der Begriff "vorläufiges Verwaltungsverfahren"
ist mißverständlich. Es handelt sich im Prinzip um ein
normales Verfahren der Verwaltung, das jedoch auf den Erlaß
eines vorläufigen Verwaltungsaktes gerichtet ist. Wollte
man hierin etwas anderes als ein Verfahren i.s.v. § 9 VwVfG
sehen, so muß man beim vorläufigen Verwaltungsakt ansetzen
und fragen, ob dieser denn kein Verwaltungsakt i.S.d. §§
35, 9 VwVfG ist. Hierzu gilt es zu untersuchen, mit welchen
Formen die Verwaltung vorläufige Regelungen und Entscheidungen erläßt. Wie oben die Darstellung der Anwendungspraxis gezeigt hat, lassen sich vorläufige Verwaltungsakte in
allen Bereichen des Verwaltungshandelns finden. Ebenso
vielfältig sind die Bezeichnungen. Der vorläufige Charakter
einer Regelung wird durch Vorbehalte der Rückforderung, der
Anrechnung, der Erstattung, der Änderung, der Rücknahme
oder der endgültigen Entscheidung zum Ausdruck gebracht.
Auch durch ausdrückliche Bezeichnung als vorläufige, vorzeitige, vorsorgliche oder einstweilige Regelung, als Vorschuß oder Vorausleistung ergibt sich die Vorläufigkeit.
Oft ergibt sie sich jedoch erst aus dem Zusammenhang mit
speziellen Rückforderungstatbeständen oder ganz einfach
bloß aus den vorliegenden Umständen[2]. Dies mag der eine
Grund gewesen sein, daß von einer gesetzlichen Regelung im
VwVfG abgesehen worden ist, "um nicht vorzeitig die notwendige Rechtsfortbildung ab(zu)schneiden und damit einer weiteren rechtsstaatlichen Durchdringung hinderlich (zu)
sein"[3]. Der andere Grund soll gewesen sein, daß der Gesetzgeber angesichts des vorhandenen Instrumentariums eine eigene Regelung des vorläufigen Verwaltungsaktes schlichtweg
für unnötig erachtete. Ausdrücklich wandte sich gegen die
Übernahme einer im Referentenentwurf zum SGB X (Verwaltungsverfahren) bereits vorgesehenen Ermächtigung für vorläufige Regelungen[4] in die Fassung des in Kraft getretenen

1 S. oben § 2 A II.
2 Vgl. hierzu Schimmelpfennig, BayVBl 1989, 70.
3 Amtliche Begründung (BT-Drs. 7/910 S. 41 zu § 9).
4 § 37 SGB-E, der den Erlaß von Verwaltungsakten unter
  Vorbehalt vorsah, lautete: "Kann nach dem Ergebnis der
  Ermittlungen über den Verfahrensgegenstand noch nicht
  endgültig entschieden werden, sind aber die Voraussetzungen für den Erlaß eines Verwaltungsaktes mit Wahrscheinlichkeit gegeben, kann ein Verwaltungsakt unter

SGB X das Bayer. Staatsministerium für Arbeit und Sozialordnung mit dem Argument, daß eine entsprechende Vorschrift
entbehrlich sei[5].

Definiert man den "vorläufigen Verwaltungsakt" als Regelung
oder Feststellung von Rechten und Pflichten der Beteiligten
eines Verwaltungsverfahrens aufgrund einer summarischen
Prüfung der Sach- und Rechtslage unter dem Vorbehalt einer
späteren genauen endgültigen Prüfung[6], so stellt dies bloß
einen Arbeitsbegriff dar, der seinerseits in das Gerüst be-
kannter Institute des Verwaltungshandelns eingegliedert
und, soweit dies nicht möglich ist, von diesem abgegrenzt
werden muß, um ihn als eigenen "rechtlichen Strukturtypus"[7]
herausarbeiten zu können.

Um rasche Entscheidungen treffen zu können, hat die Verwaltung mehrere Institute und Handlungsformen entwickelt.
Hierzu zählen Teilgenehmigungen und Vorbescheide, aber auch
die Auszahlung von Vorschüssen und die Erklärung einer Zu-

---

dem ausdrücklichen Vorbehalt der endgültigen Entscheidung
erlassen werden, wenn dies beantragt wird und der Antragsteller ein berechtigtes Interesse an der alsbaldigen Erteilung eines solchen Verwaltungsaktes hat;   aus dem
Verwaltungsakt müssen sich Inhalt und Ausmaß des Vorbehalts ergeben. Die Behörde hat unverzüglich den endgültigen Verwaltungsakt zu erlassen, wobei sie an den Verwaltungsakt nach Satz 1 nicht gebunden ist." Aus Gründen
der Koordinierung mit dem VwVfG wurde diese Regelung
letztlich nicht in das SGB X übernommen, vgl. hierzu
Stelkens in Stelkens/Bonk/Leonhardt, VwVfG, § 35 Rdnr.
121.
5 Vgl. Stellungnahme des Bayer. Staatsministeriums für
Arbeit und Sozialordnung gegenüber dem Bundesminister
(VII B/1045-25/4/75) vom Mai 1975, S. 20 zu §§ 36 u. 37
RefE: "Die vorgesehenen Bestimmungen sind entbehrlich.
Sie machen das Verwaltungsverfahren unnötig vielgestaltig
und unübersichtlich und stehen damit im Widerspruch zu §
9 S. 2. Der EVwVfG kommt auch ohne derartige Regelungen
aus. Das SGG kennt darüber hinaus eine den § 123 VwGO
entsprechende Vorschrift nicht, sondern überläßt teilweise und vorläufige Regelungen dem materiellen Recht.
Was sich im Sozialgerichtsverfahren bislang bewährt
hat, sollte auch im Verwaltungsverfahren beachtet werden.
Da Vorschüsse und vorläufige Leistungen im Allgemeinen
Teil vorgesehen sind, ist für besondere verfahrensrechtliche Regelungen auch kein soziales Bedürfnis zu erkennen. Im übrigen reichen die Nebenbestimmungen des § 35
aus, um Teil- und Vorbehaltsentscheidungen zu treffen."
Ähnlich Krause, NJW 1983, 81, 86, der das Instrument der
Nebenbestimmungen für ausreichend hält, "Leistungen bei
Verdacht unter dem Vorbehalt des Widerrufs - insbesondere
für die Zukunft - zuzubilligen .... Voraussetzung ist ...
eine nicht sofort auflösbare Ungewißheit über das Vorliegen der gesetzlichen Voraussetzungen der Leistung ..."
6 S. oben § 2 A II.
7 Larenz, Methodenlehre, S. 443 ff., 449.

sage oder Zusicherung. Diese Formen gilt es vom vorläufigen
Verwaltungsakt abzugrenzen.

Drei Hauptmerkmale kennzeichnen den vorläufigen Verwaltungsakt:

a) die *Bestimmung*, nur *vorläufige* Regelungswirkung bis zu
   einer endgültigen Entscheidung zu haben.

b) Seine *Akzessorietät*. Eine isolierte vorläufige Entscheidung ohne Hauptverfahren ist nicht denkbar[8]. Deshalb
   können vorläufige Verwaltungsakte nur erlassen werden,
   solange auch ein Hauptverfahren in Gang ist[9].

c) Das dritte Hauptmerkmal des vorläufigen Verwaltungsaktes
   ist die bloß *summarische Prüfung* der Sach- und Rechtslage, die sich vor allem auf sofort verfügbare Beweismittel, glaubhaft gemachte Tatsachen und überwiegende Wahrscheinlichkeiten stützt[10]. Es besteht insofern gegenüber
   der endgültigen Entscheidung eine unsichere Beurteilungsgrundlage[11].

Ziel der summarischen Prüfung ist es, die Wahrscheinlichkeit des endgültigen Verwaltungsaktes festzustellen. Ist
hinreichende Wahrscheinlichkeit eines positiven Ausgangs
des End-Verwaltungsaktes gegeben, so ist dies eine der wesentlichen Grundlagen, auf die sich die Verwaltung bei ihrer Ermessensentscheidung, einen vorläufigen Verwaltungsakt
zu erlassen, stützen kann.

"Wahrscheinlichkeit" läßt sich als das Maß für den Grad der
Sicherheit, mit dem ein mögliches Ereignis eintreten wird,
definieren[12]. Die Parallele zum Polizei- und Ordnungsrecht,
wo die "hinreichende Wahrscheinlichkeit einer Gefahr" erforderlich ist, bietet sich an, dieses Maß zu konkretisieren[13]. Es ist daher auch beim vorläufigen Verwaltungsakt
auf die Prognose eines fähigen und sachkundigen Amtswalters
im Entscheidungszeitpunkt, d.h. ex ante, abzustellen, um zu
ermitteln, ob das Vorliegen der Voraussetzungen des Endver-
waltungsakts wahrscheinlich ist (sog. normativ-subjektiver
Wahrscheinlichkeitsbegriff)[14].

---

8 Vgl. z.B. zum § 7 a AbfallG, Kunig/Schwermer/Versteyl,
  AbfG, Rdnr. 11; Bickel, DÖV 1978, 788, 790; zu § 11
  GastG, Mörtel/Metzner, Rdnr. 6.
9 Vgl. Kunig/Schwermer/Versteyl, AbfG, § 7 a Rdnr. 11;
  Mörtel/Metzner, GastG, § 11 Rdnr. 6.
10 Vgl. Kopp, VwVfG, Rdnr. 25 zu § 9; zu § 11 GastG,
   Mörtel/Metzner, Rdnr. 7.
11 S. oben § 2 D.
12 Kemper, Der vorläufige Verwaltungsakt, S. 133.
13 Kemper, Der vorläufige Verwaltungsakt, S. 133.
14 Kemper, Der vorläufige Verwaltungsakt, S. 133; vgl. auch
   dazu im Polizeirecht Hansen-Dix, Die Gefahr, S. 36 f.;
   W. Martens in Drews/Wacke/Vogel/Martens, Gefahrenabwehr,
   § 13 Anm. 2 b; vgl. auch oben § 2 B IV 1 a.

Sind diese drei Hauptkennzeichen - Vorläufigkeitsbestimmung, Akzessorietät, summarisches Prüfungsverfahren - Merkmale des typischen " vorläufigen Verwaltungsaktes", so gibt
es eine Vielzahl von Überschneidungen und auch fließende
Übergänge zwischen einem vorläufigen und einem endgültigen
Verwaltungsakt.

B.) "einstweilige Erlaubnis" nach § 20 PBefG

Besondere Probleme wirft § 20 PBefG auf. Er ermöglicht
eine jederzeit widerrufliche Erlaubnis zur Einrichtung
eines Linienverkehrs, wenn dies im öffentlichen Interesse
geboten ist. Zwar kommt einer solchen Erlaubnis eine sehr
ähnliche Wirkung wie einer vorläufigen Genehmigung zu. Jedoch darf sie nur aufgrund einer umfassenden Prüfung der
Genehmigungsvoraussetzungen nach § 13 I PBefG ergehen, wie
§ 20 I a.E. PBefG ausdrücklich festlegt. Eine "summarische"
Prüfung der Genehmigungsvoraussetzungen nach § 13 I PBefG
würde nicht ausreichen.

Zudem setzt § 20 PBefG kein Hauptverfahren voraus. Eine
endgültige Genehmigung muß also nicht beantragt worden
sein. Es fehlt daher auch an dem Merkmal der Akzessorietät.

Dennoch stellt sich die Frage, ob die "einstweilige" Erlaubnis nach § 20 PBefG, wie sie das Gesetz bezeichnet, ein
vorläufiger Verwaltungsakt oder etwas völlig anderes ist.

Der in § 20 PBefG geregelte Fall steht selbständig neben
der endgültigen Genehmigung nach § 13 PBefG.[15]. Ähnlich wie
der typische vorläufige Verwaltungsakt ist er auf eine
vorläufige Regelung zur raschen Befriedigung von Bedürfnis-
sen gerichtet. Er stellt jedoch eine eigene selbständige
und insoweit endgültige Erlaubnisform dar, die frei wider-
ruflich ist. Insofern bietet er der Verwaltung eine Umge-
hung der Widerrufsvorschriften nach §§ 48 ff. VwVfG, die
sich nur durch das öffentliche Verkehrsinteresse und
rechtsstaatlich durch die Befristung auf 6 Monate (§ 20 II
PBefG) rechtfertigen läßt. Hingegen ist es nicht Zweck von
§ 20 PBefG, eine vorläufige "Eil"-Entscheidung wegen eines
besonderen Interesses vor Erlaß einer endgültigen Entscheidung zu ermöglichen. § 15 IV PBefG schließt ausdrücklich
die Erteilung einer vorläufigen Genehmigung aus. Ein Anspruch auf eine endgültige Genehmigung wird nicht begründet.

§ 20 regelt daher im Grunde nur den Fall einer befristeten
Erlaubnis der Linieneinrichtung unter dem Vorbehalt des Widerrufs. Das "einstweilige Element" einer Erlaubnis nach §
20 PBefG ist der temporäre, frei widerrufbare Charakter.
Insofern hat sie Ähnlichkeit mit dem vorläufigen Verwaltungsakt, unterscheidet sich jedoch von diesem wegen der
fehlenden Akzessorietät und der umfassenden Prüfung der
Genehmigungsvoraussetzungen.

---

15 Vgl. Schimmelpfennig, Vorläufige Verwaltungsakte, S. 36.

43

C.) Teilgenehmigungen, Vorbescheide

Teilgenehmigungen und Vorbescheide sind Instrumente des gestuften Verfahrens[16]. Sie sollen helfen, die Problematik
bei umfassenden, komplexen Sach- und Rechtslagen ab-
schnittsweise abzuarbeiten[17]. Handelt es sich bei der Teilgenehmigung um eine "stückweise" Freigabe von Teilberei-
chen, die von der Gesamtgenehmigung erfaßt sind, so handelt
es sich beim Vorbescheid um die Klärung von Vorfragen späterer Teilgenehmigungen oder der späteren Schlußgenehmi-
gung. Der von der Teilgenehmigung und vom Vorbescheid er-
faßte Regelungsbereich ist in sich abgeschlossen, endgültig
und nicht bloß übergangsmäßig. Anders als der vorläufige
Verwaltungsakt will die Teilgenehmigung für einen bestimmten Teilaspekt rechtliche Wirksamkeit auf Dauer erzielen[18].

Bezüglich des geregelten Teilbereichs müssen die Unterlagen
und Voraussetzungen umfassend wie für den Endverwaltungsakt
geprüft werden. Ebenso muß beim Vorbescheid die zu entscheidende Vorfrage abschließend beurteilt werden. Eine
summarische Prüfung, die sich nur auf von dem Beteiligten
glaubhaft gemachte Tatsachen und Planungsunterlagen stützt,
reicht nicht aus.

Dennoch sind genaue Abgrenzungen schwierig. Alle Ent-
scheidungsformen im gestuften Verfahren ergehen stets in
bezug auf die Gesamtgenehmigung. Deshalb muß bei allen Entscheidungen im gestuften Verfahren hinsichtlich des Gesamt-
projekts eine positive Beurteilung vorliegen[19]. Dies erfordert bereits der Grundsatz von Treu und Glauben und der
Vertrauensschutz des Bürgers[20]. Diese vorläufige positive
Gesamtbeurteilung ist das Verknüpfungsglied zwischen den
Entscheidungen im gestuften Verfahren hinsichtlich der Gesamtgenehmigung, die sie u.U. ersetzen[21].

Soweit die Teilgenehmigung ein vorläufiges positives Gesamturteil beinhaltet, ist dieses ein Teil des Regelungsge-
halts der Teilgenehmigung[22]. Das vorläufige Gesamturteil
weist jedoch sämtliche Merkmale des vorläufigen Ver-

16 Vgl. Bender/Sparwasser, Umweltrecht, Rdnr. 271.
17 Vgl. Bender/Sparwasser, Umweltrecht, Rdnr. 271, 273,
   421, 426 f.
18 Hufen, Fehler im Verwaltungsverfahren, Rdnr. 393.
19 Ronellenfitsch, Atomrechtliches Genehmigungsverfahren,
   S. 397.
20 Hansmann, 6. AtomR-Symp., S. 263, 268 f.; OVG Münster,
   BRS 35 Nr. 150, S. 284.
21 BVerwG, NVwZ 1986, 208, 210; im Bereich des Atomrechts
   vgl. Ronellenfitsch, Atomrechtliches Genehmigungsverfahren, S. 397 ff. m.w.N.; BVerwGE 72, 300, 308 ff.; im
   Bereich des Baurechts vgl. die Darstellung bei Schimmelpfennig, Vorläufige Verwaltungsakte, S. 91 ff. m.w.N.
22 BVerwGE 72, 300; Bender/Sparwasser, Umweltrecht, Rdnr.
   422.

waltungsaktes auf. Es ist vorläufig, akzessorisch zum
"Haupt"-Genehmigungsverfahren und ergeht aufgrund einer
summarischen Prüfung, die nur auf vorläufigen, wenn auch
hinreichend aussagekräftigen Planungsunterlagen zu beruhen
braucht[23].

Es kann also festgestellt werden, daß Verwaltungsakte im
gestuften Verfahren, soweit sie im Hinblick auf das Gesamt-
projekt ergehen, trotz ihres grundsätzlich abgeschlossenen
und endgültigen Regelungscharakters i.d.R. Elemente des
vorläufigen Verwaltungsaktes umfassen[24].

Denkbar und zulässig sind auch vorläufige Regelungen über
Teile eines Regelungsgegenstandes, die als "vorläufige
Teilverwaltungsakte" bezeichnet werden können[25]. Noch nicht
abschließend entscheidungsreife Teile eines Regelungskomplexes können demnach abgetrennt und vorläufig mittels
eines vorläufigen Verwaltungsaktes geregelt werden[26].

D.) Zusicherung, Zusage

Ähnlich wie bei der Diskussion um den vorläufigen Verwaltungsakt stand bei der Zusicherung bzw. der Zusage[27] lange
die Frage ihrer Rechtsnatur im Mittelpunkt[28]. Die Frage ist
bis heute nicht endgültig geklärt[29]. Dies erklärt sich aus
dem bloß hinweisenden Charakter der Zusicherung[30]. Sie bezieht sich stets auf einen bestimmten zukünftigen Verwaltungsakt[31]. Insoweit ist sie akzessorisch, nämlich abhängig
von einem Hauptverwaltungsakt. Zudem befindet sich die Zusage, ähnlich wie der vorläufige Verwaltungsakt, in einem
rechtlichen "Vorstadium" endgültiger Verwaltungsaktent-
scheidungen[32]. Sie hat allenfalls gewissen vorzeitigen und
nur vorläufigen Charakter[33]. Daher fehle es ihr am Grad der

---

23 BVerwGE 72, 300, 308
24 Ähnlich Schimmelpfennig, Vorläufige Verwaltungsakte, S.
   96.
25 Stelkens in Stelkens/Bonk/Leonhardt, VwVfG, § 35 Rdnr.
   121.
26 Vgl. § 74 III VwVfG; Meyer in Meyer/Borgs, VwVfG, § 74
   Rdnr. 37 f.; Bonk in Stelkens/Bonk/Leonhardt, VwVfG, §
   74 Rdnr. 39; Kopp, VwVfG, § 74 Rdnr. 52; J. Martens, DÖV
   1987, 992 Fn. 1.
27 Vgl. Legaldefinition in § 38 I VwVfG; Maurer § 9, 59;
   Kopp, VwVfG, § 38 Rdnr. 2 ff.
28 Vgl. die Verhandlungen d. 44. Dt. Juristentages; Fiedler, AöR 1980, 79, 104 ff.; Krause, Rechtsformen, S. 290
   f.; Kopp, VwVfG, § 38 Rdnr. 6, jeweils m.w.N.
29 Vgl. die Nachweise bei Kopp, VwVfG, § 38 Rdnr. 6.
30 Wolff/Bachof, VerwR I, S. 367; Ossenbühl, JuS 1979, 681,
   684 zu Fn. 49.
31 S. Kopp, VwVfG, § 38 Rdnr. 4.
32 Fiedler, AöR 1980, 79, 104.
33 Wolff/Bachof, VerwR I, S. 367; Ossenbühl, JuS 1979, 681,
   684 zu Fn. 49; Jakobs, Jura 1985, 234, 235, 237; BVerwG,
   DVBl 1966, 857, 859.

Verbindlichkeit, wie sie dem Verwaltungsakt zukommt, so daß
auch heute ein Teil der Lehre die Ansicht vertritt, die
Zusicherung sei kein Verwaltungsakt[34].

Die Parallele zum vorläufigen Verwaltungsakt ist
offensichtlich. Akzessorietät, vorläufiger Charakter und
ähnliche Rechtsprobleme wie beim vorläufigen Verwaltungsakt
liegen beim Instrument der Zusage bzw. Zusicherung vor. Der
Erlaß einer Zusage steht grundsätzlich im Ermessen der Behörde[35]. Jedoch Grundlage der Entscheidung, eine Zusage ab-
zugeben, ist die vollständig ermittelte Rechtslage unter
Anhörung der Beteiligten und Mitwirkung sonstiger Behörden,
soweit sie nach Rechtsvorschriften vorgesehen ist[36]. Denn
nur dann erstreckt sich die Bindungswirkung der Zusage auf
diese[37]. Diese umfassende Prüfung unterscheidet die Zusicherung vom vorläufigen Verwaltungsakt, der nur eine "summarische" Prüfung voraussetzt[38].

E.) Verwaltungsvorakt

Achterberg, auf den der Begriff des Verwaltungsvoraktes zu-
rückgeht, unterscheidet, nachdem eine Regelung endgültig
erlassen wurde, zwischen Verwaltungsvorakten und Verwal-
tungsendakten[39]. Während Verwaltungsendakte einen Gesamtkomplex endgültig regeln, was die meisten Verwaltungsakte
machen[40], sind Verwaltungsvorakte Maßnahmen, "die einem anderen Hoheitsakt vorangehen und den durch diesen zu ordnen-
den Einzelfall entweder dadurch regeln, daß ein Teilkomplex
endgültig oder Gesamtkomplex vorläufig entschieden wird"[41].
Als Beispiele führt Achterberg die Androhung eines Zwangs-
mittels, den Vorbescheid im Baurecht sowie die Zusicherung
hinsichtlich eines später zu erlassenden Verwaltungsaktes
an[42]. Wie diese Aufzählung zeigt, meint Achterberg mit dem
Begriff Verwaltungsvorakt nicht ein eigenes Handlungsinstrument der Verwaltung, sondern er verwendet es als Ord-

---

34 Jakobs, Jura 1985, 234; Ossenbühl, JuS 1979, 681, 684 zu
   Fn. 49; Wolff/Bachof, VerwR I, S. 367; Maiwald, BayVBl
   1977, 452; Laubinger, § 49 I 1; vgl. auch Ule/Laubinger,
   Verwaltungsverfahrensrecht, S. 359 und Erichsen/W.
   Martens, Allg. VerwR, S. 175; a.A. die h.M. vgl. Kopp,
   VwVfG, § 38 Rdnr. 6; Knack, § 38 Anm. 3.3 jeweils mit
   w.N.
35 Näher zu diesem Ermessen der Behörde s. Günther, ZBR
   1982, 196; Kopp, VwVfG, § 38 Rdnr. 10 f.; OVG Münster,
   NWVBl 1988, 49.
36 Hill, Fehlerhafte Verfahren, S. 148 m.w.N.; Knack,
   VwVfG, § 38 Anm. 3.3.4; Kopp, VwVfG, § 38 Rdnr. 16 ff.
37 Kopp, VwVfG, § 38 Rdnr. 16.
38 S. oben § 3 A.
39 Achterberg, Allg. VerwR, § 21 Rdnr. 112 ff.
40 Achterberg, § 21 Rdnr 126.
41 Achterberg, Allg. VerwR, § 21 Rdnr. 112 ff.; hierzu
   ausführlich ders., DÖV 1971, 397 ff. = ders., Theorie
   und Dogmatik des öffentlichen Rechts, S. 506 ff.
42 Achterberg, Allg. VerwR, § 21 Rdnr. 113.

nungs- und Oberbegriff aller Handlungsformen der Verwaltung, die einer endgültigen Regelung eines Gesamtkomplexes
vorausgehen. Unter den Begriff Verwaltungsvorakt fallen,
wie die Definition von Achterberg zeigt, auch vorläufige
Verwaltungsakte. Für die Untersuchung des vorläufigen Verwaltungsaktes lassen sich jedoch aus dem Begriff des Verwaltungsvoraktes keine weiteren Erkenntnisse gewinnen.

F.) Abschlagszahlungen, Vorschußleistungen

Die z.B. im Beamtenrecht bekannten sog. "Abschlagszahlungen" oder die Vorschußleistungen im Sozialrecht[43]
können ergehen, wenn noch Ungewißheit über die zutreffende
Berechnung der Höhe der endgültigen Leistung besteht[44].
Diese Unsicherheit kann auf einer komplizierten Sachverhaltsermittlung oder Berechnungsweise in Verbindung mit
einer großen Zahl von zu bearbeitenden Fällen z.B. nach
einer Gesetzesänderung[45] beruhen. Oder die Zahlungen ergehen im Vorgriff auf Besoldungsanpassungen, deren gesetzliche Regelung oder Berechnung im Einzelfall noch nicht abgeschlossen ist[46]. Im Vordergrund steht eine rasche Entscheidung, auch wenn sie bloß vorläufiger Natur ist[47] und unter
dem Vorbehalt einer späteren, endgültigen und abschließenden Festsetzung bzw. Bewilligung oder einem Rückforderungs-
vorbehalt steht, ohne daß dieser ausdrücklich genannt werden müßte[48].

In der Regel ergehen Abschlagszahlungen und Vorschußleistungen aufgrund einer "summarischen" Prüfung[49]. Das Verfahren ist parallel zum Verfahren zur Feststellung der endgültigen Festsetzung[50]. Insofern sind Abschlagszahlungen
und Vorschüsse akzessorisch zur endgültigen Festsetzung[51].

Man kommt also zu dem Ergebnis, daß nach oben aufgestellten
Merkmalen Abschlagszahlungen und Vorschußleistungen vorläu-
fige Verwaltungsakte sein müssen, soweit die Behörde mit
Außenwirkung eine Regelung eines Einzelfalles auf dem Ge-

---

43 Z.B. § 42 SGB I
44 Vgl. Schimmelpfennig, Vorläufige Verwaltungsakte, S.
   108.
45 Vgl. BVerwGE 11, 283, 287
46 Vgl. Schnellbriefe d. BMI und BMF, abgedruckt bei
   Wurster/Wurster, BundesbesoldungsR, AI 2; BVerwG, ZBR
   1964, 369; BSG, Urt. v. 31.5.89, DVBl 1990, 215; OVG
   Münster, ZBR 1977, 230; vgl. auch Becker, DÖV 1963,
   459, 464; vgl. auch Zahlungen aufgrund vorläufig fest-
   gesetzten Besoldungsdienstalters, hierzu Peine, DÖV
   1986, 849, 854 f.
47 BSG, DVBl 1990, 216.
48 BVerwGE 11, 282, 283 f.; 13, 248 ff., VerwRspr. Bd. 17,
   S. 702, 704; ZBR, 64, 369; Schütz, BeamtenR, § 98 ZBG
   NW Rz. 2 r; BSG, DVBl 1990, 215 f.
49 Vgl. BSG, DVBl 1990, 216.
50 Vgl. BSG, DVBl 1990, 216
51 Vgl. BSG, DVBl 1990, 216

biet des öffentlichen Rechts trifft[52]. So nimmt auch das BSG bei Abschlagszahlungen auf Sozialleistungen stets vorläufige Verwaltungsakte an[53], und das BVerwG schließt den Verwaltungsaktcharakter bei Auszahlungsanordnungen trotz Vorläufigkeit ausdrücklich nicht aus[54].

---

52 S. Merkmalbeschreibung oben bei § 3 A.
53 BSGE 23, 259, 261; 19, 100, 101; 18, 148, 150.
54 BVerwGE 11, 283, 285; ähnlich OVG Münster, ZBR 1963,
   124. Ebenso nehmen Becker, DÖV 1963, 459, 464 und Plog
   u.a., BBG § 87 Rdnr. 18, Verwaltungsaktcharakter an.

§ 4 Rechtsnatur der vorläufigen Verwaltungsakte

A.) Allgemeines

Vorstehende Ab- und Eingrenzungsversuche zeigen bereits, daß es keine scharfen Grenzlinien zwischen den verwaltungsrechtlichen Instituten gibt. Dies ist eine Folge der Vielgestaltigkeit verwaltungsrechtlicher Aufgabenerfüllung und der unerschöpflichen Fallgestaltungsmöglichkeiten, auf die die Verwaltung passende Antworten bzw. Regelungen im Rahmen der Gesetze finden muß.

Die Rechtsnatur des "vorläufigen Verwaltungsaktes" hängt wesentlich davon ab, ob und inwieweit das VwVfG Möglichkeiten und Mittel zur Verfügung stellt, deren sich die Verwaltung bedienen kann, um in Situationen, wie sie für den Erlaß von vorläufigen Verwaltungsakten typisch sind - Ungewißheiten, Wahrscheinlichkeiten, komplexe Verfahren, Gefährdung der Rechtsverwirklichung bei weiterem Nichthandeln, Unzumutbarkeit des weiteren Abwartens[1] -, Entscheidungen treffen zu können.

B.) Nebenbestimmungen

Elegante Möglichkeiten, eine Entscheidung nicht "endgültig" zu treffen und die erwünschte Flexibilität auch für die Zukunft eines Falles zu erhalten, stellt § 36 VwVfG mit seinem Instrumentarium der Nebenbestimmungen zur Verfügung[2].

Der Zweck von Nebenbestimmungen, wie sie in § 36 VwVfG, § 32 SGB X oder auch § 120 AO normiert sind, ist es, die mit der "Haupt"-Bestimmung eines Verwaltungsaktes beabsichtigte Regelung an die besonderen Gegebenheiten des Einzelfalles anzupassen[3]. Mittels Beifügen von Nebenbestimmungen kann den betroffenen öffentlichen Interessen (z.B. Effizienz der Verwaltung bei der Erfüllung ihrer Aufgaben) oder den Rechten (auch Grundrechten) des Begünstigten oder Dritter in Beachtung des Grundsatzes der Verhältnismäßigkeit in einer dem jeweiligen Einzelfall entsprechenden Weise Rechnung getragen werden[4]. Insoweit eröffnen Nebenbestimmungen der Verwaltung auch die Möglichkeit, Unsicherheiten bei der Entscheidung abzufangen bzw. auszuschließen[5]. Je nach der konkreten Formulierung und der Ausgestaltung des Vorbehalts

---

1 S. oben § 2 C, D.
2 Schneider, Nebenbestimmungen, S. 15.
3 Kopp, VwVfG, § 36 Rdnr. 2; Schneider, Nebenbestimmungen und Verwaltungsprozeß, S. 15 f.
4 Kopp, VwVfG, § 36 Rdnr. 2.
5 Berg, Verwaltungsrechtliche Entscheidung, S. 300; ders., DV 76, 161, 186; Kemper, DVBl 1989, 981, 983; Schimmelpfennig, Vorläufige Verwaltungsakte, S. 112.

49

bezüglich einer späteren abschließenden Entscheidung kann
ein befristeter, auflösend bedingter oder ein mit Widerrufsvorbehalt versehener Verwaltungsakt vorliegen[6].

Die Abgrenzung zwischen den in § 36 II VwVfG genannten Nebenbestimmungen ist nicht immer ganz einfach. Insbesondere
zwischen Befristung und Bedingung treten Abgrenzungsschwierigkeiten auf[7].

I.) Befristung

§ 36 II Nr. 1 VwVfG definiert die Befristung als Bestimmung, nach der die Rechtswirkungen eines Verwaltungsaktes
erst zu einem bestimmten Zeitpunkt eintreten, enden oder
für einen bestimmten Zeitraum gelten sollen. Der Zeitpunkt,
zu dem die Rechtswirkungen eines befristeten Verwaltungsaktes eintreten oder enden sollen, kann kalendermäßig bestimmt sein[8]. Die bloße Bestimmbarkeit reicht aus[9]. Auch
genügt es, wenn die Bestimmbarkeit erst später eintritt
oder von einem konkret bezeichneten Ereignis abhängt, dessen Eintreten zwar hinreichend sicher, aber der Zeitpunkt
des Eintretens ungewiß ist[10]. Steht hingegen der Eintritt
des Ereignisses, von dem der Ablauf oder Beginn einer Frist
abhängt, nicht mit Sicherheit fest, so liegt keine Befristung vor, sondern eine Bedingung[11]. Dennoch ist bisweilen
die Abgrenzung zwischen Befristung und Bedingung schwierig[12]. So wurde die Bestimmung, nach der die Rechtswirkungen eines Verwaltungsaktes von der künftigen Möglichkeit
des Anschlusses an die gemeindliche Abwasserversorgung abhängt, als Befristung[13] wie auch als Bedingung[14] angesehen.

---

6 Kopp, VwVfG, § 36 Rdnr. 37; Kemper, DVBl 1989, 981, 983;
  ders., Der vorläufige Verwaltungsakt, S. 227; ähnlich
  Henke, DVBl 1983, 1247; Gundisch, NVwZ 1984, 489, 494 zu
  Fn. 67; Erichsen/W. Martens, Allg. VerwR, § 11 II 4.
7 Schwarze in Knack, VwVfG, § 36 Anm. 3.1.1.
8 Kopp, VwVfG, § 36 Rdnr. 17.
9 Kopp, VwVfG, § 36 Rdnr. 17; Meyer/Borgs, § 36 Rdnr. 11.
10 BVerwGE 60, 275; Kopp, VwVfG, § 36 Rdnr. 17; Meyer/
   Borgs, VwVfG, § 36 Rdnr. 11; Schneider, Nebenbestimmungen, S. 22 m.w.w.N.; a.A. Maurer, Allg. VerwR, § 12 Rdnr.
   6, der das ungewisse "wann" des Eintritts eines ansonsten gewissen Ereignisses als Bedingung ansieht. Dies
   steht nicht im Gegensatz zu dem Ergebnis dieser Untersuchung, sondern bestätigt nur das Ergebnis, daß es bei
   den Nebenbestimmungen in § 36 VwVfG nur um typische
   Verwaltungsaktsbestandteile handelt, die oftmals gerade
   in Randbereichen oft schwer auseinanderzuhalten sind.
   Näheres hierzu wird im folgenden noch erörtert.
11 BVerwGE 60, 275; Kopp, VwVfG, § 36 Rdnr. 17; Schneider,
   Nebenbestimmungen, S. 23.
12 Schwarze in Knack, VwVfG, § 36 Anm. 3.1.1.
13 So VGH München, ZfW 77, 51.
14 So Laubinger, WuV 82, 121.

Wegen der geringen Anforderungen an die Bestimmbarkeit des
Eintritts des Ereignisses, von dem die Rechtswirkungen
abhängen sollen, vertritt Kemper die Ansicht, daß es sich
bei vorläufigen Verwaltungsakten um nichts anderes handele
als gewöhnliche auflösend befristete Verwaltungsakte[15]. In
der Tat scheint diese Lösung auf den ersten Blick verblüf-
fend. Der bestimmte, zukünftige, gewisse Zeitpunkt ist der
Erlaß des endgültigen Verwaltungsaktes[16], gleichgültig, ob
die in ihm getroffene Regelung positiv oder negativ ausfallen wird. Bis zu diesem Zeitpunkt jedenfalls hat der vorläufige Verwaltungsakt Gültigkeit.

Die Überlegung, vorläufige Verwaltungsakte als befristete
Verwaltungsakte anzusehen, wurde jedoch in der Literatur
und Rechtsprechung bisher weitgehend relativ rasch verwor-
fen. Einer Vorläufigkeitsklausel könne nicht die Bedeutung
beigelegt werden, daß die Rechtswirkungen des Verwaltungsaktes von einem zukünftigen gewissen Zeitpunkt abhängen
sollen[17].

Dieses Argument überzeugt nicht. Ist nämlich ein Verwaltungsakt unter dem Vorbehalt des Ergebnisses einer noch
durchzuführenden Betriebsprüfung ergangen, so stellt der
Zeitpunkt, an dem die Betriebsprüfung stattfindet und von
deren Ergebnis eine weitere Regelung abhängen soll, einen
für die Annahme einer Befristung hinreichend bestimmbaren
zukünftigen und gewissen Zeitpunkt dar. Bis zum Zeitpunkt
des Erlasses eines Endverwaltungsaktes hat der vorläufige
Verwaltungsakt ohne Zweifel Geltung[18].

Auf einen vermeintlichen, funktionalen Unterschied zwischen
Nebenbestimmungen und vorläufigen Verwaltungsakten weist
Schimmelpfennig hin[19]. "Nebenbestimmungen sollen" - so argumentiert Schimmelpfennig - "gerade dazu beitragen, das
Verfahren, den Rechtsanwendungsakt bezüglich eines bestimmten Sachverhalts, nicht nur rein äußerlich-formell, sondern
auch von der materiellrechtsbeständigen Entscheidung her
abzuschließen, indem sie die Entscheidungsvoraussetzungen
sicherstellen bzw. mögliche Versagungsgründe ausräumen"[20].
Insofern seien Verwaltungsakte mit Nebenbestimmungen hinsichtlich ihres Regelungsgegenstandes im Gegensatz zu vorläufigen Verwaltungsakten endgültige, abschließende Sachentscheidungen[21]. Nebenbestimmungen dienten einer Wirksamkeitssteuerung, während der vorläufige Verwaltungsakt
auf eine Einschränkung der Regelungsintensität abziele[22].

---

15 So Kemper, DVBl 1989, 981.
16 Kemper, DVBl 1989, 983.
17 Tiedemann, DÖV 1981, 786, 787; ähnlich BVerwGE 67, 99,
   101 ff.; BSG, DVBl 1988, 452; J. Martens, DÖV 1987,
   992, 998.
18 Vgl. Kemper, DVBl 1989, 984.
19 Vorläufige Verwaltungsakte, S. 128.
20 Schimmelpfennig, Vorläufige Verwaltungsakte, S. 128 f.
21 Schimmelpfennig, Vorläufige Verwaltungsakte, S. 128.
22 Schimmelpfennig, Vorläufige Verwaltungsakte, S. 129.

Schimmelpfennig stellt also einerseits darauf ab, daß ein
Verwaltungsakt, der z.b. mit einer Fristbestimmung versehen
ist, in der Prüfung seiner Voraussetzungen und mit seinem
Regelungsgehalt endgültig und abschließend ist, was zumindest in bezug auf den materiell-rechtsbeständigen Inhalt
beim vorläufigen Verwaltungsakt nicht der Fall sei, und andererseits, daß Nebenbestimmungen nur zu einer Wirksam-
keitsverschiebung führen.

Abgesehen davon, daß die Begriffe "Wirksamkeitssteuerung"
und "Regelungsintensität" definitionsbedürftig sind, erscheint es als fraglich, ob ein vorläufiger Verwaltungsakt
in der Prüfung seiner für ihn erforderlichen Erlaßvoraussetzungen tatsächlich nicht abschließend ist und ob
er, soweit eben sein spezifischer Regelungsinhalt geht,
nicht ebenso eine abschließende und insoweit endgültige Regelung trifft wie ein "endgültiger" Verwaltungsakt mit Nebenbestimmung.

Ähnlich wie es für das vorläufige positive Gesamturteil anerkannt ist[23], müssen nämlich auch bei vorläufigen Verwaltungsakten die sofort verfügbaren Beweismittel, die hinreichend aussagekräftigen Planungsvorstellungen und vom Antragsteller glaubhaft gemachte Tatsachen[24] mit nicht gerin-
gerer Intensität[25] geprüft und insofern auch abschließend
und endgültig beurteilt werden, um die überwiegende Wahrscheinlichkeit[26] einer positiven Endentscheidung hinreichend verläßlich prognostizieren zu können[27]. Insoweit ist
die Prüfung der Voraussetzungen, die zum Erlaß eines vorläufigen Verwaltungsaktes erforderlich sind, umfassend, abschließend und endgültig[28]. Eine bloße Evidenzkontrolle der
vorliegenden Unterlagen reicht gerade nicht[29]. Nicht zuletzt auch im eigenen Interesse zur Vermeidung von Amtshaf-
tungsansprüchen, ist die Behörde zu einer eingehenden Vorabprüfung und Prognose unter Abwägung der Interessen der
Beteiligten vor Erlaß eines vorläufigen Verwaltungsaktes
verpflichtet[30].

Entscheidet sich die Behörde nach eingehender Vorabprüfung
der Sach- und Rechtslage (hinsichtlich der Frage, ob und
mit welchem Inhalt ein vorläufiger Verwaltungsakt zu erlassen sei) zum Erlaß eines vorläufigen Verwaltungsaktes, so

---

23 BVerwGE 72, 300, 308; BVerwG, DVBl 1982, 960; Bender/
   Sparwasser, Umweltrecht, Rdnr. 424
24 Vgl. Kopp, VwVfG, § 9 Rdnr. 25
25 Vgl. BVerwGE 72, 300, 308
26 Zum Begriff "Wahrscheinlichkeit" s. oben § 3 A.
27 Vgl. Kopp, VwVfG, § 9 Rdnr. 25; Kunig/Schwermer/
   Versteyl, AbfG, § 7 a Rdnr. 11 und 15.
28 So Schimmelpfennig, Vorläufige Verwaltungsakte, S. 114
   selbst.
29 Vgl. Kunig/Schwermer/Versteyl, AbfG, § 7 a Rdnr. 16.
30 Vgl. Kunig/Schwermer/Versteyl, AbfG, § 7 a Rdnr. 16.

regelt dieser bis zum Erlaß eines "End"-Verwaltungsaktes die Materie ebenso wie ein befristeter Verwaltungsakt endgültig und abschließend[31].

Ebenso ist das Verfahren, das zum Erlaß eines vorläufigen Verwaltungsaktes führt, abschließend und endgültig[32]. Das Verfahren des vorläufigen Verwaltungsaktes muß nämlich getrennt vom Verfahren des End-Verwaltungsaktes gesehen werden[33]. Das eine ist auf den Erlaß eines vorläufigen Verwaltungsaktes gerichtet, das andere auf den Erlaß eines End-Verwaltungsaktes[34]. Auch wenn beide Verfahren zeitweilig parallel laufen können und Ergebnisse bei der Prüfung des einen Verfahrens in das andere Verfahren eingeführt und verwertet werden können, ohne daß es hierzu einer ausdrücklichen Kenntlichmachung bedürfte, liegen zwei selbständige Verfahren vor[35].

Die Nebenbestimmung in Form der auflösenden Befristung gibt der Verwaltung die Möglichkeit, ihre Entscheidung in der Zukunft offenzuhalten[36] und Unsicherheiten bei der Entscheidung abzufangen bzw. auszuschließen[37]. Dieselben Merkmale weisen vorläufige Verwaltungsakte auf.

Es fragt sich daher, ob bei der Suche nach dem vorläufigen Verwaltungsakt nicht einem Phantom nachgejagt wird[38], wenn der vorläufige Verwaltungsakt sich ohne weiteres als ein auflösend befristeter Verwaltungsakt qualifizieren läßt.

Grundsätzlich liegt es gem. §§ 10 I, 40 VwVfG im Ermessen[39] der Verwaltung, ob sie einen Verwaltungsakt mit einer auflösenden Befristung versieht. Dies wird in vielen Fällen ausreichen, etwaige Unsicherheiten der Verwaltung bei der Entscheidung aufzufangen. Insoweit kennzeichnet einen be-

---

31 So auch Kemper, DVBl 1989, 983 ff.
32 Kemper, DVBl 1989, 984.
33 Kemper, DVBl 1989, 984.
34 Deshalb ist Tiedemann, DÖV 1981, 786, 788 und Peine, DÖV 1986, 849, 859 insoweit zuzustimmen, daß der vorläufige Verwaltungsakt das Verfahren, das auf den Erlaß des End-Verwaltungsaktes gerichtet ist, nicht abschließen kann.
35 Kemper, DVBl 1989, 984; Kopp, VwVfG, § 9 Rdnr. 24; a.A. Tiedemann, DÖV 1981, 786, 788; Peine, DÖV 1986, 849, 859; Finkelnberg/Lässig, VwVfG, § 10 Rdnr. 18.
36 Schachel, Nebenbestimmungen zu Verwaltungsakten, S. 77; Kemper, DVBl 1989, 983.
37 Schimmelpfennig, S. 112; Schneider, Nebenbestimmungen, S. 15; a.A. Schimmelpfennig, S. 114.
38 Ähnlich Schimmelpfennig, S. 112, der fragt, "ob nicht ... der vorläufige Verwaltungsakt als Neuschöpfung entbehrlich sein könnte".
39 Näher zu diesem Ermessen Schneider, Nebenbestimmungen, S. 57 ff.

fristeten Verwaltungsakt ein vorläufiger Charakter. Er soll
nur bis zu einem bestimmten Zeitpunkt Gültigkeit und
Rechtswirkung entfalten[40].

Andererseits muß gefragt werden, bis zu welchem Grad noch
von einer Nebenbestimmung in Form einer auflösenden Befristung gesprochen werden kann bzw. ab wann keine Nebenbestimmung mehr vorliegt.

Schimmelpfennig hebt in diesem Zusammenhang die Grenzziehung zwischen inhaltlicher Regelung ("Inhaltsbestimmung",
"inhaltliche Beschränkung")[41] und Nebenbestimmung hervor[42].
Danach ist die Vorläufigkeitsregelung eines vorläufigen
Verwaltungsaktes einer "Inhaltsbestimmung" bzw. "inhaltlichen Beschränkung" näher als es eine Nebenbestimmung ist[43].
Eine Inhaltsbestimmung liegt dann vor, wenn sich bei Wegfall der Bestimmung der "Grund-Verwaltungsakt" selbst inhaltlich qualitativ verändert[44]. Wie schwierig jedoch die
Differenzierung und Grenzziehung zwischen Nebenbestimmung
und Inhaltsbestimmung ist, zeigt die um eine ähnliche Unterscheidung ringende Diskussion um die "modifizierende
Auflage"[45]. J. Martens kommt daher zu dem Ergebnis, daß
eine Aufspaltung Haupt- und Nebenbestimmungen grundsätzlich
verfehlt ist, da Nebenbestimmungen stets entweder Hauptinhalt oder Nebenpflichten des Verwaltungsrechtsverhältnisses
betreffen[46]. Soweit materielle Nebenpflichten betroffen
sind, konkretisieren diese auch nur das materielle Verwaltungsrechtsverhältnis und somit den Hauptinhalt, die Regelung des Verwaltungsaktes[47]. Daher führen die Versuche einer begrifflichen Trennung von Neben- und Inhaltsbestimmung
nicht weiter. Nebenbestimmungen sind nämlich im Grunde nur
bestimmt geartete, von der Wissenschaft herausgearbeitete
und vom Gesetzgeber normierte Bestandteile des Verwaltungsaktes[48], die in ihrer typischen Gestalt bei den

---

40 So zutreffend Schimmelpfennig: "Eine befristete Entscheidung ist eine in Beziehung auf ihre Entscheidungsvoraussetzungen endgültige, aber in der Dauer ihrer Wirkungen (bzw. deren Beginn) beschränkte, insoweit vor-
   übergehende Entscheidung"; Kemper, DVBl 1989, 984.
41 Vgl. zur Begriffsdefinition Schachel, Nebenbestimmungen,
   S. 51 ff.; Funk, BayVBl 1986, 105, 106; Rumpel, BayVBl
   1987, 577; Elster, Begünstigende Verwaltungsakte mit
   Bedingungen, Einschränkungen und Auflagen, S. 66 ff.
42 Schimmelpfennig, Vorläufige Verwaltungsakte, S. 129.
43 Schimmelpfennig, Vorläufige Verwaltungsakte, S. 129.
44 Vgl. Funk, BayVBl 1986, 105; Stelkens in Stelkens/Bonk/
   Leonhardt, VwVfG, § 36 Rdnr. 22 a, 24 a.
45 Vgl. Schachel, Nebenbestimmungen, S. 51 ff., 64 ff.;
   Rumpel, BayVBl 1987, 577 mit jeweils w.N.
46 J. Martens, Praxis, Rdnr. 278.
47 J. Martens, Praxis, Rdnr. 266, 269; ders., JuS 1978,
   470.
48 Meyer/Kopp, Allgem. VerwR, § 13 II 3; H. Meyer in
   Meyer/Borgs, VwVfG, § 36 Rdnr. 1; vgl. auch Stelkens in
   Stelkens/Bonk/Leonhardt, VwVfG, § 36 Rdnr. 6 ff.; Knack,
   VwVfG, § 36 Anm. 3.1.3.; Kemper, DVBl 1989, 985.

verschiedensten Verwaltungsakten immer wiederkehren[49]. Eine
Abgrenzung der Befristung zur Vorläufigkeitsbestimmung
eines vorläufigen Verwaltungsaktes ist auf diesem Wege
nicht zu erhalten.

Erfolgversprechender sind formale Abgrenzungskriterien, die
letztendlich auch der Gesetzgeber bei der Typisierung der
einzelnen Nebenbestimmungen angewandt hat. Hierbei ist der
Inhalt, der objektivierte Erklärungswert, maßgebend, wie
ihn der Empfänger nach den Umständen des Einzelfalls bei
verständiger Würdigung verstehen durfte[50]. Kennzeichnend
für vorläufige Verwaltungsakte ist neben ihrer vorläufigen
Geltungsdauer[51] die summarische Prüfung der Erlaßvoraussetzungen[52] und ihre Akzessorietät[53] gegenüber dem "End"-Ver-
waltungsakt.

§ 24 I, II VwVfG verpflichtet die Behörde zu einer umfassenden Aufklärung des für ihre Entscheidung maßgeblichen
Sachverhalts. Hierbei muß sie alle vernünftigerweise zu Gebote stehenden, rechtlich zulässigen Möglichkeiten einer
Aufklärung der für ihre Entscheidung maßgeblichen Sachverhalte ausschöpfen, die geeignet erscheinen, die für ihre
Entscheidung erforderliche Überzeugung zu begründen[54].

Auch unverhältnismäßig schwierige oder kostspielige, aber
mögliche Ermittlungen darf sie grundsätzlich bei Erlaß einer endgültigen Entscheidung nicht unterlassen[55], es sei
denn, sie beabsichtigt, zugunsten des Bürgers innerhalb des
Gesetzeszwecks bei nicht entgegenstehendem öffentlichen Interesse zu entscheiden, oder weitere Bemühungen sind im
Verhältnis zum Erfolg einfach nicht mehr vertretbar und zumutbar[56]. Bei Ermessensentscheidungen hingegen können Auf-
klärungsschwierigkeiten im Rahmen der Interessenabwägung
berücksichtigt werden[57]. Der Erlaß von vorläufigen Verwal-

49 So bereits Hönig, Diss. jur., München 1968, S. 113;
   Antoniolli, Allg. VerwR, S. 206; auch Jung, Diss. jur.,
   Mainz 1956, S. 11, 140 hebt bereits die Typizität der
   Nebenbestimmungen hervor; vgl. auch Schachel, Jura
   1981, 455; Rumpel, Diss. jur., Würzburg 1984, S. 73 Fn.
   75; Wolff/Bachof, S. 405. Dieses Ergebnis wird auch
   durch die Feststellungen von J. Martens, Praxis, Rdnr.
   266 ff., 269, 278 und seine Folgerungen für den Verwaltungsprozeß (Praxis Rdnr. 278) bestätigt, ähnlich
   Kopp, VwVfG, § 36 Rdnr. 39.
50 Vgl. BVerwG DVBl 1981, 260; NJW 1986, 600; Stelkens in
   Stelkens/Bonk/Leonhardt, VwVfG, § 36 Rdnr. 4; Kopp,
   VwVfG, § 36 Rdnr. 6; § 35 Rdnr. 6 m.w.N.
51 S. oben § 3 A.
52 S. hierzu näher oben § 3 A.
53 S. oben § 3 A.
54 BSG 19, 168; 24, 25; Ule/Laubinger, Verwaltungsverfahrensrecht, § 27 III 1; Kopp, VwVfG, § 24 Rdnr. 27.
55 Kopp, VwVfG, § 24 Rdnr. 8.
56 Kopp, VwVfG, § 24 Rdnr. 8, 9, 10.
57 Kopp, VwVfG, § 24 Rdnr. 10; so auch die h.M., die jedoch
   bei allen Entscheidungen eine Abwägung nach dem Ver-

tungsakten mit einem entsprechenden vorläufigen Regelungsinhalt kann sich auf sofort verfügbare Beweismittel, Unterlagen, Anträge, glaubhaft gemachte Tatsachen und überwiegende Wahrscheinlichkeiten stützen[58]. Insoweit prüft die
Behörde gem. § 24 I, II VwVfG ebenfalls umfassend mit einer
nicht geringeren Intensität[59].

Bei einem auflösend befristeten Verwaltungsakt wird sich
die Behörde jedoch in der Regel nicht auf eine bloß summarische Prüfung beschränken, sondern wird sämtliche
vernünftigerweise zu Gebote stehenden Möglichkeiten einer
Aufkärung des für ihre Entscheidung maßgeblichen Sachverhalts ausschöpfen[60]. Entscheidend ist die Intention der Behörde, wie sie sich nach den Umständen des jeweiligen Falles dem Empfänger eines Verwaltungsaktes darstellt. Liegt
der Schwerpunkt des Zwecks, den die Behörde mit dem Erlaß
eines befristeten Verwaltungsaktes erreichen will, in der
vorläufigen Regelung eines Sachverhalts bis zu einer endgültigen Entscheidung, so kann eine summarische Prüfung der
Voraussetzungen des Verwaltungsakts durchaus ausreichen.

Als drittes typisches Merkmal vorläufiger Verwaltungsakte
ist zur Abgrenzung zu einem befristeten Verwaltungsakt die
Akzessorietät zu untersuchen. Vorläufige Verwaltungsakte
sind zu einem bestimmten End-Verwaltungsakt akzessorisch.
Sie können frühestens erlassen werden, wenn ein Hauptverfahren zum Erlaß eines End-Verwaltungsaktes eingeleitet
wurde und sind nur zulässig, solange dieses noch läuft[61].
Auflösend befristete Verwaltungsakte hingegen können unab-
hängig von einem "Hauptverfahren" erlassen werden, denn sie
selbst sind der End-Verwaltungsakt, wenn auch mit einer Befristung versehen.

Etwas anderes gilt, wenn die Befristung abhängig von einem
noch zu erlassenden Haupt-Verwaltungsakt gemacht wird. Dann
besteht die für vorläufige Verwaltungsakte typische Abhängigkeit zum Haupt-Verwaltungsakt. Jedoch stellt sich dann
wiederum die Frage nach der Abgrenzung von Befristung zur
Bedingung.

---

hältnismäßigkeitsgrundsatz bzgl. des Aufklärungsumfangs
durchführen will. Vgl. Clausen in Knack, VwVfG, § 24
Anm. 3.1.; Berg, Die Verwaltung 1976, Bd. 9, 161, 165
ff.; Kriele, NJW 1979, 1, 5 f.; Stelkens, Baurecht 1978,
158, 159; a.A. Ule/Laubinger, Verwaltungsverfahrensrecht, § 21 I 1, die die Verhältnismäßigkeit überhaupt
nicht berücksichtigen wollen.
58 Kopp, VwVfG, § 9 Rdnr. 25.
59 Vgl. BVerwGE 72, 300, 308 unter Hinweis auf BVerwG, DVBl
1982, 960; vgl. auch Kemper, DVBl 1989, 987.
60 Vgl. Kopp, VwVfG, § 24 Rdnr. 7.
61 Vgl. Schwermer in Kunig/Schwermer/Versteyl, AbfG, § 7 a
Rdnr. 11; s. oben § 3 A.

Zusammenfassend kann festgestellt werden, daß, soweit einem auflösend befristeten Verwaltungsakt Vorläufigkeitswirkung zukommt, er gegenüber einem End-Verwaltungsakt akzessorisch ist und nur auf einer summarischen Prüfung beruht, ein sog. "vorläufiger" Verwaltungsakt vorliegt[62].

II.) Bedingung

Ein weiteres Regelungsinstrument der Verwaltung zur Feinanpassung eines Verwaltungsaktes an dem jeweils zu regelnden Sachverhalt ist die Nebenbestimmung in Form einer Bedingung[63]. Eine Bedingung i.S.v. § 36 II Nr. 2 VwVfG liegt vor, wenn der Eintritt (aufschiebende Bedingung) oder die Beendigung (auflösende Bedingung) der mit einem Verwaltungsakt erstrebten Rechtswirkungen von einem bestimmten künftigen Ereignis abhängig gemacht werden, dessen Eintritt bei Erlaß des Verwaltungsaktes aus Sicht der Verwaltung ungewiß ist[64]. Mittels einer Bedingung kann die Verwaltung die Rechtsfolgenwirkung eines Verwaltungsaktes steuern[65]. Der bedingte Verwaltungsakt wird zwar mit der Bekanntgabe wirksam, jedoch bleiben die mit ihm geregelten Rechtsfolgen auflösend oder aufschiebend in "Schwebe"[66]. Mit Eintritt der Bedingung treten die Rechtswirkungen automatisch in oder außer Kraft[67], ohne daß es eines weiteren Zutuns der Verwaltung bedarf[68]. Dies bewirkt eine gewisse Vorläufigkeit der Verwaltungsentscheidung sowie einen gewissen "Automatismus"[69]. Dieser vorläufige Regelungscharakter eines bedingten Verwaltungsaktes ermöglicht der Verwaltung, die Rechtswirkungen des Verwaltungsaktes von der Erfüllung noch ausstehender Tatbestandsmerkmale abhängig zu machen, soweit diese zum Entscheidungszeitpunkt noch nicht vorliegen[70]. Hierdurch kann die Verwaltung etwaige Unsicherheiten bei ihrer Entscheidung ausgleichen. Auch daß die Beseitigung

---

62 So auch Kemper, Der vorläufige Verwaltungsakt, S. 41.
63 Vgl. Schachel, Nebenbestimmungen, S. 131; Mayer/Kopp, Allgem. VerwR, § 13 I.
64 Kopp, VwVfG, § 36 Rdnr. 21; H. Meyer in Meyer/Borgs, VwVfG, § 36 Rdnr. 13; Schachel, Nebenbestimmungen, S. 22 ff.; Schneider, Nebenbestimmungen, S. 24; BVerwGE 29, 261.
65 Vgl. Schachel, Nebenbestimmungen, S. 131, 23.
66 Schachel, Nebenbestimmungen, S. 23; Stelkens in Stelkens/Bonk/Leonhardt, VwVfG, § 36 Rdnr. 11 mit jeweils w.N.; zur Kritik des Bildes von der "Schwebe" s. Larenz, BGB AT, § 25 I.
67 Obermayer, VwVfG, § 36 Rdnr. 34; Tiedemann, DÖV 1981, 788.
68 Wallerath, Allg. VerwR, S. 176 f.
69 Vgl. Schneider, Nebenbestimmungen, S. 27; H. Meyer in Meyer/Borgs, VwVfG, § 36 Rdnr. 15; vgl. auch sowohl zum "vorläufigen" Charakter einer bedingten Rechtslage als auch zum "Automatismus" einer bedingten Regelung H.P. Westermann im Münchner Kommentar, § 158 Rdnr. 8, 38 f.
70 Schachel, Nebenbestimmungen, S. 132; BVerwG, Urt. v. 29.3.1968, E 29, 261, 266.

der Unsicherheiten und die Herbeiführung des Ereignisses, von dem die Rechtswirkungen abhängen sollen, in der Macht des Regelungsadressaten oder sonstiger Beteiligter liegt, schließt den Charakter als Bedingung nicht aus (sog. "Potestativ-Bedingung")[71]. Die Beifügung einer Bedingung zu einem Verwaltungsakt eröffnet somit der Verwaltung die Möglichkeit, vorzeitige Entscheidungen zu treffen und im Interesse der Beteiligten eine rasche Dispositionsgrundlage zur Verfügung zu stellen[72]. Gleichzeitig läuft die Verwaltung nicht Gefahr, voreilige, unreife, auf unfertiger Grundlage entstandene Verwaltungsakte zu erlassen und damit öffentliches Versagungsinteresse nicht ausreichend gewahrt zu haben[73].

Eintritt der Bedingung ist der Eintritt des vorgesehenen Ereignisses. Dieses muß gem. der Definition in § 36 II Nr. 2 VwVfG in der Zukunft liegen. Es fragt sich, ob der Vorbehalt des Ergebnisses einer noch durchzuführenden Betriebsprüfung, wie er oftmals in vorläufigen Verwaltungsakten zum Ausdruck kommt[74], ebenfalls ein solches künftiges Ereignis darstellt. Nur dann nämlich würde es sich bei vorläufigen Verwaltungsakten um Verwaltungsakte handeln, die unter der auflösenden Bedingung einer positiven späteren Entscheidung ergehen[75].

Ereignis ist der Eintritt eines Umstandes, wie er in der Bedingung festgelegt wurde. Der als Bedingung gesetzte Umstand kann ein "Naturereignis" sein[76], wie die vorzeitige Festlegung bestimmter Umweltdaten, bei deren Erreichen der Betrieb einer Anlage einzuschränken oder zu eröffnen ist. Er kann aber auch die Handlung eines Beteiligten[77] (z.B. Erreichen bestimmter Emmissionswerte durch Verbesserungsmaßnahmen des Beteiligten an einer technischen Anlage) oder ein "Sozialakt" (z.B. der Ausgang einer Wahl, der Erlaß eines Gesetzes, der Erlaß einer behördlichen Entscheidung[78], das Ergebnis eines Sachverständigengutachtens[79]) sein.

---

71 Mayer/Kopp, Allgem. VerwR, § 13 II 3; H. Meyer in Meyer/Borgs, VwVfG, § 36 Rdnr. 13.
72 Schachel, Nebenbestimmungen, S. 131.
73 Schachel, Nebenbestimmungen, S. 132.
74 Zu den verschiedenen Bezeichnungsarten von vorläufigen Verwaltungsakten s. oben § 1.
75 So als eine Lösungsmöglichkeit F.J. Kopp, DVBl 1989, 240.
76 Larenz, BGB-AT, § 25 I; Medicus, BGB-AT, Rdnr. 830.
77 Larenz, BGB-AT, § 25 I; Heinrichs in Palandt, BGB, Anm. 4 vor § 138.
78 So ausdrücklich Larenz, BGB-AT, § 25 I, wobei nicht verkannt werden soll, daß die §§ 158 ff. BGB zur Bewältigung der rechtlichen Problematik der Bedingung im öffentlichen Recht nur am Rande unterstützend herangezogen werden können, vgl. H.P. Westermann im Münchner Kommentar, BGB-AT, § 158 Rdnr. 36.
79 Stelkens in Stelkens/Bonk/Leonhardt, VwVfG, § 36 Rdnr. 12.

58

Gerade die Beispiele zum "Sozialakt" deuten bereits an, wie
problematisch der Begriff "zukünftiges", ungewisses Ereignis ist. Denn nach einhelliger Meinung darf sich die Bedingung nicht auf gegenwärtige oder vergangene, den Beteiligten oder der Behörde lediglich unbekannte oder ungewisse
Umstände beziehen[80].

Der Sachverständige prüft und ermittelt ausschließlich aufgrund vorhandener Tatsachen. Das Ergebnis seiner Untersu-
chungen an den vorliegenden Tatsachen stellt er in seinem
Gutachten fest. Hierbei kann er aufgrund der ihm vorliegenden Tatsachen auch Prognosen in seinem Gutachten aufstel-
len. Das ändert jedoch nichts daran, daß ein Verwaltungsakt, der von dem Ergebnis eines Sachverständigenurteils abhängt, sich auf Umstände bzw. die Feststellung von Auswirkungen bezieht, die den Beteiligten oder der Behörde zwar
selbst unbekannt oder ungewiß sind, die jedoch bereits
feststehen und durch das Ergebnis des Sachverständigenurteils nur noch festgestellt oder interpretiert werden.

Ähnliches gilt für eine erforderliche Genehmigung einer
anderen Behörde, die aufgrund vorliegender Tatsachen
entscheidet[81].

Dennoch soll nach unwidersprochener Meinung sowohl das Ergebnis eines Sachverständigen als auch das Ergebnis einer
behördlichen Genehmigung das künftige Ereignis einer Bedingung i.S.v. § 36 II Nr. 2 VwVfG darstellen können[82]. Dann
aber muß auch das Ergebnis einer Betriebsprüfung das zukünftige (im Ergebnis) ungewisse Ereignis einer Bedingung
sein können[83]. Denn es genügt, daß die Bedingung an "das
noch offene Ergebnis einer Auswertung von Fakten der Vergangenheit" anknüpft[84]. Hierbei kann es keinen Unterschied
machen, ob es um die abschließende Ermittlung und Bewertung
eines Sachverhaltes geht oder bloß um die endgültige rechtliche Würdigung vorliegender Fakten[85].

---

80 Stelkens in Stelkens/Bonk/Leonhardt, VwVfG, § 36 Rdnr.
   12.
81 Dies ist auch der Ansatzpunkt für die Kritik, einen
   Verwaltungsakt von dem Ergebnis einer Betriebsprüfung
   als Bedingung i.S.v. § 36 II Nr. 2 VwVfG abhängig zu
   machen, vgl. Schimmelpfennig, Vorläufige Verwaltungsakte, S. 117; BVerwG, Urt. v. 14.4.83, DVBl 1983, 851.
82 Stelkens in Stelkens/Bonk/Leonhardt, VwVfG, § 36 Rdnr.
   12; H. Meyer in Meyer/Borgs, VwVfG, § 36 Rdnr. 13.
83 So Bieback, DVBl 1988, 454; F.J. Kopp, DVBl 1989, 240;
   Kemper, DVBl 1989, 985; ders., Der vorläufige Verwaltungsakt, S. 43.
84 H. Meyer in Meyer/Borgs, VwVfG, § 36 Rdnr. 13; ähnlich
   Stelkens in Stelkens/Borgs/Leonhardt, VwVfG, § 36 Rdnr.
   12.
85 Vgl. hierzu überzeugend Erichsen in Erichsen/Martens,
   Allgem. VerwR, § 18 III m.w.N.

Auch steht der Annahme einer Bedingung nicht entgegen, daß es sich bei der Einleitung der vorgesehenen Prüfung und der Auswertung der Fakten (z.B. im Rahmen einer späteren Betriebsprüfung) um zum Teil vom Willen der Behörde abhängige Prüfungsmomente handeln kann. Es liegt darin eine sog. Potestativbedingung, die zulässig ist[86]. Zwar wurde die Potestativbedingung stets unter dem Blickwinkel erörtert, daß das Ereignis ein Verhalten des Begünstigten bzw. des Adressaten des Verwaltungsaktes sei und zumindest überwiegend von dessen Willen abhänge[87]. Jedoch stehen die Beteiligten eines Verfahrens (§ 13 VwVfG) und die Behörde in einem gegenseitigen Verwaltungsrechtsverhältnis[88]. Die oft hiermit verbundene Vorstellung eines Überordnungsverhältnisses der Exekutive zu den übrigen Beteiligten darf den Blick dafür nicht verstellen, daß das Verwaltungsrechtsverhältnis Beteiligte und Behörde in eine konkrete rechtliche Beziehung zueinander bindet[89]. Wird die Behörde durch eine Norm ermächtigt, gegenüber einem Beteiligten eine Regelung in einem konkreten Einzelfall zu erlassen, so ist sie dennoch gleichzeitig durch dieselbe materiellrechtliche Norm gegenüber den Beteiligten gebunden bzw. sogar verpflichtet[90], wobei erst durch die Rechtsanwendung das Verwaltungsrechtsverhältnis seine rechtliche Relevanz erhält[91].

Kann im Rahmen eines konreten Verwaltungsrechtsverhältnisses der Eintritt eines zukünftigen ungewissen Ereignisses als Bedingung vom Willen eines Verwaltungsaktadressaten abhängig gemacht werden, so kann für die Behörde grundsätzlich nichts anderes gelten. Die Herbeiführung der Bedingung durch die Verwaltung ist jedoch nicht ihrer Willkür überlassen, sondern muß dem den Betroffenen von vorneherein bekannten objektiven Sinn und Zweck des ursprünglich vorläufigen Verwaltungsaktes entsprechen und von den im Vorbehalt genannten Tatsachen umfaßt sein.

Demnach kann der Vorbehalt einer späteren endgültigen Entscheidung bei einer vorläufigen Regelung als Bedingung i.S.v. § 36 II VwVfG klassifiziert werden[92]. Die Behörde setzt ihre Regelung auflösend bedingt bis zur endgültigen Entscheidung, sofern diese positiv ausfällt[93].

---

86 Mayer/Kopp, Allgem. VerwR, § 13 II 3; H. Meyer in Meyer/Borgs, VwVfG, § 36 Rdnr. 13; Schwarze in Knack, VwVfG, § 36 Anm. 3.1.6.; Schachel, Nebenbestimmungen, S. 25; Schneider, Nebenbestimmungen, S. 25 f.; Hönig, Nebenbestimmungen, S. 49; BVerwGE 29, 265.
87 Vgl. Schneider, Nebenbestimmungen, S. 25 f.; Schachel, Nebenbestimmungen, S. 25; Hönig, Nebenbestimmungen, S. 49; Maurer, Allgem. VerwR, § 12 Rdnr. 6.
88 Vgl. hierzu J. Martens, Praxis, insb. Rdnr. 29, 31 ff.; Erichsen in Erichsen/Martens, Allgem. VerwR, § 10 II; Mayer/Kopp, Allgem. VerwR, § 35.
89 J. Martens, Praxis, Rdnr. 29.
90 J. Martens, Praxis, Rdnr. 29.
91 J. Martens, Praxis, Rdnr. 32.
92 Ebenso Kemper, Der vorläufige Verwaltungsakt, S. 42 f.
93 Bieback, DVBl 1988, 454; Seibert, Bindungswirkung, S.

Gegen dieses Ergebnis könnten verschiedene Gesichtspunkte eingewandt werden, die es im folgenden zu untersuchen gilt.

Problematisch könnte die Annahme einer Bedingung in Bereichen sein, wo es um die Rückforderung bereits ausgezahlter Gelder geht (so insb. im Subventionsrecht). Die Bedingung müßte hier rückwirkend den Verwaltungsakt als Rechtsgrundlage für die Auszahlung der Gelder beseitigen[94].

Teilweise wird hier auf die Möglichkeit einer aufschiebenden Bedingung verwiesen[95]. Demnach soll es sich bei der Gewährung von Geldern (z.B. Subventionen) unter der "Bedingung", daß sie bei zweckwidriger Verwendung zurückzuerstatten seien, um eine Bedingung i.S.v. § 36 II Nr. 2 VwVfG handeln, wobei die zweckentsprechende Verwendung der Zuwendung das zukünftige ungewisse Ereignis darstellt, von dem das Behaltendürfen abhängt[96]. Bei zweckwidriger Verwendung tritt die aufschiebende Bedingung nicht in Kraft, so daß automatisch die Rückzahlungsverpflichtung ausgelöst wird, ohne daß es eines Widerrufs bedarf, weil die "Rechtsgrundlage für die Gewährung der Zuwendung entfallen ist"[97]. Es wird also vertreten, daß der Subventionsempfänger aufschiebend bedingt die Zuwendung behalten darf, solange er sie zweckentsprechend verwendet[98].

Jedoch tritt bei einem aufschiebend bedingten Verwaltungsakt die mit dem Verwaltungsakt erstrebte Rechtswirkung erst mit dem Ereignis in Kraft. Solange das ungewisse Ereignis nicht eingetreten ist, kommt der Verwaltungsakt einer Gewährungsversagung gleich[99], so daß die Subventionsauszahlung keine Rechtsgrundlage hätte[100].

Die überwiegende Meinung unter den Autoren, die bei ihren Überlegungen zum vorläufigen Verwaltungsakt das Instrument der Bedingung in Betracht ziehen, tendieren daher zur auflösenden Bedingung[101].

Dies schließt nicht aus, daß bei entsprechender Fallkonstruktion sich ein aufschiebend bedingter Verwaltungsakt der Verwaltung nicht als geeignetes Anwendungsinstrument für eine angepaßte Einzelfallregelung anbieten kann.

556; Kemper, Der vorläufige Verwaltungsakt, S. 42 f.
94 Vgl. Götz, NVwZ 1984, 483; Meinecke, DVBl 1984, 726.
95 Stober, DÖV 1984, 269 f.
96 Stober, DÖV 1984, 270.
97 Stober, DÖV 1984, 270.
98 Stober, DÖV 1984, 269 f.
99 Vgl. Schneider, Nebenbestimmungen, S. 23.
100 Hierauf weist Schimmelpfennig, Vorläufige Verwaltungsakte, S. 118 zu Recht hin.
101 Kemper, DVBl 1989, 985; ders.; Der vorläufige Verwaltungsakt, S. 42 f.; Bieback, DVBl 1988, 454; F.J. Kopp, DVBl 1989, 240.

Bezüglich des Problems der Rückwirkung, das sich vor allem
bei vorläufiger Mittelgewährung stellt, kann ebenso wie im
Verfassungsrecht zwischen "echter" und "unechter" Rückwirkung differenziert werden[102]. In abgeschlossene Sachverhalte kann rückwirkend grundsätzlich nicht belastend einge-
griffen werden (sog. "echte" Rückwirkung), während dies bei
noch nicht abgeschlossenen Sachverhalten grundsätzlich möglich ist. Ausnahmen hiervon ergeben sich aus dem Schutz des
Vertrauens, das der Bürger in eine hoheitliche Regelung
setzen konnte, und der Frage, wie hoch dieser Schutz im
konkreten Fall unter Abwägung der Interessen und Berücksichtigung der Umstände anzusetzen ist[103]. Als Ausfluß des
Rechtsstaatsprinzips[104] bzw. der Grundrechte[105] gehört der
Grundsatz des Vertrauensschutzes mit zu den tragenden
Grundsätzen des öffentlichen Rechts mit Verfassungsrang[106].
Diesen Grundsätzen entsprechen auch die Regelungen über die
Aufhebung von Verwaltungsakten, wie sie in §§ 48 ff. VwVfG
der Gesetzgeber normiert hat[107]. Entscheidend ist demnach
die Frage, inwieweit der Bürger in eine konkrete Regelung
der Verwaltung Vertrauen auf deren Bestand setzen durfte
und dieses unter Abwägung seiner Interessen und deren der
Öffentlichkeit und bei Berücksichtigung aller Umstände des
jeweiligen Einzelfalls schutzwürdig bzw. vorrangig ist[108].
Regelungen, die diesen Grundsätzen widersprechen, sind
rechtswidrig oder gelten nur in durch den Ver-
trauensgrundsatz modifizierter Form fort[109].

Während gem. §§ 48 f. VwVfG ein Eingriff in abgeschlossene
Sachverhalte geregelt ist und der Vertrauensschutz des Bürgers entsprechend hoch zu bewerten ist, findet sich in § 50
VwVfG eine Regelung, die einen Eingriff in Sachverhalte ermöglicht, bei denen der Bürger wegen der nicht ein-

---

102 Zur Rückwirkungsproblematik im Verfassungsrecht vgl. H.
Bauer, NVwZ 1984, 220; Pieroth, NJW 1990, 279; BVerfGE
72, 200; Zippelius in Maunz/Zippelius, Staatsrecht, §
12 III 5; Dellmann in Hömig/Seifert, Grundgesetz, Rdnr.
7 vor Art.70; für das Verwaltungsrecht vgl. Mayer/Kopp,
Allgem. VerwR, § 30 VI m.w.N.; Achterberg, Allgem.
VerwR, § 5 Rdnr. 12; Maurer, Allgem. VerwR, § 10 Rdnr.
24; Wolff/Bachof, VerwR, § 50 III.
103 Vgl. H. Bauer, NVwZ 1984, 220; Mayer/Kopp, Allgem.
VerwR, § 30 VI; Pieroth, NJW 1990, 279.
104 BVerfGE 7, 92; 13, 278; 36, 292; 45, 167; Achterberg,
Allgem. VerwR, § 5 Rdnr. 12.
105 BVerwGE 13, 106, 120 f.; 13, 183; 21, 183; 22, 275; 36,
292; 45, 168; Kopp, BayVBl 1980, 38 m.w.N.
106 BVerfGE 13, 271; 49, 168; 50, 249; 59, 166; VerfGH Rh-
Pf, DVBl 1984, 678; Kisker/Püttner, VVDStRL 32, 1974,
149, 200; Mayer/Kopp, Allgem. VerwR, § 30 VI.
107 Mayer/Kopp, Allgem. VerwR, § 30 VI; Kopp, VwVfG, § 48
Rdnr.1, § 49 Rdnr. 2; Erichsen in Erichsen/Martens,
Allgem. VerwR, § 18 I.
108 Mayer/Kopp, Allgem. VerwR, § 30 VI; Kopp, BayVBl 1980,
38 ff.; Erichsen in Erichsen/Martens, Allgem. VerwR, §
17 II 2, § 18 I.
109 Mayer//Kopp, Allgem. VerwR, § 30 VI.

getretenen Bestandkraft des ursprünglichen Verwaltungsaktes
noch keinen hohen Vertrauensschutz genießt und das öffentliche Interesse an einer Aufhebung des Verwaltungsaktes
vorgeht.

Überträgt man diese Vertrauensgrundsätze auf den Bereich
der vorläufigen Verwaltungsakte, so kommt man zu folgendem
Ergebnis. Beim vorläufigen Verwaltungsakt liegt noch kein
abgeschlossener Sachverhalt bzw. eine Regelung eines Sachverhalts vor. Zweitens konnte der Bürger beim vorläufigen
Verwaltungsakt, sofern seine Vorläufigkeit dem Bürger gegenüber entsprechend dem Rechtsstaatsprinzip hinreichend
zum Ausdruck gebracht wurde[110], kaum, allenfalls geringes,
schutzwürdiges Vertrauen auf den Bestand der Regelung bilden[111]. Daher kann mit dem Eintritt der auflösenden Bedingung auch eine rückwirkende Folge für den Beteiligten verbunden sein[112]. Jedoch wird auch in diesem Fall der ursprüngliche (vorläufig) Begünstigte nicht schlechthin un-
eingeschränkt und sofort alle aufgrund des bedingten Verwaltungsaktes empfangenen Leistungen zurückgeben müssen.
Vielmehr entsteht mit dem Eintritt der auflösenden Bedingung ein Folgenbeseitigungs- bzw. Erstattungsanspruch[113],
bei dem nach den dafür geltenden allgemeinen Rechtsgrund-
sätzen schutzwürdiges Vertrauen sowie das Prinzip von Treu
und Glauben durchaus zu berücksichtigen sind[114].

Schimmelpfennig weist auf die funktionale Unterscheidbar-
keit von Nebenbestimmungen und dem Vorläufigkeitsvorbehalt
bei vorläufigen Verwaltungsakten hin[115]. Die Vorläufigkeitsklausel eines vorläufigen Verwaltungsaktes ziele nicht
wie bei Nebenbestimmungen auf eine Wirksamkeitssteuerung,
sondern auf eine Einschränkung der Regelungsintensität.
Wenn dem so ist, kann die Vorläufigkeitsklausel keine Nebenbestimmung und somit auch keine Bedingung i.S.v. § 36 II
VwVfG sein. Jedoch ist die Unterscheidung Wirksamkeitssteuerung und Einschränkung der Regelungsintensität unge-

---

110 Vgl. hierzu J. Martens, DÖV 1987, 998; König, BayVBl
    1989, 74; Kemper, DVBl 1989, 988; s. auch unten bei
    § 8 B II 4.
111 Vgl. auch BVerfGE 59, 128, 152, 164 ff.; BSG, DVBl
    1990, 216; Maier, ZfS 1989, 79; Kreßel, BayVBl 1989,
    65; Schimmelpfennig, BayVBl 1989, 70 m.w.N.
112 Meinecke, DVBl 1984, 726; Götz, NVwZ 1984, 483; vgl.
    auch Heinrichs in Palandt, BGB, § 159 Anm. 1, aller-
    dings mit dem Hinweis auf die nur schuldrechtliche Wir-
    kung der Zurückbeziehung im bürgerlichen Recht. Mehr
    ist aber auch bei einer öffentlichrechtlichen Bedingung
    nicht erforderlich. A.A. Schimmelpfennig, Vorläufige
    Verwaltungsakte, S. 116.
113 Vgl. Wolff/Bachof, VerwR I, § 54 II; s. unten § 10.
114 Mayer/Kopp, Allgem. VerwR, § 57 III 2 c, f; § 58 VI;
    BVerwGE 71, 85 = NJW 1985, 2436 = DVBl 1985, 850;
    Wolff/Bachof, VerwR I, § 54 h; Ossenbühl, Staatshaf-
    tungsrecht, § 40 Anm. 4 a a.E., c.
115 Schimmelpfennig, Vorläufige Verwaltungsakte, S. 128 f.;
    ders., BayVBl 1989, 72 f.

63

nau. Zwar ist erkennbar, worauf Schimmelpfennig hinaus
will. Fraglich ist jedoch, ob tatsächlich eine solche funktionale Unterscheidung vorgenommen werden kann. Denn wie
oben bereits gezeigt wurde[116], kann weder aufgrund der Prüfungsintensität noch aufgrund des abschließenden Charakters
eine prinzipielle Unterscheidung zwischen einem mit einer
Nebenbestimmung versehenen Verwaltungsakt und einem vorläufigen Verwaltungsakt getroffen werden. Nebenbestimmung wie
Vorläufigkeitsklausel sind Bestandteile einer Verwaltungsentscheidung. Unterschiede können allenfalls formaltypisie-
rend gefunden werden[117]. So sind für einen vorläufigen Verwaltungsakt neben seiner prinzipiellen vorläufigen Geltungsdauer die summarische Sachverhaltsprüfung und seine
Akzessorietät zur endgültigen Entscheidung kennzeichnend[118].

Regelt ein Verwaltungsakt einen Sachverhalt unter einer
auflösenden Bedingung, so hat dies eine gewisse Vorläufigkeit der Regelung zur Folge.

Jedoch hat der vorläufige Verwaltungsakt gegenüber einer
endgültigen Regelung eine andere Entscheidungsgrundlage.
Entscheidungsgrundlage ist bei einem vorläufigen Verwaltungsakt ein summarisches Prüfungsverfahren.

Summarische Sachverhaltsprüfung bedeutet, wie oben ausgeführt wurde[119], nicht, daß die Prüfung der Voraussetzungen
des vorläufigen Verwaltungsaktes weniger intensiv vorgenommen würde[120], sondern daß entsprechend der Zielrichtung des
Verfahrens auf Erlaß einer (bloß) vorläufig regelnden Entscheidung sich die Verwaltung auf sofort verfügbare Beweismittel und von den Beteiligten glaubhaft gemachte Tatsachen stützen kann, die jedoch eine hinreichend verläßliche Beurteilung bezüglich der Prognose des Ausgangs des
Hauptverfahrens ermöglichen müssen[121]. Eine bloße Evidenzkontrolle ist auch beim vorläufigen Verwaltungsverfahren
gerade nicht ausreichend[122].

Fraglich ist, ob für den Erlaß eines bedingten Verwaltungsaktes eine solche nur durch ein summarisches Feststellungsverfahren gebildete Regelungsgrundlage ausreichen kann.
Geht man davon aus, daß bei der Erforschung des Sachverhalts die Verwaltung alle vernünftigerweise zu Gebote stehenden, rechtlich zulässigen Möglichkeiten einer Aufklärung
des für die konkrete Entscheidung maßgeblichen Sachverhalts
ausschöpfen muß, die geeignet erscheinen, die für ihre Ent-

116 § 4 B I.
117 S. oben §§ 3 A, 4 B II.
118 S. oben § 3 A.
119 §§ 3 A, 4 B I.
120 Vgl. BVerwGE 72, 300, 308 unter Hinweis auf BVerwG,
    DVBl 1982, 960.
121 Vgl. Schwermer in Kunig/Schwermer/Versteyl, AbfG, § 7 a
    Rdnr. 15 f.; Kopp, VwVfG, § 9 Rdnr. 24 f.
122 Vgl. Schwermer in Kunig/Schwermer/Versteyl, AbfG, § 7 a
    Rdnr. 16.

scheidung notwendige Überzeugung zu begründen[123], so kommt es letztlich darauf an, was für eine Entscheidung mit welchem Regelungsinhalt Ziel des jeweiligen Verfahrens ist[124]. Ziel und Zweck eines auflösend bedingten Verwaltungsaktes liegt vor allem darin, den Fortbestand einer Regelung an das auch zukünftige Vorliegen ihrer Voraussetzungen zu binden[125]. Die auflösende Bedingung hat also primär eine tatbestandsichernde Funktion[126]. Zwar kann der Bedingung in dieser Funktion die Bedeutung zukommen, noch fehlende Voraussetzungen bzw. deren Erfüllung eines Verwaltungsaktes herbeizuführen[127], jedoch ist es i.d.R. nicht ihre Aufgabe, einen Verwaltungsakt für eine spätere andere endgültige Beurteilung des Sachverhalts offenzuhalten[128]. Dies jedoch ist vornehmlich die Aufgabe eines vorläufigen Verwaltungsaktes. Er soll in besonderen Interessenlagen[129] eine einstweilige Vorabentscheidung ermöglichen[130]. Da Ziel des vorläufigen Verfahrens nur der Erlaß eines vorläufigen Verwaltungsaktes ist, reicht für ihn ein summarisches Feststellungsverfahren[131]. Für einen bedingten Verwaltungsakt, dessen Hauptaufgabe i.d.R. eine tatbestandssichernde Funktion ist, müssen hingegen andere, insofern abschließende und endgültige Ermittlungsanforderungen gestellt werden[132]. Im Einzelfall kann die Unterscheidung schwierig sein, wann bloß noch fehlende Voraussetzungen herbeigeführt werden sollen und wann bereits ein vorläufiger Verwaltungsakt vorliegt. Da die Grenzen fließend sind, wird nach dem jeweiligen Schwerpunkt der Funktion und des von der Verwaltung mit dem Verwaltungsakt beabsichtigten Zwecks zu unterscheiden sein, ob eine Bedingung oder eine Vorläufigkeitsklausel vorliegt. Insoweit wird es auf den für die Betroffenen erkennbaren Zweck der Regelung ankommen und wie er diesen unter Berücksichtigung der äußeren Form, Begründung und der sonstigen ihm bekannten oder erkennbaren Umstände nach Treu und Glauben verstehen durfte bzw. mußte[133].

---

123 Kopp, VwVfG, § 24 Rdnr. 7; Clausen in Knack, VwVfG, § 24 Anm. 3.1; Eberle, Die Verwaltung 84, 451; Günther, ZBR 1984, 353.
124 Vgl. Borgs in Meyer/Borgs, VwVfG, § 24 Rdnr. 4: "...soweit ... für die Entscheidung erheblich ...".
125 Schimmelpfennig, Vorläufige Verwaltungsakte, S. 115; Schachel, Nebenbestimmungen, S. 132; Hönig, Nebenbestimmungen, S. 134; vgl. auch Erichsen, VerwArchiv, 66 (1975), 307; Weyreuther, DVBl 1969, 237.
126 Schachel, Nebenbestimmungen, S. 132, 101; Schimmelpfennig, Vorläufige Verwaltungsakte, S. 115.
127 Schachel, Nebenbestimmungen, S. 141.
128 Schachel, Nebenbestimmungen, S. 101.
129 Vgl. hierzu oben § 2 C.
130 Tiedemann, DÖV 1981, 786; J. Martens, DÖV 1987, 992 f., 996.
131 S. oben §§ 2 A II, 3 A.
132 Vgl. Kemper, DVBl 1989, 987.
133 Vgl. Kopp, VwVfG, § 36 Rdnr. 5, § 35 Rdnr. 6.

Läßt sich somit formal eine graduelle Unterscheidung zwischen Bedingung und Vorläufigkeitsklausel aufgrund des jeweiligen angewandten Prüfungsverfahren erkennen, so ist ein weiteres für den vorläufigen Verwaltungsakt typisches Merkmal seine Akzessorietät zum Haupt-(End-)Verwaltungsakt. Der vorläufige Verwaltungsakt entfaltet seine Rechtswirkungen bis zur endgültigen Entscheidung. Er hängt somit grundsätzlich von dieser Endentscheidung ab. Im Hinblick auf diese Endentscheidung ist sein Ergehen überhaupt erst möglich[134]. Ein auflösend bedingter Verwaltungsakt hingegen besteht grundsätzlich aus sich selbst heraus. Er wird nicht im Hinblick auf den Eintritt der Bedingung erlassen. Diese hat nur tatbestandssichernde Funktion[135]. Aber auch hier sind im Einzelfall die Grenzen fließend, ob eine "Klausel" nur tatbestandssichernde Funktion hat oder primär das "Offenhalten" des Verwaltungsaktes für eine spätere Sachverhaltsfeststellung ermöglichen soll. Zudem widerspricht die Zweckrichtung des "Offenhaltens" nicht dem Wesen einer Bedingung. Auch die einstweilige Anordnung nach § 123 VwGO, die die Hauptsache nicht vorwegnehmen, sondern diese gerade offenhalten soll, ergeht "unter der *auflösenden Bedingung* des Ergebnisses des Hauptsacheverfahrens"[136]. Letztendlich nämlich dient auch die Vorläufigkeitsbestimmung der Sicherstellung, daß die gesetzlichen Voraussetzungen der Norm bezüglich der abschließenden Regelung erfüllt werden.

Eine Grenzziehung zwischen einer Bedingung und einer Vorläufigkeitsklausel ist insbesondere dann kaum möglich, wenn der erlassene Verwaltungsakt eindeutig vorläufige Wirkung haben soll, die Verwaltung aber erkennbar eine Nebenbestimmung in Form einer auflösenden Bedingung gewählt hat[137]. Diese hat seit 1976 eine im VwVfG ausdrücklich normierte Rechtsgrundlage und erfüllt auch die sonstigen Anforderungen des Rechtsstaatsprinzips. In Fällen, in denen es aus welchen Gründen auch immer zu keiner abschließenden endgültigen Entscheidung kommt, etwa weil die Prüfung ergibt, daß die ursprünglich nur bedingt angenommenen Voraussetzungen zutreffend waren[138] oder weil eine spätere Prüfung nie stattfindet und es deshalb zu keinem Eintritt des bedingten Ereignisses kam, wird die Bedingung bzw. der Vorbehalt automatisch gegenstandslos, ohne daß es hierzu eines besonderen behördlichen Aktes bedürfte. Einer für die Betroffenen u.U. entstehenden Ungewißheit werden durch das Institut der Verwirkung[139] Grenzen gesetzt. Zögert die Behörde allzu lange mit einer endgültigen Überprüfung der

---

134 Vgl. Schwermer in Kunig/Schwermer/Versteyl, AbfG, § 7 a Rdnr. 11.
135 Schachel, Nebenbestimmungen, S. 132, 101; Schimmelpfennig, Vorläufige Verwaltungsakte, S. 115.
136 Finkelnburg/Jank, Einstweiliger Rechtsschutz, Rdnr. 236.
137 Vgl. J. Martens, DÖV 1987, 999.
138 Vgl. Bieback, DVBl 1988, 454.
139 Vgl. Kopp, VwVfG, § 53 Rdnr. 30 m.w.N.

noch ausstehenden Tatbestandsvoraussetzungen oder zieht sie
aus einer erfolgten Überprüfung keine Folgerungen, so verwirkt sie ihr Recht auf Rückforderung des Geleisteten[140].

III.) "uneigentliche" Bedingung

Eines der wesentlichen Merkmale vorläufiger Verwaltungsakte
ist, daß eine Regelung erlassen wird, obwohl noch nicht das
Vorliegen der Voraussetzungen des End-Verwaltungsaktes abschließend ermittelt wurde. Die vorläufige Regelung ergeht
quasi unter der "Bedingung", daß die Voraussetzungen für
den End-Verwaltungsakt gegeben sind. Von der zum vorläufigen Verwaltungsakt vorhandenen Rspr. und Literatur wurde
überwiegend die Annahme einer Bedingung i.S.v. § 36 II
VwVfG mit der Begründung abgelehnt, daß sich eine Bedingung
nur auf zukünftige ungewisse Ereignisse beziehen könne[141].
Daß das Ergebnis einer Betriebsprüfung, sofern sie wider
Erwarten negativ ausfällt, ein solches ungewisses, zukünftiges Ereignis im Sinne einer Bedingung darstellen kann,
wurde oben ausgeführt[142]. Aber auch wenn man dem nicht
folgt, weil dies nur die zukünftige Auswertung bereits ver-
gangener, bereits vorliegender Tatsachen beträfe, über die
die Beteiligten, insbesondere die Behörde, bloß subjektiv
noch in Ungewißheit seien, so kann auch hier, selbst wenn
die Problematik der Bedingung im Bürgerlichen Recht nur "am
Rande" mit derjenigen im öffentlichen Recht vergleichbar
ist[143], die Handhabung der "Bedingung" im Zivilrecht dennoch Aufschlüsse und Anregungen für das Verwaltungsrecht
geben[144].

Das BGB definiert den Begriff "Bedingung" nicht, sondern
regelt nur einen Teilbereich des Begriffsfelds "Bedingung",
wobei es sich bloß mit solchen Geltungsbeschränkungen des
Rechtsgeschäfts befaßt, die auf zukünftige ungewisse Ereignisse Bezug nehmen[145]. Die rechtliche Behandlung von Gegen-
wartsbedingungen oder sog. "uneigentlichen Bedingungen"
(Unterstellungen, Voraussetzungen)[146] hingegen, bei denen
das Rechtsgeschäft von einem gegenwärtigen oder vergange-
nen, dem Erklärenden aber subjektiv (noch) ungewissen Umstand abhängig ist (condicio in praesens vel praeteritum
collata), läßt es zum Bedauern der Zivilrechtler offen[147].
Aus der unvollständigen Regelung in §§ 158 ff. BGB wird im

---

140 Vgl. hierzu auch F.J. Kopp, DVBl 1989, 240.
141 Vgl. BVerwG, DÖV 1983, 815; Tiedemann, DÖV 1981, 788;
    s. oben § 4 B II.
142 s. oben § 4 B II.
143 H.P. Westermann im Münchner Kommentar, § 158 Rdnr. 36.
144 Vgl. Stelkens in Stelkens/Bonk/Leonhardt, VwVfG, § 36
    Rdnr. 6; BVerwGE 42, 240.
145 H.P. Westermann im Münchner Kommentar, § 158 Rdnr. 5.
146 Zur Terminologie vgl. Henle, Unterstellung und Versi-
    cherung; Flume, § 38 1 c; Medicus, BGB-AT, Rdnr. 829;
    Blomeyer, Studien I, S. 31 ff.; Larenz, BGB-AT, §
    25 I.
147 H.P. Westermann im Münchner Kommentar, § 158 Rdnr. 6 f.

Zivilrecht jedoch nicht geschlossen, daß es nicht noch andere Formen der Bedingung gäbe, die auch in irgend einer
Weise rechtlich behandelt werden müssen[148].

Da es keinen Grund gibt, die Abhängigkeit eines Rechtsgeschäfts von einem bereits vorliegenden Ereignis, über das
bloß subjektiv unter den Parteien Ungewißheit besteht,
nicht anzuerkennen, löst man im Zivilrecht derartige Fälle
entsprechend §§ 158 ff. vorwiegend nach allgemeinen Überlegungen der Rechtslogik[149]. Hauptunterschied zwischen den in
§§ 158 ff. BGB geregelten Bedingungen und den sog. "uneigentlichen Bedingungen" ist, daß bei letzteren kein "Schwe-
bezustand" entsteht, weil die Rechtsfolgen entweder von Anfang an eintreten, wenn der Umstand, von dem sie abhängen
sollen, vorliegt, oder überhaupt nicht eintreten[150]. Die
Grenze ist jedoch bisweilen fließend[151].

Geht man von einer Parallele zwischen der Bedingung im Zivilrecht und im öffentlichen Recht aus, kommt man zu dem
Ergebnis, daß § 36 II Nr. 2 VwVfG in den Fällen, in denen
ein vorläufiger Verwaltungsakt unter dem Vorbehalt des
Ergebnisses einer noch durchzuführenden Betriebsprüfung
steht, zumindest analog anzuwenden ist.

Versteht man jedoch auch die Beseitigung der subjektiv unter den Beteiligten bestehende Ungewißheit als ein in der
Zukunft gelegenes Ereignis[152], von dessen ungewissen Ergebnis die weiteren Rechtswirkungen abhängen sollen, auch wenn
die Beurteilung auf einem bereits vorliegenden Sachverhalt
gründet, so steht einer einer direkten Anwendbarkeit von § 36 II
Nr. 2 VwVfG ohnehin nichts im Wege[153].

Auch hier hat ein solchermaßen "bedingter" Verwaltungsakt
vorläufigen Charakter. Da eine "uneigentliche Bedingung"
vor allem dem Ausgleich von Unsicherheiten der Behörde bzw.
ihrer Entscheidungsgrundlage und der Sicherstellung des Ge-

---

148 Vgl. H.P. Westermann im Münchner Kommentar, § 158 Rdnr.
6.
149 H.P. Westermann im Münchner Kommentar, § 158 Rdnr. 52;
Medicus, BGB-AT, Rdnr. 829; Brox, BGB-AT, Rdnr. 432.
150 Larenz, BGB-AT, § 25 I; Medicus, BGB-AT, Rdnr. 829.
151 Medicus, BGB-AT, Rdnr. 829.
152 Vgl. H.P. Westermann im Münchner Kommentar, § 158 Rdnr.
29; vgl. auch im Rahmen der Parallele zu einer Vorbe-
haltsentscheidung im Zivilprozeß gem. § 302 I ZPO
Jauernig, Zivilprozeßrecht, § 45 V; Hartmann in Baum-
bach/Lauterbach/Albers/Hartmann, Zivilprozeßordnung,
§ 302 Anm. 3 A: "auflösend bedingtes" Endurteil. Auch
hier hängt die Bedingung letztendlich von einem bereits
vorliegenden Sachverhalt ab, der nur mehr festgestellt werden muß.
153 Vgl. F.J. Kopp, DVBl 1989, 241; Vgl. in diesem Zusammenhang auch Heinrichs in Palandt, BGB, vor § 158
Anm. 2 e, für den Fall, daß eine Partei erklärtermaßen
von bestimmten Voraussetzungen ausgehe, was durchaus
eine Bedingung i.S.v. §§ 158 ff. BGB sein kann.

setzeszweckes dient, reicht im Gegensatz zu den mit einer
"eigentlichen" Bedingung versehenen Verwaltungsakten grundsätzlich ein summarisches Verwaltungsverfahren aus[154]. Der
Wille der Verwaltung geht bei einer "uneigentlichen Bedingung" eher in Richtung des Erlasses einer einstweiligen Regelung, deren Voraussetzungen noch überprüft und festgestellt werden müssen. Die subjektive Unsicherheit der Behörde hinsichtlich (auch einzelner) Erlaßvoraussetzungen
muß noch beseitigt werden. Insofern ist ein "uneigentlich
bedingter" Verwaltungsakt auch von der späteren Entscheidung abhängig. Er ist daher akzessorisch zu einem
Hauptverfahren. Die oben aufgestellten Hauptmerkmale eines
vorläufigen Verwaltungsaktes - Vorläufigkeit, summarisches
Verfahren und Akzessorietät - treffen somit auf Verwat-
lungsakte, die eine "uneigentliche Bedingung" als Nebenbestimmung haben, vollständig zu.

IV.) Sog. "Rechtsbedingung"

Der Unterschied zwischen den oben besprochenen "uneigentlichen Bedingungen" im Zivilrecht und der sog. "Rechtsbedingung" (condicio iuris) besteht darin, daß bei der Rechtsbedingung die Wirksamkeit einer Handlung vom Vorliegen der
erforderlichen gesetzlichen Voraussetzungen bzw. einer bestimmten Rechtslage abhängig gemacht werden[155]. Besonders
interessant sind für unsere Untersuchung Gerichtsentschei-
dungen, die unter einer Bedingung erlassen werden. Beim Ge-
richtsprozeß handelt es sich um ein Verfahren, das auf den
Erlaß einer Entscheidung gerichtet ist, wobei der Entschei-
dungsgeber an das Gesetz und die gesetzliche Rechtslage gebunden ist. Ähnliches gilt für den Verwaltungsprozeß. Das
Prozeßrecht kennt das Vorbehaltsurteil (§ 302 ZPO), bei dem
ein Urteil erlassen wird, das unter dem Vorbehalt der Entscheidung über eine Aufrechnung steht. Die Aufrechnung
liegt jedoch, sofern sie stattfand, bereits vor. Es muß ihr
Vorliegen nur mehr durch das Gericht (rechtlich) festgestellt werden. Obwohl es hier faktisch um die bloße Feststellung vorhandener Tatsachen und die rechtliche Beurteilung geht, nimmt die h.M. an, daß es sich um eine aufschiebende Bedingung handelt[156]. Demnach muß auch das Feststellen von Tatsachen und ihre rechtliche Beurteilung durch Behörden im Rahmen eines Verwaltungsverfahrens eine aufschiebende Bedingung darstellen können. Im Ergebnis ändert sich
nichts gegenüber den Ausführungen zur sog. "uneigentlichen"
Bedingung, denn es liegt in beiden Fällen eine bloß subjek-

154 Vgl. oben § 4 B II.
155 Heinrichs in Palandt, BGB, vor § 158 Anm. 2 c; H. P.
    Westermann in Münchner Kommentar, § 158 Rdnr. 54, 29;
    Jauernig, Zivilprozeßrecht, § 30 VI 6.
156 Jauernig, Zivilprozeßrecht, § 45 V; Hartmann in Baum-
    bach/Lauterbach/Albers/Hartmann, Zivilprozeßordnung,
    § 302 Anm. 3 A.

tive Unsicherheit über Umstände und ihre Beurteilung vor, die es zu einem späteren Zeitpunkt (bei Gericht und Behörden im Rahmen eines Verfahrens) noch zu beseitigen gilt[157].

V.) Widerrufsvorbehalt

Vorläufige Verwaltungsakte können unter dem Vorbehalt einer späteren endgültigen Entscheidung ergehen oder unter dem "Vorbehalt" ("Bedingung") des Ergebnisses einer noch durchzuführenden (z.B. Betriebs-)Prüfung stehen. Letzteres kann als Bedingung i.S.v. § 36 II Nr. 2 VwVfG ausgelegt werden[158]. Bei ersterem jedoch drängt sich eine Untersuchung der Abgrenzung zum Widerrufsvorbehalt i.S.v. § 36 II Nr. 3 VwVfG auf. Eine Definition des Widerrufsvorbehalts läßt das VwVfG vermissen[159]. Er wird als eine Bestimmung des Verwaltungsaktes[160] verstanden, mit der sich die Behörde vorbehält, bei Vorliegen bestimmter, im Verwaltungsakt selbst oder in Rechtsvorschriften näher bezeichneter Umstände oder nach den allgemeinen für die sachgemäße Ausübung des Ermessens geltenden Grundsätzen den Verwaltungsakt ganz oder teilweise gem. § 49 II Nr. 1 VwVfG oder entsprechenden Vorschriften zu widerrufen[161]. Erforderlich ist hierzu im Gegensatz zu dem "Vorbehalt" des Ergebnisses einer noch durchzuführenden (Betriebs-)Prüfung[162] der Erlaß eines neuen, selbständigen Verwaltungsaktes. Dieser muß den ursprünglichen Verwaltungsakt aufheben oder - bei nur teilweisem Widerruf - abändern[163]. Auch können dem ursprünglichen Verwaltungsakt zusätzliche Regelungen oder weitere Nebenbestimmungen hinzugefügt werden[164]. Es fehlt also der dem sog. "vorläufigen Verwaltungsakt" oft, aber nicht immer, eigene Automatismus[165].

Nach einhelliger Meinung stellt der Widerrufsvorbehalt dennoch einen besonderen Fall der auflösenden Bedingung dar[166]. Die Ausübung des vorbehaltenen Widerrufs stellt das

---

157 Vgl. F.J. Kopp, DVBl 1989, 241; vgl. auch die Parallele bei der einstweiligen Anordnung nach § 123 VwGO, die "unter der auflösenden Bedingung des Ergebnisses des Hauptsacheverfahrens" steht, Finkelnburg/Jank, Vorläufiger Rechtsschutz, Rdnr. 236.
158 S. oben § 4 B II.
159 Schachel, Nebenbestimmungen, S. 39.
160 Schwarze in Knack, VwVfG, § 36 Anm. 3.3.3. "integrierter Bestandteil des Verwaltungsaktes", ebenso Meyer in Meyer/Borgs, VwVfG, § 36 Rdnr. 16; Maurer, Allgem. VerwR, § 12 Rdnr. 8.
161 Kopp, VwVfG, § 36 Rdnr. 25.
162 Vgl. Schneider, Nebenbestimmungen, S. 27.
163 Kopp, VwVfG, § 36 Rdnr. 26.
164 Kopp, VwVfG, § 36 Rdnr. 26.
165 OVG NW, DÖV 1991, 561; Kopp, VwVfG, § 36 Rdnr. 25; s. oben § 4 B II und bei § 4 C.
166 Erichsen in Erichsen/Martens, Allgem. VerwR, § 14 I 1; Mayer/Kopp, Allgem. VerwR, § 13 II 4; Maurer, Allgem. VerwR, § 12 Rdnr. 7; Stelkens in Stelkens/Bonk/Leon-

ungewisse zukünftige Ereignis dar, das das Ende der Wirksamkeit des Verwaltungsaktes herbeiführt[167].

Wird ein Verwaltungsakt unter dem Vorbehalt erlassen, daß er durch eine spätere endgültige Entscheidung ersetzt werden soll, so handelt es sich grundsätzlich um nichts anderes als einen Widerrufsvorbehalt. Diesen soll[168] entsprechend den im Verwaltungsakt selbst oder den Rechtsvorschriften näher bezeichneten Umständen und Regelungszweck die Behörde auch ausüben. Zweck des Widerrufsvorbehalts ist es, den Adressaten auf die Möglichkeit des späteren Widerrufs hinzuweisen und somit der Bildung schutzwürdigen Vertrauens entgegenzuwirken[169]. Genau denselben Zweck verfolgt der vorläufige Verwaltungsakt[170]. Mit dem Wirksamwerden des Widerrufs wird der widerrufene Verwaltungsakt unwirksam (§§ 49 III, 43 II VwVfG). Der Widerrufsvorbehalt verleiht einem Verwaltungsakt einen vorläufigen, keinen endgültigen, Charakter. Ähnlich wie bei einer auflösenden Bedingung - der Widerrufsvorbehalt ist ja nur eine solche[171] - oder einer Befristung ist die Wirksamkeit des Verwaltungsaktes stets von einem mehr oder weniger sicheren Ende "bedroht"[172].

Hängt die weitere Wirksamkeit bei einem mit einem Widerrufsvorbehalt versehenen Verwaltungsakt von der Nichtausübung des Widerrufs ab, so besteht allenfalls ein gradueller Unterschied zu einem sog. vorläufigen Verwaltungsakt, der zwar grundsätzlich nur bis zur endgültigen Entscheidung wirksam sein soll; fällt diese jedoch aus, d.h. findet sie nie statt, so behält der vorläufige Verwaltungsakt seine Wirkung ebenso wie ein Verwaltungsakt, dessen Widerrufsvorbehalt nicht ausgeübt wird. Es liegt daher in beiden Fällen eine wesensgleiche Akzessorietät gegenüber einer späteren Entscheidung vor. Obwohl eine endgültige Entscheidung zu einem sehr viel späteren Zeitpunkt genauso wie ein Widerruf auch nach 25 Jahren grundsätzlich noch möglich wäre[173], so sind dem Erlaß solch späterer Entscheidungen, sofern sie den ursprünglichen Verwaltungsakt in einer dem Bürger nachteiligen Weise abändern sollen, durch das Institut der Verwirkung[174] Grenzen gesetzt.

---

hardt, VwVfG, § 36 Rdnr. 13.
167 Erichsen in Erichsen/Martens, Allgem. VerwR, § 14 I 1; Maurer, Allgem. VerwR, § 12 Rdnr. 7; Mayer/Kopp, Allgem. VerwR, § 13 I 4; Schneider, Nebenbestimmungen, S. 27.
168 Vgl. hierzu Kopp, VwVfG, § 40 Rdnr. 11.
169 Maurer, Allgem. VerwR, § 12 Rdnr. 7; Schneider, Nebenbestimmungen, S. 60 ff.; Schachel, Nebenbestimmungen, S. 40, 143 m.w.N.; Wellas, Widerrufsvorbehalt, S. 143 f.; Hönig, Nebenbestimmungen, S. 93 f.
170 Vgl. Tiedemann, DÖV 1981, 786.
171 S. oben § 4 B V am Anfang.
172 Vgl. Schneider, Nebenbestimmungen, S. 60.
173 Vgl. Schwarze in Knack, VwVfG, § 36 Anm. 3.3.2.
174 Vgl. Kopp, VwVfG, § 53 Rdnr. 30 m.w.N.

Eine bestimmte Form ist für den Widerrufsvorbehalt nicht vorgeschrieben[175]. Es reicht, daß der Adressat aus dem Akt und den Umständen seines Erlasses entsprechend dem Grundsatz von Treu und Glauben objektiv erkennen kann, daß der Verwaltungsakt unter Widerrufsvorbehalt erlassen wurde[176]. Auch vorläufige Verwaltungsakte treten unter den vielfältigsten Bezeichnungen und Erscheinungsformen[177] auf. Es kann daher nur durch Auslegung[178] ermittelt werden, ob eine Bedingung - z.B. wenn ein Verwaltungsakt unter dem "Vorbehalt" des Ergebnisses einer Betriebsprüfung erlassen wird - oder ein Widerrufsvorbehalt vorliegt. Um letzteres handelt es sich, wenn ein Verwaltungsakt unter dem Vorbehalt einer Endentscheidung erlassen wird. Dies setzt voraus, daß der Vorbehalt nicht nur einer Ankündigung oder einem sonstigen Verwaltungshandeln beigefügt wird, dem jeder Regelungsinhalt fehlt. Die Vorbehaltserklärung hätte dann bloß deklaratorisch verdeutlichenden und klarstellenden Charakter[179].

Ein Unterschied zwischen vorläufigem Verwaltungsakt und Verwaltungsakt mit Widerrufsvorbehalt läßt sich eventuell erkennen, wenn man die Situationen vergleicht, bei denen die Verwaltung in einer späteren Feststellung zur Überzeugung gelangt, daß der ursprüngliche Verwaltungsakt bzw. vorläufige Verwaltungsakt die richtige Regelung getroffen hat. Beim Verwaltungsakt mit Widerrufsvorbehalt wird der Widerruf in diesem Fall eben nicht ausgeübt. Eine andere Frage ist, ob der Widerrufsvorbehalt in solch einem Fall seine Funktion verliert. Dies ist wohl nicht der Fall, solange die Verwaltung ihn nicht aufhebt. Einer Ausübung des Widerrufsrechts werden jedoch auch hier Grenzen gesetzt, sofern durch Zeitablauf oder Umstände dem Betroffenen ein Vertrauensschutz nicht mehr verwehrt werden kann.

Kommt die Verwaltung nach Erlaß eines vorläufigen Verwaltungsaktes zu der Feststellung, daß die einstweilige Regelung zu Recht getroffen wurde, so kann man davon ausgehen, daß die Verwaltung durch den Erlaß eines endgültigen Verwaltungsaktes den vorläufigen Verwaltungsakt ersetzen muß,

---

175 Stelkens in Stelkens/Bonk/Leonhardt, VwVfG, § 36 Rdnr. 13.
176 Vgl. Stelkens in Stelkens/Bonk/Leonhardt, VwVfG, § 36 Rdnr. 13; Kopp, VwVfG, § 36 Rdnr. 5.
177 S. oben § 1.
178 Vgl. hierzu Kopp, VwVfG, § 36 Rdnr. 5.
179 So liegt es auch in der bereits in der Begründung des Gesetzesentwurfs der Bundesregierung zu § 32, dem jetzigen § 36 VwVfG, zitierten Entscheidung (BVerwGE 13, 248), in der festgestellt wurde, daß der Vorbehalt der endgültigen Besoldungsfestsetzung kein Widerspruchsvorbehalt i.S.v. § 32 (jetzt § 36 VwVfG) sei. Dies ist verständlich, da Besoldungsmitteilungen mangels Regelungs- und Rechtswirkung grundsätzlich keine Verwaltungsakte sind, außer es ist ein anderer Wille der Verwaltung für den Betroffenen hinreichend erkennbar; vgl. Kopp, VwVfG, § 35 Rdnr. 35; BVerwGE 48, 283; Münster, DÖV 1974, 599.

soweit dieser unter dem Vorbehalt eines endgültigen Verwaltungsaktes erlassen wurde. Dies erfordert die Rechtssicherheit, auf die der Betroffene einen Anspruch hat. Dies ergibt sich aber auch aus der eben nur einstweiligen, vorläufigen Regelungsfunktion des vorläufigen Verwaltungsaktes.

Ähnlich kann man jedoch auch bei einem Verwaltungsakt unter
Widerrufsvorbehalt argumentieren, daß das Recht auf Rechtssicherheit dem Betroffenen einen Anspruch gewährt, den Verwaltungsakt, der unter einem Widerrufsvorbehalt erlassen
wurde, durch einen vorbehaltslosen Verwaltungsakt zu ersetzen, wenn die Verwaltung zur Überzeugung gelangt, daß eine
Ausübung des Widerrufsrechts nicht mehr in Frage kommt.

Auch hier lassen sich letztendlich nur graduelle Unterschiede ausmachen.

Deutliche Parallelen weisen Verwaltungsakte mit Widerrufsvorbehalt und vorläufige Verwaltungsakte auch im
übrigen auf. Wie der Erlaß eines vorläufigen Verwaltungsaktes ist die Beifügung und die Ausübung eines Widerrufs an
nachweisbare sachliche Gründe gebunden[180]. Eine dem Einzelfall verpflichtete Ermessensbetätigung verbietet in beiden
Fällen die generelle ("formularmäßige") Verwendung des Widerrufsvorbehalts bzw. einer Vorläufigkeitsklausel[181].

Dem Widerrufsvorbehalt kann neben seiner primären Funktion,
den Fortbestand der Erteilungsvoraussetzungen des Verwaltungsaktes zu sichern[182], wie bei der auflösenden Bedingung[183] die Funktion zukommen, noch fehlende Erteilungsvoraussetzungen des Verwaltungsaktes herbeizuführen[184].
Hierbei nimmt die Verwaltung zumindest vorübergehend einen
materiell rechtswidrigen Zustand in Kauf, falls sich die
noch ausstehenden Erteilungsvoraussetzungen bzw. ihre
endgültige positive Feststellung wider Erwarten nicht
bestätigen sollten[185].

In derartigen Situationen steht die Verwaltung zum Entscheidungszeitpunkt faktisch vor der Alternative, den (beantragten) Verwaltungsakt zu versagen oder ihn zu erlassen,

---

180 Beim vorläufigen Verwaltungsakt muß ein nachweisbares
   besonderes Interesse vorliegen, s. oben § 2 C VI; zum
   Widerrufsvorbehalt vgl. Schachel, Nebenbestimmungen, S.
   42.
181 Vgl. Schachel, Nebenbestimmungen, S. 141.
182 Schachel, Nebenbestimmungen, S. 141.
183 S. oben § 4 B II.
184 Vgl. § 36 I, 2. Alt. VwVfG; Schachel, Nebenbestimmungen, S. 141 f.; Stelkens in Stelkens/Bonk/Leonhardt,
   VwVfG, § 36 Rdnr. 25, 28: "zur Sicherstellung der gesetzlichen Voraussetzungen des Verwaltungsaktes ...,
   die zum Zeitpunkt des Erlasses des Verwaltungsaktes
   noch nicht zweifelsfrei vorliegen"; a.A. Schneider,
   Nebenbestimmungen, S. 51.
185 Schachel, Nebenbestimmungen, S. 142.

73

allerdings unter Beifügung des Widerrufsvorbehalts[186]. Der Widerrufsvorbehalt gestattet in solchen Fällen die Verlegung der an sich sofort möglichen Versagung in die Zukunft[187].

Beim vorläufigen Verwaltungsakt gilt nichts anderes. Auch hier steht die Verwaltung vor der Alternative, eine Regelung ganz zu versagen oder sie wenigstens vorläufig unter dem Vorbehalt der endgültigen Entscheidung zu erlassen.

Wenn sich demnach inhaltlich allenfalls graduelle Unterschiede zwischen einem vorläufigen Verwaltungsakt und einem Verwaltungsakt mit Widerrufsvorbehalt feststellen lassen, stellt sich die Frage, ob sonstige Unterschiede existieren. Daß beiden eine Akzessorietät gegenüber einem späteren Verwaltungsakt in mehr oder weniger starker Form eigen ist, wurde oben bereits erörtert[188]. Eine unterschiedliche Einbindung des vorläufigen Verwaltungsaktes in ein "Hauptverfahren" und des Verwaltungsaktes mit Widerrufsvorbehalt in ein nur latent vorliegendes "Hauptverfahren", das zu einem Widerspruch führen kann, ist zwar nicht zu verkennen, begründet jedoch keinen grundlegenden Unterschied.

Ein möglicher bedeutsamer Unterschied kann daher nur in der Durchführung des Verfahrens liegen. Für vorläufige Verwaltungsakte ist nur ein sog. vorläufiges, "summarisches" Prüfungsverfahren erforderlich[189]. Wie das jeweilige Verfahren gestaltet wird, hängt von dem beabsichtigten Ziel der Verwaltung ab[190], aber auch von der mit dem Verwaltungsakt verfolgten Funktion[191]. Beabsichtigt die Verwaltung eine bloß vorläufige Regelung, reicht entsprechend dem Dringlichkeitsgrad und der Interessenlage eine Sachverhaltsbeurteilung aufgrund sofort verfügbarer Beweismittel und glaubhaft gemachter Tatsachen, um den endgültigen Ausgang des Hauptverfahrens hinreichend verläßlich beurteilen zu können[192].

Aber auch ein Verwaltungsakt, der unter einem Widerrufsvorbehalt erlassen wird, um noch fehlende oder noch nicht zweifelsfrei vorliegende Erteilungsvoraussetzungen sicherzustellen[193], stellt einen Verwaltungsakt dar, der auf einer mehr oder weniger unsicheren Beurteilungsgrundlage beruht, die sich ebenfalls bloß auf Beweismittel stützt,

---

186 Vgl. Schachel, Nebenbestimmungen, S. 39 m.w.N.
187 Schachel, Nebenbestimmungen, S. 39 m.w.N.
188 S. oben § 4 B V.
189 Vgl. hierzu oben § 3 A; Kopp, VwVfG, § 9 Rdnr. 23 ff.
190 Vgl. Kopp, VwVfG, § 10 Rdnr. 5; s. auch oben § 2 A II.
191 S. oben Vgl. Kopp, VwVfG, § 10 Rdnr. 5.
192 S. oben § 3 A.
193 S. oben § 4 B V; Stelkens in Stelkens/Bonk/Leonhardt, VwVfG, § 36 Rdnr. 28; vgl. auch die Rspr. d. 7. Senats des BSG, der auf die Unsicherheiten bezüglich der Erteilungsvoraussetzungen zum Entscheidungszeitpunkt abstellt, BSGE 37, 155, 159; 42, 184, 190; 45, 38, 42; a.A. BSGE 30, 129 (4. Senat).

die zum Entscheidungszeitpunkt verfügbar sind und eine ausreichend verläßliche Wahrscheinlichkeit gewährleisten, daß
der Widerruf nicht ausgeübt werden muß. Auch wenn hier die
Nichtausübung des Widerrufsrechts im Vordergrund steht,
während ein vorläufiger Verwaltungsakt im Hinblick auf eine
endgültige Entscheidung erlassen wird, stellt dies, wie
oben gezeigt[194], eher einen graduellen als einen materiellen Unterschied dar. Ebenso wie der Gesetzgeber den Widerrufsvorbehalt, der eigentlich nichts anderes als eine auflösende (Potestativ-)Bedingung ist[195], eigens normiert hat,
schließt dies eine gesetzliche Festsetzung des Vorläufig-
keitsvorbehalts nicht aus. Jedoch würde eine entsprechende
Normierung wegen der bereits deutlich gewordenen Vielfalt
von sog. vorläufigen Verwaltungsakten und den feinen Nuan-
cen außer neuen Problemen keine größere Klarheit bezüglich
Abgrenzungsfragen bringen[196].

Festzustellen ist daher, daß sich viele Erscheinungsformen
des sog. vorläufigen Verwaltungsaktes dogmatisch mittels
des Widerrufsvorbehalts rechtlich erklären lassen[197].

Problematisch ist die Anwendung des Widerrufsvorbehalts in
Fällen, in denen eine rückwirkende Beseitigung der
Rechtswirkungen des ursprünglichen Verwaltungsaktes ermöglicht werden soll[198]. Gem. § 49 III VwVfG kann ein Widerruf
die Wirkungen eines Verwaltungsaktes nur für die Zukunft
beseitigen[199]. Dies gilt auch dann, wenn der Widerrufsgrund
bereits in der Vergangenheit bestanden hat und der Betroffene oder die Behörde selbst ein Interesse an einer Aufhebung des Verwaltungsaktes mit Wirkung auch für die Vergan-

---

194 S. oben § 4 B V.
195 S. oben § 4 B V am Anfang, vgl. Stelkens in Stelkens/
    Bonk/Leonhardt, VwVfG, § 36 Rdnr. 13; Maurer, Allgem.
    VerwR, § 12 Rdnr. 7.
196 Vgl. Schimmelpfennig, BayVBl 1989, 76; vgl. auch in
    bezug auf die Normierung der Nebenbestimmungen im
    allgemeinen Schneider, S. 56 f.; siehe aber auch den
    Normierungsvorschlag bei Kemper, Der vorläufige Ver-
    waltungsakt, S. 229.
197 So auch Kemper, Der vorläufige Verwaltungsakt, S. 43;
    vgl. auch Schneider, Nebenbestimmungen, S. 61 ff.; J.
    Martens, Praxis, Rdnr. 252; vgl. auch im Bereich des
    Sozialrechts zur Normierung von § 42 I SGB Friederichs,
    SozVers. 1976, 86 und Meyer-Ladewig, SGG, § 54 Rdnr.
    40, die feststellen, daß es sich bei den Vorschuß-
    leistungen nach § 42 SGB rechtlich um Leistungen unter
    einem gesetzlichen Widerrufsvorbehalt handele; vgl.
    hierzu auch Schimmelpfennig, Vorläufige Verwaltungs-
    akte, S. 120 f.; J. Martens, Praxis, FN 102 zu Rdnr.
    456.
198 Vgl. Schimmelpfennig, Vorläufige Verwaltungsakte, S.
    121.
199 Kopp, VwVfG, § 49 Rdnr. 13; Schwarze in Knack, VwVfG, §
    36 Rdnr. 3.3.1.; Stelkens in Stelkens/Bonk/Leonhardt,
    VwVfG, § 49 Rdnr. 6, 18.

genheit hat[200]. Selbst wenn der Betroffene keinen
Vertrauensschutz gem. § 50 VwVfG genießt, gilt dieses
Rückwirkungsverbot[201].

Daß dieses Rückwirkungsverbot in etlichen Fällen neben der
Praxis liegt, zeigt bereits die Rechtsprechung zu den Rückforderungen von Subventionen, die unter Vorbehalt gewährt
wurden. Hier kommt die Rechtsprechung zu einer (rückwirkenden) Rückforderung, indem sie argumentiert, daß der Widerruf nur das Recht, die Subvention behalten zu dürfen, auf-
hebe und zwar mit Wirkung für die Zukunft[202]. Ausdrücklich
wurde diese Rechtsprechung auf Fälle einer zweckwidrigen
Verwendung von Subventionen beschränkt. Für diese Fälle, in
denen der Widerrufsgrund nachträglich eingetreten ist, ist
diese Lösung der Rechtsprechung durchaus zweckmäßig.

Anders liegt der Fall jedoch, wenn der Widerrufsgrund von
Anfang an bestand. Bei der Bewilligung von Schlechtwettergeld unter dem Vorbehalt, daß zu Unrecht erfolgte Leistungen grundsätzlich zurückverlangt werden können[203], liegt
von Anfang an kein Anspruch auf das Geld vor, wenn sich in
einer späteren Überprüfung herausstellt, daß die Voraussetzungen für die Gewährung des Geldes zu keinem Zeitpunkt bestanden haben. Der Widerrufsgrund lag in solchen Fällen von
Anfang an vor. Nun kann in diesen Fällen der Widerruf der
Bewilligung für Leistungen, deren Tatbestände in der Vergangenheit liegen, nur dann seinen Zweck erfüllen, wenn er
auch für die Vergangenheit erfolgt.

In diesem Zusammenhang gibt eine neuere Auffassung zur Aufhebung nachträglich rechtswidrig gewordener Verwaltungsakte[204] wichtige Impulse, die auch für die Untersuchung des
vorläufigen Verwaltungsaktes fruchtbar gemacht werden können. Nach dieser Auffassung wird ein Verwaltungsakt rechtswidrig, wenn sich "aus der Auslegung der für seinen Erlaß
maßgeblichen Vorschriften oder jedenfalls aus anderen Bestimmungen (insbesondere dem verfassungsrechtlichen Übermaßverbot) ableiten läßt, daß der Wegfall einzelner für den
Erlaß eines Verwaltungsaktes maßgeblicher tatsächlicher
oder rechtlicher Umstände eine nachträgliche Rechtswidrigkeit des Verwaltungsaktes nach sich ziehen soll"[205]. Entsprechend soll sich die Aufhebung ab dem Zeitpunkt, in dem
der Verwaltungsakt rechtswidrig geworden ist, entgegen der
bislang h.M. nicht nach § 49 VwVfG richten, sondern nach §
48 VwVfG[206].

200 Kopp, VwVfG, § 49 Rdnr. 13.
201 Kopp, VwVfG, § 49 Rdnr. 13.
202 Vgl. BVerwG, DVBl 1983, 810; Kopp, VwVfG, § 49 Rdnr. 13
    m.w.N.
203 Vgl. BSG, Urt. v. 11.6.87, DVBl 1988, 449.
204 Vgl. OVG Münster, NVwZ-RR, 1988, 1; BVerwG, BayVBl
    1990, 215; Schenke, BayVBl 1990, 107; ders., DVBl 1989,
    433; Schenke/Baumeister, JuS 1991, 547.
205 Schenke, BayVBl 1990, 108.
206 Schenke, BayVBl 1990, 107; ders., DVBl 1989, 433.

Kopp kommt zu einem ähnlichen, aber weitgreifenderen Ergebnis, wenn er feststellt, daß in Fällen, in denen der Verwaltungsakt von vornherein nach seinem erkennbaren Inhalt,
Sinn und Zweck nur für eine bestimmte Situation Geltung beansprucht, die später wegfällt, oder in Fällen, in denen
die Aufrechterhaltung des Verwaltungsaktes angesichts einer
seit seinem Erlaß eingetretenen Änderung der Sach- oder
Rechtslage rechtswidrig geworden ist, die §§ 48 ff. VwVfG
nicht anwendbar sind[210], sondern nur die Regeln, die im
Verwaltungsrecht für die Beendigung der Wirksamkeit von
Verwaltungsakten in anderer Weise als Widerruf und Rücknahme entwickelt wurden (z.B. auflösende Bedingung[208]), sowie die Grundsätze des Erstattungsrechts und des Folgenbeseitigungsanspruchs[209]. Die Behörde kann demnach die erfolgten Leistungen nach dem allgemeinen verwal-tungs-
rechtlichen Erstattungsanspruch bzw. Folgenbeseitigungsanspruch zurückverlangen. In Zweifelsfällen wird sie
die entstandene Rechtslage durch Verwaltungsakt feststellen
oder - wie es üblicherweise geschieht - den Rechtsschein
des gegenstandslos gewordenen Verwaltungsaktes durch Aufhebung beseitigen[210]. Die §§ 48 ff. hingegen sind in all je-
nen Fällen anzuwenden, in denen der ursprünglich erlassene
Verwaltungsakt nicht unmittelbar an den Fortbestand einer
bestimmten Situation geknüpft ist, jedoch auf Grund einer
später veränderten Sach- oder Rechtslage nicht mehr so ergehen könnte, wie er ergangen ist[211].

Einen vorläufigen Verwaltungsakt, bei dem die spätere Überprüfung feststellt, daß die Erlaßvoraussetzungen (für einen
entsprechenden endgültigen Verwaltungsakt) nicht vorliegen,
kennzeichnen zwei Besonderheiten.

Zum einen liegt beim vorläufigen Verwaltungsakt eine besondere Entscheidungssituation vor. Zwar hält die Verwaltung
es für nicht ausgeschlossen, daß die Erlaßvoraussetzungen,
wie sie eine endgültige Entscheidung erfordert, nicht vorliegen. Um dennoch wegen der besonderen Interessensituation[212] wenigstens eine vorläufig geltende Regelung treffen
zu können, bedient sie sich des vorläufigen Verwaltungsaktes[213]. Nur wegen der besonderen Interessensituation ist

---

210 Vgl. Redeker, DVBl 1973, 746; Kopp, VwVfG, § 48 Rdnr.
    20; Klappstein in Knack, VwVfG, § 49 Rdnr. 6.3.3;
    BVerwGE 69, 93.
208 Vgl. auch Klappstein in Knack, VwVfG, § 43, Rdnr. 4.5.
209 Kopp, BayVBl 1990, 524 f.; ders., VwVfG, § 43 Rdnr.
    17 f.; vgl. auch BVerwG, BayVBl 1990, 475.
210 Kopp, BayVBl 1990, 524; vgl. auch ders., VwVfG, § 48
    Rdnr. 17, 20; § 49 Rdnr. 35; Klappstein in Knack,
    VwVfG, § 49 Rdnr. 6.3.3; Redeker, DVBl 1973, 746;
    BVerwGE 69, 93.
211 Kopp, BayVBl 1990, 525; vgl. auch ders., VwVfG, § 48
    Rdnr. 35.
212 S. oben § 2 C.
213 S. oben § 2 C.

er überhaupt zulässig und rechtens[214]. Deshalb ist er bei
Erlaß, auch wenn er nur auf einem summarischen Verfahren
beruht, rechtmäßig.

Andererseits nimmt die Behörde mit ihm zumindest vorübergehend bewußt einen materiell rechtswidrigen Zustand in Kauf,
wenn die spätere Überprüfung ergibt, daß die Voraussetzungen für einen endgültigen Verwaltungsakt nicht gegeben
sind. Daher geht es letztlich bei der Ablösung der vorläufigen Regelung durch den abschließenden Verwaltungsakt in
einem solchen Fall um die Beseitigung einer nach materiel-
lem Recht nicht gerechtfertigten Lage.

Folgt man den oben dargestellten Gedanken Schenkes[215], so
muß man auch bei einem vorläufigen Verwaltungsakt zumindest
zur analogen Anwendung des § 48 VwVfG gelangen, wenn es um
die Beseitigung einer objektiv rechtswidrigen Rechtslage
geht und es sich aus dem vorläufigen Verwaltungsakt ergibt,
daß das Nichtvorliegen (oder möglicherweise auch der Wegfall) einzelner vorausgesetzter und für den Erlaß eines
(endgültigen) Verwaltungsaktes maßgeblicher tatsächlicher
oder rechtlicher Umstände die Rechtswidrigkeit der einstweiligen Regelung nach sich ziehen soll.

Für dieses Ergebnis sprechen auch Überlegungen, die sich
aus den für den Erlaß des jeweiligen Verwaltungsakts
maßgeblichen Vorschriften, dem Rechtsstaatsgebot und dem
Verhältnismäßigkeitsgrundsatz ergeben. Bei den für den Erlaß der endgültigen Regelung maßgeblichen Vorschriften wird
es sich in den Bereichen, wo vorläufige Verwaltungsakte in
Frage kommen, gewöhnlicherweise um Normen handeln, die dem
Betroffenen bei Vorliegen der Voraussetzungen - aber eben
nur, wenn sie tatsächlich vorliegen - einen Anspruch
gewähren. Dies kann ein Leistungs- (z.B. vor allem im Sozialhilferecht) oder ein Schutzanspruch (z.B. vor allem im
Polizei- und Sicherheitsrecht) sein. Liegen die Voraussetzungen nicht vor, ist der Anspruch nicht gegeben.

Beim Rechtsstaatsgebot stehen sich das Interesse an materieller Gerechtigkeit[216] und das Gebot der Rechtssicherheit[217] gegenüber[218]. Aus dem Gebot der Rechtssicherheit
folgt der Gedanke, daß das Vertrauen des Bürgers, das dieser in staatliches Handeln setzt, grundsätzlich schutzwürdig ist (sog. Vertrauensschutz)[219]. Gerade dieses Vertrauen
kann jedoch beim vorläufigen Verwaltungsakt nicht zu hoch
angesetzt werden[220], so daß hier das Interesse an materiel-

---

214 Bzgl. der Frage der Rechtsgrundlage s. unten §§ 8 B II
     1, 9 C I.
215 BayVBl 1990, 107; ders., DVBl 1989, 433.
216 BVerfGE 7, 92; 7, 196; 20, 331; 25, 290.
217 BVerfGE 2, 403; 3, 237; 13, 271; 15, 319; 18, 439; 23,
     32; 24, 229; 30, 386.
218 Vgl. Leibholz/Rink/Hasselberger, Grundgesetz, Art. 20
     Rdnr. 23; Schenke, BayVBl 1990, 109.
219 Vgl. BVerfGE 30, 403; 50, 250; 59, 164.
220 S. oben § 4 B II.

ler Gerechtigkeit vorrangig ist und einer rückwirkenden
Aufhebung grundsätzlich nicht entgegensteht, sondern sie
vielmehr fordert. § 48 II und III VwVfG bieten hier eine
ausbalancierte, zwischen dem Prinzip der materiellen Gerechtigkeit und der Rechtssicherheit vermittelnde Lösung,
die auf die Fälle von vorläufigen Verwaltungsakten paßt,
bei denen die spätere Überprüfung ergibt, daß die Erlaßvoraussetzungen weder vorliegen noch vorlagen.

Aber auch aus dem Grundsatz der Verhältnismäßigkeit staatlichen Handelns läßt sich in den entsprechenden Fällen die
Notwendigkeit einer rückwirkenden Aufhebung folgern. Denn
der vorläufige Verwaltungsakt ist vor allem ein Produkt aus
Ermessens- und Verhältnismäßigkeitsüberlegungen[221] unter
Einbeziehung der verschiedenen besonderen Interessenlagen[222], des Normzwecks, auf dem eine Regelung beruhen soll,
sowie der Tatsache, daß der vorläufige Verwaltungsakt nur
vorläufige Regelungswirkung entfalten soll. Da der vorläufige Verwaltungsakt mit der endgültigen Entscheidung praktisch verklammert ist (Akzessorietät)[223], gebietet auch die
Verhältnismäßigkeit gegebenenfalls eine rückwirkende Aufhebung der einstweiligen Regelung.

Mit Kopp[224] kommt man zu einem im Prinzip ähnlichen Ergebnis mit gleichen Überlegungen. Nur stellt dann die Ausübung
des "Widerrufsvorbehalts" bei einem vorläufigen Verwaltungsakt faktisch einen feststellenden Verwaltungsakt dar,
mit dem die endgültige Rechtslage festgestellt wird[225]. Die
Rückforderung von Leistungen erfolgt nach den allgemeinen
Grundsätzen des Folgenbeseitigungsanspruchs bzw. des Erstattungsrechts[226]. Hierbei können die Rückforderungsrege-
lungen des § 48 II, III VwVfG für die Konkretisierung des
Rechtsstaatsprinzips als Orientierungshilfen dienen.

Diese Lösung von Kopp steht mit der zu §§ 48 VwVfG herrschenden Meinung im Einklang, vermeidet Begriffskonfusionen
und erklärt auch die Entscheidungen des BVerwG zu den Sub-
ventionsfällen[227].

Als letztes Problem stellt sich im Rahmen der Rückwirkung
die Frage der Bezeichnung des Vorbehalts. Faktisch handelt
es sich bei der Klausel, die einen vorläufigen Verwaltungsakt unter den Vorbehalt einer späteren endgültigen Entscheidung stellt, die rückwirkende Folgen hat, um einen
"Rücknahme"-Vorbehalt. Die Aufzählung der Nebenbestimmungen
in § 36 II VwVfG kennt aber nur den sog. Widerrufsvorbehalt. Widerruf bezeichnet nur die Aufhebung rechtmäßiger
Verwaltungsakte gem. § 49 VwVfG. § 36 II VwVfG enthält jedoch nach überwiegender Ansicht keine abschließende Aufzäh-

221 Hierzu wird unter § 8 B II 2, 3 noch eingegangen.
222 S. oben § 2 C.
223 S. oben § 3 A.
224 BayVBl 1990, 524 f.; s. oben
225 Vgl. OVG NW, DÖV 1991, 562.
226 Vgl. Kopp, BayVBl 1990, 524.
227 Vgl. Kopp, BayVBl 1990, 524 f.

lung[228]. Dies folgt bereits aus der grundsätzlichen Formenfreiheit der Verwaltung, von der das VwVfG ausgeht und die eine einfache und zweckmäßige, dem Einzelfall gerecht werdende Entscheidung ermöglichen soll[229]. Anliegen von § 36 II VwVfG ist es, die wichtigsten Nebenbestimmungen, die auch nahezu den gesamten Handlungsbereich abdecken[230], als Beispiele zu nennen und zu definieren. Handelt es sich jedoch bereits beim gewöhnlichen Widerrufsvorbehalt praktisch um eine auflösende (Potestativ-)Bedingung[231], so handelt es sich beim Rücknahmevorbehalt rechtlich auch um nichts anderes. Nicht zuletzt deswegen konnte das VwVfG von einer zusätzlichen Anführung eines Rücknahmevorbehalts absehen, was nur zu unnötigem Ballast und einer Komplizierung geführt hätte[232]. Auch wäre damit eine Hervorhebung des "Rücknahmevorbehalts" verbunden gewesen, die der Bedeutung und den begrenzten Anwendungsfällen, nämlich nur in besonderen Interessenlagen, nicht entsprochen hätte. Einer Bezeichnung als "Rücknahmevorbehalt" steht damit in den in Frage kommenden Fällen nichts im Weg.

Zusammenfassend läßt sich feststellen, daß vorläufige Verwaltungsakte, die unter dem Vorbehalt einer späteren endgültigen Entscheidung stehen, rechtlich als mittels eines Widerrufsvorbehalts bzw. "Rücknahmevorbehalts" auflösend bedingte Verwaltungsakte qualifiziert werden können, sofern sie Einzelfallregelungen mit Außenwirkung i.S.v. § 35 VwVfG beinhalten[233]. Steht der Aufhebungszeitpunkt fest, so kann auch eine auflösende Befristung vorliegen[234].

---

228 Vgl. J. Martens, DÖV 1987, 998; Tiedemann, DÖV 1981, 787; Schwarze in Knack, VwVfG, § 356 Anm. 3; Kopp, VwVfG, § 36 Rdnr. 37; Stelkens in Stelkens/Bonk/ Leonhardt, VwVfG, § 36 Rdnr. 6.
229 Vgl. zur Formenfreiheit Ossenbühl, DVBl 1980, 805; OVG Koblenz, NJW 1982, 199.
230 Vgl. Kopp, VwVfG, § 36 Rdnr. 37.
231 S. Stelkens in Stelkens/Bonk/Leonhardt, VwVfG, § 36 Rdnr. 13; Mayer/Kopp, Allgem. VerwR, § 13 II 4; Maurer, Allgem. VerwR, § 12 Rdnr. 7; s. auch oben § 4 B V.
232 Vgl. in diesem Zusammenhang auch die 2. Stellungnahme Bayerns gegenüber dem Bundesministerium für Arbeit und Sozialordnung (VII B/1045-25/4/75) vom Mai 1975, S. 20 zu §§ 36 und 37 RefE zum SGB X (Verwaltungsverfahren): "Im übrigen reichen die Nebenbestimmungen des § 35 aus, um Teil- und Vorbehaltsentscheidungen zu treffen."
233 F.J. Kopp, DVBl 1989, 240 ff.; Schneider, Nebenbestimmungen, S. 59 ff.
234 Vgl. Kemper, DVBl 1989, 981; ders., Der vorläufige Verwaltungsakt, S. 41; Schneider, Nebenbestimmungen, S. 59 ff.

C.) Verwaltungsakt sui generis - Nebenbestimmung sui
generis?

Wie obige Untersuchung ergab, lassen sich die meisten Erscheinungsformen des vorläufigen Verwaltungsaktes mit dem
bekannten Instrumentarium der Nebenbestimmungen gem. § 36
VwVfG rechtlich einordnen und handhaben[235]. Dennoch stellt
sich die Frage, ob es Erscheinungsformen des vorläufigen
Verwaltungsaktes gibt, die nicht unter § 36 VwVfG gefaßt
werden können.

Vom "Rücknahmevorbehalt" war bereits die Rede. Es wurde jedoch festgestellt, daß dieser keine neue Nebenbestimmung
(sui generis) ist, sondern unter den Begriff auflösende Bedingung subsumiert werden kann[236].

Das gleiche gilt für die vorläufigen Verwaltungsakte, die
unter dem Vorbehalt des Ergebnisses einer noch durchzuführenden (z.B. Betriebs-)Prüfung stehen. Sie sind ebenfalls
auflösend bedingte Verwaltungsakte, jedoch beenden sie die
Rechtswirkungen des vorläufigen Verwaltungsaktes automatisch, ohne daß ein eigener Rücknahmeakt erforderlich wäre,
wenn die (Betriebs-)Prüfung die Annahmen, auf denen der
vorläufige Verwaltungsakt beruhte, widerlegt[237]. Beim
"Rücknahmevorbehalt" hingegen ist ein eigener Rücknahmeakt
nötig[238].

Oben wurden als eine Form vorläufiger Verwaltungsakte die
Maßnahmen im Polizei- und Sicherheitsrecht in Fällen des
Verdachts einer Gefahr erwähnt[239]. Hier sind vorläufige
Maßnahmen (z.B. Stichproben, Sicherstellungen) zur Aufklärung des Sachverhalts direkt aufgrund der Befugnis zur endgültigen Maßnahme zulässig, ohne daß es der ausdrücklichen
Beifügung einer Nebenbestimmung bedarf[240]. Ergibt die nä-
here Feststellung, daß die vermutete Gefahrenlage und die
Voraussetzungen für einen Eingriff nicht vorliegen, ist die
vorläufige Maßnahme umgehend aufzuheben[241]. Ob hierfür ein
eigener Aufhebungsakt erforderlich ist, hängt von der ver-
hängten bzw. getroffenen Maßnahme ab. Solange der Gefahrenverdacht objektiv begründet ist, ist die Maßnahme rechtmäßig, auch wenn sich nachträglich herausstellt, daß keine
Gefahr vorlag[242]. Wird die Maßnahme nicht aufgehoben, obwohl das Fehlen einer objektiven Gefahrenlage festgestellt
wurde, so wird die Maßnahme ab diesem Zeitpunkt rechtswidrig. Einer Rückbeziehung der Rechtswidrigkeit auf den Zeitpunkt des Erlasses der vorläufigen Maßnahme steht hier vor

---

235 Vgl. auch OVG NW, DÖV 1991, 561; Kemper, DVBl 1989,
      983; Kopp, VwVfG, § 36 Rdnr. 37.
236 S. oben § 4 B V.
237 Vgl. Kemper, Der vorläufige Verwaltungsakt, S. 42.
238 S. oben § 4 B V.
239 S. oben § 2 B IV 1.
240 W. Martens in Drews u.a., Gefahrenabwehr, § 13 Anm. 2;
      s. auch oben § 2 B IV 1.
241 W. Martens in Drews u.a., Gefahrenabwehr, § 13 Anm. 2.
242 Hoffmann-Riem in FS für Wacke, S. 331 a.E.

allem der Normzweck entgegen, der eine effektive Gefahrenabwehr und das hierfür erforderliche Verwaltungshandeln gewährleisten soll.

Nach allgemeiner Ansicht wird hier die vorläufige Geltungsdauer nicht als Nebenbestimmung aufgefaßt, sondern vielmehr
als "Vorspann" für die endgültige Maßnahme. Man könnte aber
auch die Vorläufigkeit so definieren, daß die vorläufige
Maßnahme nur unter der Bedingung gelten soll, daß sich die
Gefahrenlage bestätigt oder gegebenenfalls, was von den Umständen und dem den Betroffenen erkennbaren Erklärungswert
der Maßnahmen abhängt, nur unter dem Vorbehalt der zu treffenden endgültigen Entscheidung.

Hier erkennt man bereits die Parallele zu den Ausführungen
zur Bedingung[243] und dem Widerrufs- bzw. Rücknahmevorbehalt[244]. Dies wirft die Frage nach der Rechtsnatur der Nebenbestimmungen auf. Nach einhelliger Meinung
sind Nebenbestimmungen Bestandteile eines Verwaltungsaktes[245]. In gewissen typischen Gestalten kehren sie immer
wieder. Diese zunächst von der Wissenschaft her-
ausgearbeiteten, am häufigsten vorkommenden Formen hat der
Gesetzgeber in § 36 II VwVfG normiert[246]. Die Nebenbestimmungen in § 36 II VwVfG lassen sich demnach als "ver-
typte"[247], normierte Verwaltungsaktbestandteile definieren. Aus der Vielfältigkeit der Aufgaben staatlichen Handelns und den stets neuen Entscheidungssituationen, auf die
die Verwaltung eine optimal angepaßte Lösung finden muß,
ergibt sich, daß diese Aufzählung nicht vollständig sein
kann[248]. Aber aus demselben Grund kann es auch zu Überschneidungen und Abgrenzungsschwierigkeiten bei den einzelnen Nebenbestimmungen kommen[249]. Da die Nebenbestimmungen
der Anpassung und "Feindosierung" der mit dem Verwaltungsakt beabsichtigten Regelung an die besonderen Gegebenheiten
und Anforderungen des Einzelfalls dienen[250], sind auch
stärker und schwächer ausgeprägte Nebenbestimmungen möglich, je nachdem, wie intensiv sie den Kerninhalt eines

---

243 S. oben § 4 B II.
244 S. oben § 4 B V.
245 Stelkens in Stelkens/Bonk/Leonhardt, VwVfG, § 36 Rdnr.
    6 ff.; H. Meyer in Meyer/Borgs, VwVfG, § 36 Rdnr. 5;
    Maurer, Allgem. VerwR, § 12 Rdnr. 8; Mayer/Kopp,
    Allgem. VerwR, § 13 II 3; Schwarze in Knack, VwVfG, §
    36 Anm. 3.1.3.; Kemper, DVBl 1989, 985.
246 Vgl. Schachel, Jura 1981, 455; Rumpel, Diss. jur.
    Würzburg, 1984, S. 73 Fn. 75; vgl. auch Wolff/Bachof,
    VerwR I, S. 405; Hönig, Nebenbestimmungen, S. 113;
    Antoniolli, Allgem. VerwR, S. 206.
247 Hönig, Nebenbestimmungen, S. 113.
248 Vgl. Stelkens in Stelkens/Bonk/Leonhardt, VwVfG, § 36
    Rdnr. 6; Schwarze in Knack, VwVfG, § 36 Rdnr. 3; Kopp,
    VwVfG, § 36 Rdnr. 37.
249 Vgl. Schwarze in Knack, VwVfG, § 36 Anm. 3.1.1.; H.
    Meyer in Meyer/Borgs, VwVfG, § 36 Rdnr. 13; Kopp,
    VwVfG, § 36 Rdnr. 5.
250 Vgl. Kopp, VwVfG, § 36 Rdnr. 2.

Verwaltungsaktes variieren sollen. Die Grenzen, auch hin
zur sog. Inhaltsbestimmung, sind fließend[251]. Die Frage
jedoch, welche Bestimmung des Verwaltungsaktes zum Kerninhalt gehört und welche nicht, ist, vom Standpunkt der Praxis aus, sehr akademischer Natur[252]; allerdings mit gewissen verwaltungsprozessualen Folgen, was jedoch ein Problem
des Prozeßrechts ist[253].

Aus alledem folgt, daß es letztendlich auf den objektiven
Erklärungswert ankommt, wie ihn die Verwaltung einem Verwaltungsakt beigelegt hat und ihn der Bürger unter Berücksichtigung der äußeren Form, Abfassung, Begründung, Beifügung einer Rechtsbehelfsbelehrung und aller sonstigen ihm
bekannten oder erkennbaren Umstände nach Treu und Glauben
verstehen durfte[254]. Je nachdem, wie stark der Charakter
einer "typisierten"[255] Nebenbestimmung i.S.v. § 36 VwVfG
hervortritt, spricht man von Nebenbestimmung, einem "inte-
gralen Bestandteil" einer Regelung oder einer Inhaltsbestimmung[256]. Dies erklärt aber auch, warum im Steuerrecht
die vorläufige Steuerfestsetzung als Nebenbestimmung be-
griffen wird[257], während beim vorläufigen Regelungsinhalt
eines Verwaltungsaktes zum Teil vertreten wird, daß "dieser
Vorbehalt nicht noch zusätzlich durch eine Nebenbestimmung
geregelt werden muß"[258]. Die Auswirkungen dieser Unterscheidung sind gering. Der für Nebenbestimmungen geltende §
36 VwVfG wird nämlich zumindest analog auf inhaltliche Be-
schränkungen angewandt[259]. Im Hinblick auf Rechtsbehelfe
sollten deshalb auch die allgemeinen Grundsätze über die
Teilanfechtung von Verwaltungsakten gelten[260].

Wegen dieser schwierigen, fließenden und unerheblichen Abgrenzung zwischen Inhaltsbestimmung und Nebenbestimmung
kann nur dann die Konstruktion einer Nebenbestimmung sui
generis oder eines Verwaltungsaktes sui generis nötig sein,
wenn tatsächlich Formen des Verwaltungshandelns auftauchen,

---

251 Kopp, VwVfG, § 36 Rdnr. 39.
252 Vgl. Kopp, VwVfG, § 36 Rdnr. 39.
253 Vgl. hierzu Kopp, VwVfG, § 36 Rdnr. 39, 46 ff. und
    J. Martens, Praxis, Rdnr. 266 ff., 269, 278; s. auch
    die Ausführungen im folgenden.
254 Stelkens in Stelkens/Bonk/Leonhardt, VwVfG, § 35 Rdnr.
    52 f., 16; Kopp, VwVfG, § 35 Rdnr. 6; Maurer, Allgem.
    VerwR, § 12 Rdnr. 17.
255 Hönig, Nebenbestimmungen, S. 113.
256 Vgl. Schimmelpfennig, S. 127 m.w.N.; s. auch den nicht
    sehr überzeugenden Abgrenzungsversuch bei Schachel, Ne-
    benbestimmungen, S. 51 ff.
257 BVerwGE 45, 106; Stelkens in Stelkens/Bonk/Leonhardt,
    VwVfG, § 36 Rdnr. 5.
258 Stelkens in Stelkens/Bonk/Leonhardt, VwVfG, § 36 Rdnr.
    5.
259 Kopp, VwVfG, § 36 Rdnr. 39.
260 Vgl. hierzu Kopp, VwVfG, § 36 Rdnr. 39, 46 ff. und die
    hierfür grundlegenden Ausführungen von J. Martens,
    Praxis, Rdnr. 266 ff., 269, 278; Näheres s. unten § 12.

die in keine der bekannten Kategorien einordbar sind[261]. Da
jedoch Vorläufigkeitsbestimmungen grundsätzlich, wie oben
gezeigt wurde[262], unter eine der in § 36 VwVfG genannten
Nebenbestimmungsarten fallen und sich in Fällen, wo diese
Eigenschaft nicht ausgeprägt genug erscheint, als Inhaltsbestimmung klassifizieren lassen[263], bleibt nur mehr die
Frage, ob durch die vorläufige Geltungswirkung, den die
Vorläufigkeitsklauseln dem jeweiligen Verwaltungshandeln
verleihen, der Verwaltungsaktcharakter aufgehoben wird und
deshalb von einem Verwaltungsakt sui generis gesprochen
werden muß[264].

Ob ein Verwaltungsakt vorliegt, bestimmt sich jedoch ausschließlich danach, ob die Merkmale der in § 35 VwVfG fest-
gelegten Legaldefinition erfüllt sind. Demnach ist auch
eine vorläufige Regelung ein Verwaltungsakt i.S.v. § 35
VwVfG, wenn sie eine hoheitliche Maßnahme darstellt, die
eine Behörde zur Regelung eines Einzelfalles auf dem Gebiet
des öffentlichen Rechts mit unmittelbarer Rechtswirkung
nach außen trifft. Mit anderen Worten muß eine hoheitliche
Regelung eines Einzelfalles durch eine Verwaltungsbehörde
mit unmittelbarer Außenwirkung vorliegen[265]. Die genannten
Begriffsmerkmale enthalten einerseits positive Aussagein-
halte, grenzen andererseits aber auch gegenüber anderen
Formen staatlichen Handelns ab[266].

Die vorläufige Schließung eines öffentlichen Gebäudes wegen
(des dringenden Verdachts der) Einsturzgefahr[267] ist eine
hoheitliche Maßnahme[268] einer Behörde[269] mit einem unmit-
telbaren verbindlichen einseitigen Regelungsgehalt. Es wird
eine rechtsverbindliche Anordnung getroffen, die auf die
Setzung einer Rechtsfolge gerichtet ist. Die vorläufige
Geltungswirkung ändert nichts am Regelungsinhalt dieser
Maßnahme[270].

---

261 Vgl. Kemper, DVBl 1989, 983.
262 S. oben § 4 B.
263 OVG NW, DÖV 1991, 561; Kopp, VwVfG, § 9 Rdnr. 23.
264 So z.B. Schimmelpfennig, BayVBl 1989, 73.
265 Maurer, Allgem. VerwR, § 9 Rdnr. 5.
266 Maurer, Allgem. VerwR, § 9 Rdnr. 5; H. Meyer in
    Meyer/Borgs, VwVfG, § 35 Rdnr. 22.
267 So die ausdrückliche Verfügung des Hausvorstandes des
    juristischen Seminargebäudes der Universität Erlangen
    nach dem Orkan vom 27.2.90, der das Dach weggeblasen
    hatte.
268 Vgl. hierzu Kopp, VwVfG, § 35 Rdnr. 4 ff.; Stelkens in
    Stelkens/Bonk/Leonhardt, VwVfG, § 35 Rdnr. 49 ff.
269 Vgl. hierzu Kopp, VwVfG, § 35 Rdnr. 14 ff.; Stelkens in
    Stelkens/Bonk/Leonhardt, VwVfG, § 35 Rdnr. 20 ff.;
    Maurer, Allgem. VerwR, § 9 Rdnr. 22 ff.
270 Di Fabio, DÖV 1991, 635 in FN 46; vgl. auch Peine, DÖV
    1986, 859; Tiedemann, DÖV 1981, 290; J. Martens, DÖV
    1987, 999; Erichsen in Erichsen/Martens, Allgem. VerwR,
    § 11 II 4.

Dasselbe gilt für die vorläufige Subventionsentscheidung, für die vorläufige Entscheidung, Schlechtwettergeld auszuzahlen[271], für die vorläufige Gaststättenerlaubnis und die übrigen Fälle vorläufiger Verwaltungsakte. Dies gilt jedoch nicht für die Fälle, in denen weder die vorläufige noch die endgültige hoheitliche Erklärung eine Regelung zum Inhalt hat, wie z.B. eine Besoldungsmitteilung, und auch kein anderer Wille der Behörde für den Betroffenen hinreichend erkennbar ist[272]. Die Rechtsfolge des vorläufigen Verwaltungsaktes muß darin bestehen, daß subjektive Rechte oder Pflichten des betroffenen Bürgers oder der Rechtsstatus einer Sache begründet, geändert, aufgehoben oder verbindlich festgestellt wird[273].

Problematischer wird die Regelungseigenschaft des vorläufigen Verwaltungsaktes, soweit man eine abschließende und auf Rechtsbeständigkeit zielende Regelung in Abgrenzung zu lediglich vorbereitenden Akten für Teilakten für erforderlich ansieht[274]. Diese Merkmale dürfen aber nicht überbetont und müssen in ihrer Bedeutung richtig gewürdigt werden. Sie bieten Abgrenzungshilfen. Entscheidend ist, wo das Verwaltungshandeln seinen Schwerpunkt setzt. Unselbständige Vorbereitungs- oder Teilhandlungen, die im Laufe eines Verwaltungsverfahrens dem Erlaß eines Verwaltungsaktes vorausgehen, sollen nicht unter den Verwaltungsaktbegriff fallen[275]. Entsprechend den anerkannten Grundsätzen der Prozeßökonomie sollen einzelne Verfahrensabschnitte oder -handlungen grundsätzlich nicht zum Gegenstand eines gesonderten Rechtsbehelfsverfahrens gemacht werden können[276].

Trifft die Verwaltung jedoch willentlich eine Maßnahme, die, wenn auch nur für einen bestimmten Teilbereich eines umfassenderen Regelungskomplexes, abschließenden Regelungsgehalt hat, so liegt durchaus ein Verwaltungsakt vor (z.B. sog. Teilgenehmigungen oder auch Vorbescheide)[277]. Ähnliches gilt für auflösend befristete und auflösend bedingte Verwaltungsakte. Obwohl ihre Geltungswirkung in zeitlicher Hinsicht begrenzt ist, regeln sie in diesem Bereich, eben soweit ihr Regelungsinhalt reicht, eine bestimmte Materie abschließend. Auch vorläufige Verwaltungsakte regeln für die Dauer des einstweiligen Zeitraums eine bestimmte Mate-

---

271 Wie im vom BSG zu entscheidenden Fall, BSG, DVBl 1988, 449.
272 BVerwGE 48, 283; OVG Münster, DÖV 1974, 599; anders hingegen der Feststellungsbescheid über das Gehalt, vgl. BVerwGE 48, 283.
273 Vgl. Maurer, Allgem. VerwR, § 9 Rdnr. 6; Kopp, VwVfG, § 35 Rdnr. 4 m.w.N.
274 Vgl. Kopp, VwVfG, § 35 Rdnr. 4 und Maurer, Allgem. VerwR, § 9 Rdnr. 9 mit jeweils m.w.N.
275 Stelkens in Stelkens/Bonk/Leonhardt, VwVfG, § 35 Rdnr. 82; Maurer, Allgem. VerwR, § 9 Rdnr. 9.
276 Stelkens in Stelkens/Bonk/Leonhardt, VwVfG, § 35 Rdnr. 82.
277 Vgl. hierzu Maurer, Allgem. VerwR, § 9 Rdnr. 9.

rie für die Betroffenen endgültig und abschließend[278]. Für
die einstweilige Geltungsdauer kann der Betroffene unmittelbar Rechte aus dem vorläufigen Verwaltungsakt für sich
herleiten, oder es werden ihm Pflichten durch den vorläufigen Verwaltungsakt auferlegt, denen er nachzukommen hat[279].
Es wird unmittelbar eine Rechtsposition gewährt. Eine Änderung oder Aufhebung der einstweiligen Regelung eines vorläufigen Verwaltungsaktes ist von seiten der Verwaltung
vorzeitig, d.h. vor Eintritt der im vorläufigen Verwaltungsakt bezeichneten auflösenden Bedingung, nur mittels
eines eigenen Aufhebungsaktes gem. §§ 48 ff. VwVfG möglich[280]. Entsprechend §§ 48 ff. VwVfG kann der vorläufige
Verwaltungsakt vorzeitig auch abgeändert oder durch einen
anderen vorläufigen Verwaltungsakt ersetzt werden. Ansonsten entfaltet der vorläufige Verwaltungsakt volle Wir-
kungskraft bis zum Bedingungseintritt[281].

Hieraus folgt auch die Fähigkeit zur Rechtsbeständigkeit
eines vorläufigen Verwaltungsaktes[282]. Der vorläufige Verwaltungsakt muß nach objektiver Betrachtung sich als ver-
bindliche, auf Rechtsbeständigkeit hin abzielende und von
der Behörde erkennbar so gewollte Regelung darstellen[283].
Rechtsbeständigkeit meint nichts anderes, als daß die Behörde und die Beteiligten grundsätzlich abschließend an die
getroffene Regelung gebunden sind und die Regelung nur mehr
nach Maßgabe besonderer gesetzlicher Bestimmungen bzw. §§
48 ff. VwVfG aufgehoben oder geändert werden können[284].
Wird der vorläufige Verwaltungsakt nicht angefochten, so
tritt formelle wie materielle Bestandskraft ein[285]. Solange
der vorläufige Verwaltungsakt in Kraft ist, d.h. weder die
auflösende Bedingung eingetreten ist, er vorzeitig aufgehoben wurde oder er in seiner Regelungswirkung sich er-
schöpft, müssen außer den unmittelbar "Beteiligten"[286] auch
alle anderen Behörden sowie die Gerichte die Existenz der
getroffenen Regelung wie deren Inhalt als gegeben und maßgeblich hinnehmen. Der vorläufige Verwaltungsakt entfaltet
somit wie jeder gewöhnliche Verwaltungsakt Tatbestandswirkung[287]. Sein (zeitlich) begrenzter Regelungsgehalt führt

278 Di Fabio, DÖV 1991, 635 in FN 46; Tiedemann, DÖV 1981,
    790; Maurer, Allgem. VerwR, § 9 Rdnr. 63; vgl. auch
    OVG NW, DÖV 1991, 561.
279 Vgl. Tiedemann, DÖV 1981, 790.
280 Vgl. Kopp, DVBl 1990, 728; a.A. Peine, DÖV 1986, 859;
    Stelkens in Stelkens/Bonk/Leonhardt, VwVfG, § 35 Rdnr.
    122.
281 S. oben § 4 B II und unten § 11 A.
282 Vgl. Peine, DÖV 1986, 859; Tiedemann, DÖV 1981, 790; J.
    Martens, DÖV 1987, 999; s. auch unten § 11 A.
283 Vgl. Kopp, VwVfG, § 35 Rdnr. 34 m.w.N.
284 Vgl. Kopp, VwVfG, vor § 35 Rdnr. 18 ff.
285 Vgl. Kemper, Der vorläufige Verwaltungsakt, S. 185;
    Tiedemann, DÖV 1981, 790; zum Begriff der Bestands-
    kraft vgl. Kopp, VwVfG, vor § 35 Rdnr. 21 ff.; im
    übrigen s. unten § 11 A.
286 Vgl. hierzu Kopp, VwVfG, vor § 35 Rdnr. 26.
287 Vgl. hierzu Kopp, VwVfG, vor § 35 Rdnr. 26.

nicht zu einer Ausnahme des Grundsatzes der Identität von Regelungsinhalt und Bindungswirkung[288]. Deshalb ist es auch mißverständlich, den vorläufigen Verwaltungsakt als Gestaltungsmittel zur Begrenzung der Bestandskraft zu bezeichnen[289]. Sofern eben ein vorläufiger Verwaltungsakt einen Einzelfall[290] auf dem Gebiet des öffentlichen Rechts[291] mit unmittelbarer Rechtswirkung nach außen über den verwaltungsinternen Bereich hinausgreifend[292] regelt, liegt ein Verwaltungsakt i.S.v. § 35 VwVfG vor[293]. Eine "sui generis"-Konstruktion ist daher weder als Nebenbestimmung noch als Verwaltungsakt nötig.

D.) Der "vorsorgliche" Verwaltungsakt

Am 15.12.1988 überraschte das BVerwG mit einem neuen Begriff, dem "vorsorglichen Verwaltungsakt"[294]. In dem entschiedenen Fall ging es um die Frage, ob die Hauptfürsorgestelle ihre Rechte zugunsten eines Schwerbehinderten im Sonderkündigungsschutzverfahren gem. § 18 i.V.m. § 12 SchwerbehindertenG (hier: Zustimmungsverweigerung zur Kündigung) geltend machen kann, wenn über die Schwerbehinderteneigenschaft des Arbeitnehmers durch das für diese Feststellung zuständige Versorgungsamt noch gar nicht entschieden ist. Die Ungewißheit bezüglich der Schwerbehinderteneigenschaft, die die Hauptfürsorgestelle wegen der Feststellungskompetenz des Versorgungsamtes nicht von sich aus beseitigen kann, soll nach Ansicht des BVerwG nicht dazu führen, daß noch keine Entscheidung getroffen werden kann.

---

288 Seibert, Bindungswirkung, S. 553 f.
289 So J. Martens, NVwZ 1985, 161.
290 Vgl. zu diesem Merkmal eines Verwaltungsaktes Maurer, Allgem. VerwR, § 9 Rdnr. 14 ff.; Kopp, VwVfG, § 35 Rdnr. 29 ff.
291 Vgl. Kopp, VwVfG, § 35 Rdnr. 18 ff.; Stelkens in Stelkens/Bonk/Leonhardt, VwVfG, § 35 Rdnr. 104 ff.
292 Hufen, Rdnr. 393; s. zum Begriff der Außenwirkung Maurer, Allgem. VerwR,, § 9 Rdnr. 26 ff.; Kopp, VwVfG, § 35 Rdnr. 32 ff.; Stelkens in Stelkens/ Bonk/Leonhardt, VwVfG, § 35 Rdnr. 75 ff.
293 So auch J. Martens, DÖV 1987, 999; Kopp, VwVfG, § 35 Rdnr. 72; Kreßel, BayVBl 1989, 66; Di Fabio, DÖV 1991, 637; Obermayer in Maunz/Obermayer/Borg/Knemeyer, Staats- und Verwaltungsrecht, S. 159; Stelkens in Stelkens/Bonk/Leonhardt, VwVfG, § 36 Rdnr. 5; Hufen, Rdnr. 393; Kemper, Der Vorläufige Verwaltungsakt, S. 28 mwN; a.A. Tiedemann, DÖV 1981, 787; schwankend: König, BayVBl 1989, 33 (Verwaltungsakt), 37 (Verwaltungsakt sui generis); Schimmelpfennig, vorläufige Verwaltungsakte, S. 136 (Verwaltungsakt); ders., BayVBl 1989, 73 (Verwaltungsakt sui generis). Daß vorläufige Verwaltungsakte keine Verwaltungsakte sind, nehmen Henke, DVBl 1983, 1427; Krause, Rechtsformen, S. 241, an.
294 BVerwGE 81, 84 = JZ 1989, 843.

Vielmehr sei die Hauptfürsorgestelle berechtigt, einen
"vorsorglichen" Verwaltungsakt zu erlassen, der die Zustimmungsversagung ausspricht[295].

Zu Recht fragt Püttner in seiner Urteilsanmerkung, ob es
des "vorsorglichen Verwaltungsaktes" als "neuen Typ von
Verwaltungsakt" denn wirklich bedarf[296]. Der "vorsorgliche
Verwaltungsakt" weist nämlich sämtliche Merkmale des "vorläufigen Verwaltungsaktes" auf[297]. Wie das BVerwG selbst
feststellt, stellt der vorsorgliche Verwaltungsakt eine
Sachentscheidung der Hauptfürsorgestelle dar, "die der Ar-
beitgeber wegen der *Eilbedürftigkeit*[298] der beabsichtigten
Kündigung bereits in einem Zeitpunkt beanspruchen darf, in
dem noch *Ungewißheit*[299] darüber besteht, ob das öffent-
lichrechtliche Kündigungshindernis des § 18 Abs. 1 in Verbindung mit § 12 SchwbG überhaupt besteht"[300].

Weiter stellt das BVerwG fest, daß dem vorsorglichen Verwaltungsakt der *Vorbehalt*[301] immanent sei, daß ihm rechtliche Bedeutung nur zukomme, wenn die Schwerbehinderteneigenschaft später tatsächlich festgestellt wird. Damit möchte
das BVerwG zum Ausdruck bringen, daß die von der Hauptfürsorgestelle erteilte Zustimmungsversagung nur vorläufig,
bis zur definitiven Feststellung der Schwerbehinderteneigenschaft durch das Versorgungsamt, wirkt und ihr erst dann
endgültige rechtliche Bedeutung, in einem anschließenden
Kündigungsschutzverfahren, zukommt, wenn das Versorgungsamt
die Schwerbehinderteneigenschaft festgestellt hat. Dies bedeutet, daß der Zustimmungsversagung nur vorläufige *Regelungswirkung*[302] zukommt. Parallel dazu läuft im Hauptverfahren, dessen Abschluß freilich bloß mehr von der Entscheidung des Versorgungsamtes über die Schwerbehinderteneigenschaft abhängt. Insofern liegt *Akzessorietät*[303]
vor. Aufgrund der der Hauptfürsorgestelle bekannten Tatsachen entscheidet es "vorsorglich" wegen der "Eilbedürftigkeit" zu einem Zeitpunkt, "in dem noch Ungewißheit darüber
besteht", ob die rechtlichen Voraussetzungen tatsächlich
gegeben sind. Die Hauptfürsorgestelle "nimmt in Kauf, daß
sich die Sachentscheidungen ... später als gegenstandslos
herausstellen, weil ein Zustimmungserfordernis in Wahrheit
gar nicht bestanden hat"[304]. Die Hauptfürsorgestelle ur-
teilt praktisch in einem "summarischen Verfahren"[305]. Sie
entscheidet nach Abwägen des Gesetzeszwecks und der

---

295 BVerwG, JZ 1989, 846.
296 Püttner, JZ 1989, 846.
297 Vgl. Di Fabio, DÖV 1991, 629.
298 Vgl. zum Merkmal der Eilbedürftigkeit oben § 2 C.
299 Vgl. hierzu oben § 2 D I.
300 JZ 1989, 846.
301 Vgl. hierzu oben § 1.
302 Vgl. hierzu oben § 3 A.
303 Vgl. hierzu oben § 3 A.
304 BVerwG, JZ 1989, 846.
305 Vgl. hierzu § 3 A.

Interessen[306] auf einer Grundlage der überwiegenden
Wahrscheinlichkeit.

Das BVerwG ist der Ansicht, daß der Vorbehalt dem vorliegenden Verwaltungsakt immanent gewesen sei[307]. Deshalb läge
ein vorsorglicher Verwaltungsakt vor und keine Entscheidung, die unter einer auflösenden Bedingung steht[308]. Püttner widerspricht dem und legt dar, daß das, "was das BVerwG
mit dem Wort 'vorsorglich' in den Verwaltungsakt hinein-
liest, ... kein 'Vorbehalt', sondern eine stillschweigende
auflösende Bedingung sei[309].

Es stellt sich demnach die gleiche Frage wie oben beim vorläufigen Verwaltungsakt[310], ob mit dem "vorsorglichen Verwaltungsakt" ein neuer Typ von Verwaltungsakt vorliegt, der
nicht in die überkommene Doktrin und die Regelungen des
VwVfG paßt[311]. Man wird hier zu dem Ergebnis gelangen,
daß es auf den Grad der Ausformung des "Vorbehalts" ankommt, inwieweit eine Nebenbestimmung i.S.v. § 36 VwVfG
hervortritt. Im Fall, den das BVerwG zu entscheiden hatte,
war die Ausprägung einer Nebenbestimmung in Form einer Bedingung i.S.v. § 36 II Nr. 2 VwVfG offensichtlich so un-
deutlich, daß sich das BVerwG veranlaßt sah, bloß von einem
"immanenten Vorbehalt" zu sprechen[312]. Gleichwohl sind auch
auf diese Inhaltsbestimmungen bzw. inhaltlichen Beschrän-
kungen eines Verwaltungsaktes § 36 VwVfG zumindest analog
anzuwenden[313]. Somit kann Püttner Recht gegeben werden, daß
faktisch eine auflösende Bedingung vorliegt, auch wenn
diese formell nicht als Nebenbestimmung i.S.v. § 36 II Nr.
2 VwVfG ausgeprägt ist. Diese mangelnde Ausformung des Vorbehalts in einem Verwaltungsakt enthebt jedoch nicht von
dem Bestimmtheitserfordernis gem. § 37 VwVfG. Hierauf verweist Püttner zu Recht[314].

Insgesamt kann festgestellt werden, daß es sich beim "vorsorglichen Verwaltungsakt" um nichts anderes als einen
"vorläufigen Verwaltungsakt" handelt[315]. Die Probleme und
die Anforderungen sind die gleichen; nur die Bezeichnung

---

306 S. hierzu unten § 8 B II und oben § 2 C; dieser Aspekt
    wird in dem Urteil des BVerwG deutlich herausgearbei-
    tet. Abgestellt wird auf den Vorrang des effektiven
    Rechtsgüterschutzes vor - nur dienenden - verfahrens-
    rechtlichen Zuständigkeitsverteilungen, den Schutz-
    zweck der entscheidenden materiellen Normen und auf
    Eilerwägungen; E 81, 91 = JZ 1989, 845.
307 JZ 1989, 846.
308 JZ 1989, 846.
309 JZ 1989, 847; ebenso Langer, JA 1990, 28.
310 S. oben § 4 A - C.
311 Vgl. Püttner, JZ 1989, 846; Langer, JA 1990, 28.
312 JZ 1989, 846.
313 S. oben § 4 C; Kopp, VwVfG, § 36 Rdnr. 39.
314 JZ 1989, 847; ebenso Langer, JA 1990, 28; s. auch § 8
    B II 4.
315 Ebenso Di Fabio, DÖV 1991, 630.

89

differiert[316]. Die Ergebnisse dieser Untersuchung haben daher vollständig auch für den "vorsorglichen Verwaltungsakt"
Geltung.

---

316 Die Benennung "vorsorglich" soll möglicherweise den
    "fürsorglichen" Charakter des von der Hauptfürsorge-
    stelle erlassenen Verwaltungsakt hervorheben, ohne
    daß sich daran etwas ändert, daß ein "vorläufiger"
    Verwaltungsakt vorliegt, der gelegentlich auch als
    "einstweiliger" oder "vorzeitiger" Verwaltungsakt
    bezeichnet wird, s. oben § 1.

§ 5 Nebenbestimmungen zu vorläufigen Verwaltungsakten

a) Tritt bei einem vorläufigen Verwaltungsakt das Regelungsmerkmal der Vorläufigkeit nicht in Form einer "typisierten"[1] Nebenbestimmung deutlich genug hervor[2], so liegt ein Verwaltungsakt mit inhaltlich begrenzter Regelungswirkung vor[3]. Einem solchen Verwaltungsakt können ohne weiteres andere Nebenbestimmungen i.S.v. § 36 VwVfG beigefügt werden[4].

b) Ist die Vorläufigkeitsbestimmung als Regelungsbestandteil so deutlich ausgeprägt, daß sie in eine der "typisierten" Kategorien von Nebenbestimmungen i.S.v. § 36 VwVfG gefaßt werden kann, so können einem solchen vorläufigen Verwaltungsakt auch zusätzliche Bestimmungsbestandteile, d.h. Nebenbestimmungen i.S.v. § 36 VwVfG, beigefügt werden[5].

So ist zum einen eine Häufung von Nebenbestimmungen zulässig[6]. Der Verwaltungsakt kann neben dem Vorbehalt einer späteren abschließenden Entscheidung - was, wie oben festgestellt wurde[7], im Regelfall eine aufschiebende Bedingung ist - zusätzlich auflösend befristet sein, wenn seine Regelungswirkung in jedem Fall zu einem bestimmten Zeitpunkt entfallen soll[8].

Zum anderen ist auch eine Kombination von Nebenbestimmungen grundsätzlich zulässig[9]. So kann der Vorläufigkeitsvorbehalt selbst befristet sein oder seinerseits von der Erfüllung einer Auflage abhängig gemacht werden[10].

---

1 Hönig, Nebenbestimmungen, S. 113.
2 Vgl. OVG NW, DÖV 1991, 561; s. auch oben § 4 C.
3 OVG NW, DÖV 1991, 561; vgl. auch Stelkens in Stelkens/ Bonk/Leonhardt, § 36 Rdnr. 5.
4 Kopp, VwVfG, § 36 Rdnr. 25; vgl. auch Kemper, Der vorläufige Verwaltungsakt, S. 176; Peine, DÖV 1986, 859; Tiedemann, DÖV 1981, 790; Kreßel, BayVBl 1989, 67.
5 Vgl. Tiedemann, DÖV 1981, 790; Kreßel, BayVBl 1989, 67.
6 Vgl. H. Meyer in Meyer/Borgs, VwVfG, § 36 Rdnr. 25.
7 S. oben § 4 B V.
8 Vgl. Kopp, VwVfG, § 36 Rdnr. 17.
9 H. Meyer in Meyer/Borgs, VwVfG, § 36 Rdnr. 25.
10 Vgl. hierzu H. Meyer in Meyer/Borgs, VwVfG, § 36 Rdnr. 25.

§ 6 Vorläufige Teil-Verwaltungsakte, vorläufige Vorbescheide

Da vorläufige Verwaltungsakte echte Verwaltungsakte i.S.v. § 35 VwVfG sind, können sie auch rechtlich so behandelt werden[1]. Zudem sind sie zu denselben rechtlichen Formen, wie sie die Rspr. und Lehre bei Verwaltungsakten herausgebildet hat, fähig. Regelt daher ein vorläufiger Verwaltungsakt nur einen Teil eines Gesamtregelungskomplexes bzw. einen Abschnitt eines Genehmigungsvorhabens vorläufig, so liegt ein vorläufiger "Teil-Verwaltungsakt" vor[2]. Für ihn gelten die gleichen Grundsätze wie für normale Teilentscheidungen[3].

Das gleiche gilt für vorläufige Vorbescheide.

---

1 Hufen, Rdnr. 393.
2 Stelkens in Stelkens/Bonk/Leonhardt, VwVfG, § 35 Rdnr. 122; Kemper, Der vorläufige Verwaltungsakt, S. 177 f.
3 Vgl. hierzu Kopp, VwVfG, § 9 Rdnr. 37 ff.; Clausen in Knack, VwVfG, § 9 Anm. 5.3.

§ 7 Verhältnis "Haupt"-Verfahren - "vorläufiges" Verfahren

Der Begriff "vorläufiges Verfahren"[1] ist mißverständlich. Dies haben bereits die Erörterungen zur Frage der abschließenden und endgültigen Regelung durch einen Verwaltungsakt gezeigt[2]. Für seinen Regelungsbereich wirkt der vorläufige Verwaltungsakt abschließend und endgültig, auch wenn er nur bis zu einem bestimmten Zeitpunkt Rechtswirkungen entfalten soll[3]. Daher ist auch das Verfahren, das zu ihm führt, nicht bloß "vorläufig", sondern, gerichtet auf den Erlaß einer vorläufigen Regelung eines Sachverhalts, insoweit abschließend und endgültig[4]. Deshalb wäre es genauer, bloß von einem Verfahren zum Erlaß vorläufiger Regelungen zu sprechen[5]. Dennoch verdeutlicht der Begriff "vorläufiges Verfahren" bereits wesentliche mit dem vorläufigen Verwaltungsakt zusammenhängende Fragen. Insbesondere weist er auf die Akzessorietät zum Hauptverfahren hin. Auch deutet er die Parallele zum einstweiligen Rechtsschutzverfahren nach § 123 VwGO an. Gerade deshalb ist es wichtig, die Natur des vorläufigen Verfahrens, seine Anforderungen und seine Grenzen näher zu untersuchen.

a) Ein Verwaltungsverfahren i.S.d. VwVfG liegt gem. § 9 VwVfG vor, wenn die nach außen wirkende Tätigkeit einer Behörde auf die Prüfung der Voraussetzungen, die Vorbereitung und den Erlaß eines Verwaltungsaktes gerichtet ist, wobei auch der Erlaß selbst zum Verfahren gezählt wird. Da der vorläufige Verwaltungsakt ein Verwaltungsakt i.S.v. § 35 VwVfG ist[6], ist auch das Verfahren, das zu ihm führt, ein Verfahren i.S.v. § 9 VwVfG, auf das grundsätzlich sämtliche Verfahrensvorschriften anwendbar sind[7]. Teilweise tragen diese Bestimmungen den besonderen Erfordernissen von vorläufigen Verfahren ausdrücklich Rechnung (vgl. z.B. § 28 II Nr. 1; § 3 IV)[8]. Gewisse Abwandlungen und Ausnahmen gegenüber den allgemeinen Verfahrensvorschriften, insbesondere Verfahrenserleichterungen, können sich aus dem Zweck des Verfahrens als eines vorläufigen, summarischen[9] ergeben[10].

b) Während das "vorläufige" Verfahren auf den Erlaß eines vorläufigen Verwaltungsaktes gerichtet ist, ist Ziel des "Haupt"-Verfahrens der Erlaß eines "endgültigen" Verwal-

---

1 Vgl. Kopp, VwVfG, § 9 Rdnr. 32.
2 S. oben § 4 B I, II.
3 S. oben § 4 B.
4 S. oben § 4 B I, II.
5 So Clausen in Knack, VwVfG, § 9 Anm. 5.1.; vgl. auch Kopp, VwVfG, § 9 Rdnr. 23.
6 S. oben § 4 C.
7 Hufen, Fehler im Verwaltungsverfahren, Rdnr. 393; Kopp, VwVfG, § 9 Rdnr. 24; Kemper, Der vorläufige Verwaltungsakt, S. 152.
8 Kopp, VwVfG, § 9 Rdnr. 24.
9 S. hierzu oben § 3 A.
10 Kopp, VwVfG, § 9 Rdnr. 24; Näheres hierzu unter §§ 8, 9.

tungsaktes. Da beides Verfahren i.S.v. § 9 VwVfG sind, die auf verschiedene Ziele gerichtet sind, liegen zwei selbständige Verfahren vor[11].

Jedoch steht das vorläufige Verfahren gegenüber dem "Haupt"-Verfahren in einem Akzessorietätsverhältnis, das Ähnlichkeiten mit dem Verhältnis eines einstweiligen Rechtsschutzverfahrens zum Hauptsacheverfahren aufweist.

Wie bei diesem kann die rechtliche Wirkung eines in einem vorläufigen Verfahren erlassenen "vorläufigen" Verwaltungsaktes nicht weiter gehen, als sie im Rahmen des "Haupt"-Verfahrens erreicht werden kann. Der vorläufige Verwaltungsakt kann dem Antragsteller also grundsätzlich nie mehr gewähren, als der "End"-Verwaltungsakt[12].

Andererseits darf der vorläufige Verwaltungsakt der endgültigen Entscheidung rechtlich nicht vorgreifen, da sonst letztlich wieder der Zwang entstünde, eine umfassende, der endgültigen Entscheidung gleichkommende Prüfung vorzunehmen, wodurch der eigentliche Zweck des vorläufigen Verwaltungsaktes aufgehoben werden würde[13]. Auch gilt für den vorläufigen Verwaltungsakt, daß er die endgültige Entscheidung grundsätzlich nicht vorwegnehmen und irreparable Folgen herbeiführen darf[14]. Der vorläufige Verwaltungsakt soll rasche Entscheidungen zur Abwehr oder Beseitigung dringender Notlagen ermöglichen[15] und hat deshalb vor allem sichernden oder einstweilig regelnden Charakter[16]. Ähnlich wie im einstweiligen Rechtsschutz wird man dieses Verbot der Vorwegnahme der Hauptsache jedoch einschränken müssen[17], wenn eine Regelung zur Wahrung gesetzlicher oder verfassungsmäßiger Rechte schlechterdings notwendig ist, die zu erwartenden Nachteile für den Antragsteller bei weiterem Zuwarten unzumutbar wären und ein hoher Wahrscheinlichkeitsgrad für eine entsprechende Entscheidung in der Hauptsache spricht[18]. Dies ist die Akzessorietät bezüglich des Regelungsumfangs.

---

11 Vgl. Kopp, VwVfG, § 9 Rdnr. 24; Seibert, Bindungswirkung, S. 557; a.A. Finkelnburg/Lässig, VwVfG, § 10 Rdnr. 18; Tiedemann, DÖV 1981, 788.
12 Ähnliches gilt beim einstweiligen Rechtsschutzverfahren, vgl. hierzu Kopp, VwGO, § 123 Rdnr. 9, 11.
13 Seibert, Bindungswirkung, S. 537.
14 Vgl. Kemper, DVBl 1989, 988; vgl. im einstweiligen Rechtsschutzverfahren, Ronellenfitsch in Pietzner/-Ronellenfitsch, Assessorexamen, § 51 Rdnr. 10.
15 Seibert, Bindungswirkung, S. 557.
16 Vgl. W. Martens in Drews/Wacke/Vogel/Martens, Gefahrenabwehr, § 13 Anm. 2 c a.E.; vgl. auch im einstweiligen Rechtsschutzverfahren, Jank in Finkelnburg/Jank, Vorläufiger Rechtsschutz, Rdnr. 222.
17 Vgl. Ronellenfitsch in Pietzner/Ronellenfitsch, Assessorexamen, § 51 Rdnr. 10.
18 Vgl. Kopp, VwGO, § 123 Rdnr. 13; Ronellenfitsch in Pietzner/Ronellenfitsch, Assessorexamen, § 51 Rdnr. 10.

Da der vorläufige Verwaltungsakt i.d.R. im Hinblick auf
eine zu treffende "End"-Entscheidung bzw. eine noch durch-
zuführende Prüfung erlassen wird, ist auch die Einleitung
eines vorläufigen Verfahrens von der Durchführung eines
endgültigen Verfahrens abhängig. Das vorläufige Verfahren
und der Erlaß eines vorläufigen Verwaltungsaktes ist daher
grundsätzlich nicht vor Einleitung eines endgültigen Verwaltungsaktes zulässig[19]. Das ändert aber nichts an der
Tatsache, daß es sich beim vorläufigen Verfahren ebenso wie
bei Verfahren nach § 123 VwGO gegenüber dem Hauptverfahren
um ein selbständiges Verfahren handelt[20]. Vorläufiges wie
endgültiges Verfahren führen zu verschiedenen "Produkten",
dem vorläufigen Verwaltungsakt bzw. dem "End"-Verwaltungs-
akt.

c) Ist das Verfahren, das zu einem "End"-Verwaltungsakt
führt, der Normalfall und die Regel, so ist das vorläufige
Verfahren die Ausnahme in besonderen Interessenkonstellationen[21]. Entsprechend restriktiv soll die Verwaltung bereits deshalb vom vorläufigen Verfahren Gebrauch machen und
es auf die Fälle, wo es unerläßlich, Gefahr im Verzug oder
ein Abwarten für den Bürger schlichtweg unzumutbar ist, beschränken.

d) Durchgeführt werden beide Verfahren parallel bis zum Erlaß des vorläufigen Verwaltungsaktes. Dies ergibt sich aus
dem Gebot der Einfachheit und der Zweckmäßigkeit der Ver-
fahrensführung[22]. Denn auch wenn die Regelungsintensität
verschieden ist[23], so ist die Regelungsmaterie die gleiche.
Viele Ermittlungstätigkeiten der Verwaltung in einer konkreten Sache können für beide Verfahren verwertbar sein.

e) Aufgabe des vorläufigen Verwaltungsverfahrens kann es
nicht sein, das einstweilige Rechtsschutzverfahren nach §

---

19 Vgl. Schwermer in Kunig/Schwermer/Versteyl, AbfG, § 7 a
   Rdnr. 11; der Antrag auf Erlaß einer einstweiligen
   Anordnung hingegen hat im Gegensatz zur wohl h.M. zum
   einstweiligen Rechtsschutz zu § 80 V VwGO gem. § 123 I
   S. 1 VwGO die Anhängigkeit des Hauptsacheverfahrens
   nicht zur Voraussetzung, vgl. Kopp, VwGO, § 123 Rdnr.
   25; Jank in Finkelnburg/Jank, Vorläufiger Rechtsschutz, Rdnr. 52; a.A. Tschira/Schmitt Glaeser, Verwaltungsprozeßrecht, Rdnr. 450. Dieser Unterschied erklärt sich aus den dem Gewaltenteilungsprinzip entsprechenden verschiedenen Zielsetzungen des einstweiligen
   Rechtsschutzverfahrens und des vorläufigen Verwaltungsverfahrens. Beim ersteren geht es um ein vorwiegend
   überprüfendes und rechtssicherndes Rechtsprechen, bei
   zweitem um im Rahmen der Gesetze agierendes aktives
   Handeln der Verwaltung.
20 Vgl. Kopp, VwGO, § 123 Rdnr. 19; ders., VwVfG, § 9 Rdnr.
   24; a.A. Tiedemann, DÖV 1981, 788.
21 S. oben § 2 C.
22 S. hierzu Kopp, VwVfG, § 10 Rdnr. 5 ff.
23 Seibert, Bindungswirkung, S. 555 f.; Schimmelpfennig,
   Vorläufige Verwaltungsakte, S. 136.

123 VwGO zu ersetzen. Vielmehr entspricht eine verstärkte
Wahrnehmung der Möglichkeit des vorläufigen Verwaltungsverfahrens durch die Verwaltung der eigentlichen Aufgabentei-
lung zwischen Rechtsprechung und Verwaltung. Geht es beim
vorläufigen Verwaltungsverfahren um die Rechtssicherung und
die Gewährleistung der Rechte des Bürgers von vornherein,
so geht es beim einstweiligen Rechtsschutz um die nachträgliche Überprüfung der Verwaltung, notfalls durch Verpflichtung der Behörde auf Erlaß eines vorläufigen Verwaltungsaktes[24]. Die ständige Verfeinerung und Ausdehnung[25] des
einstweiligen verwaltungsgerichtlichen Rechtsschutzes hat
die Vernachlässigung der Entwicklung vorläufiger Verwal-
tungsregelungen begünstigt[26]. Eine Rückbesinnung auf die
originären Verwaltungs- und Rechtsprechungsaufgaben könnte
zu einer Entlastung der Gerichte beitragen und effektiven
Rechtsschutz weiterhin sichern helfen[27]. Dem Gewaltenteilungsprinzip würde durch eine sinnvolle Anwendung und Fortentwicklung des vorläufigen Verwaltungsaktes wieder mehr
Rechnung getragen[28].

---

24 Vgl. Kopp, VwGO, § 123 Rdnr. 9; Jank in Finkelnburg/
   Jank, Vorläufiger Rechtsschutz, Rdnr. 241 f.
25 Vgl. Jank in Finkelnburg/Jank, Vorläufiger Rechtsschutz,
   Rdnr. 243.
26 Vgl. Schimmelpfennig, BayVBl 1989, 74.
27 Vgl. Schimmelpfennig, BayVBl 1989, 74.
28 Vgl. Schimmelpfennig, BayVBl 1989, 74.

§ 8 "Verfahrenswahl"

A.) Bedeutung

Das Verfahren, das zum "End"-Verwaltungsakt führt, ist die Regel, ein zusätzliches parallel laufendes "vorläufiges" Verfahren die Ausnahme für besondere Interessenkonstellationen und Notlagen[1]. Dies stellt die Verwaltung vor die Frage, in welchen Fällen es angebracht ist, ein vorläufiges Verfahren einzuleiten. Sie muß eine Entscheidung finden, ob sie ein "vorläufiges" Verfahren eröffnen soll.

Wie bei Teilregelungen (Teilentscheidungen) kann auch bei vorläufigen Verwaltungsakten zwischen der verfahrensrechtlichen Zulässigkeit und einer materiellrechtlichen "Befugnis" unterschieden werden[2]. Geht es bei ersterem um die Frage, ob ein vorläufiger Verwaltungsakt verfahrensrechtlich zulässig ist und rechtmäßigerweise im konkreten Fall von der Verwaltung gewählt wurde, geht es bei letzterem um die materiellrechtliche Befugnis und richtige Entscheidung in der Sache[3].

Gerade diese Fragestellungen waren auch bei der Entwicklung der Nebenbestimmungen von Bedeutung[4] und haben zu der Regelung in § 36 VwVfG geführt, wo die verfahrensrechtliche Zulässigkeit von Nebenbestimmungen ausdrücklich festgestellt wird. § 36 VwVfG ist eine verfahrensrechtliche Zulässigkeitsnorm, die besagt, daß Nebenbestimmungen zu Verwaltungsakten als verfahrensrechtliches Instrument unter den genannten Voraussetzungen zulässig sind[5]. § 36 VwVfG ist keine materiellrechtliche Befugnisnorm[6]. Er sagt nichts darüber aus, ob eine Nebenbestimmung im konkreten Fall materiellrechtlich richtigerweise einem Verwaltungsakt beigefügt wurde. Ob die Verwaltung im Einzelfall materiellrechtlich zur Beifügung einer Nebenbestimmung befugt ist, hängt von der Rechtsgrundlage des Verwaltungsaktes ab[7]. Ob die Verwaltung von einer Nebenbestimmung Gebrauch macht, steht in ihrem Ermessen[8]. Dieses Ermessen betrifft einer-

---

1 S. oben § 7.
2 Vgl. Kopp, VwVfG, § 9 Rdnr. 38; Clausen in Knack, VwVfG, vor § 9 Rdnr. 4; Schimmelpfennig, BayVBl 1989, 74; ders., Vorläufige Verwaltungsakte, S. 149; Seibert, Bindungswirkung, S. 560 f.
3 Vgl. Schimmelpfennig, BayVBl 1989, 74.
4 Vgl. Schwarze in Knack, VwVfG, § 36 Rdnr. 2.2.
5 Zum Begriff der Nebenbestimmungen s. oben § 4 C.
6 Vgl. zu dieser Unterscheidung auch Mayer/Kopp, Allgem. VerwR, § 13 III 1, wo zwischen der allgemeinen Zulässigkeit von Nebenbestimmungen und der Zulässigkeit im konkreten Fall differenziert wird.
7 Vgl. Stelkens in Stelkens/Bonk/Leonhardt, VwVfG, § 36 Rdnr. 28, 30.
8 Stelkens in Stelkens/Bonk/Leonhardt, VwVfG, § 36 Rdnr. 28, 30; Kopp, VwVfG, § 36 Rdnr. 11 f.

seits die verfahrensrechtliche Frage, ob eine Nebenbestimmung eingesetzt werden soll, andererseits, welcher Regelungsinhalt angemessen ist. Entsprechend dem Gesetzeszweck
und der vom Gesetzgeber gewollten Ordnung der Rechtsmaterie
muß die Nebenbestimmung im konkreten Fall ihre Rechtfertigung finden[9].

Da der vorläufige Verwaltungsakt ein Verwaltungsakt i.S.v.
§ 35 VwVfG ist[10], ist er verfahrensrechtlich grundsätzlich
zulässig. Die Verwaltung muß jedoch prüfen, ob die Umstände
des Falls eine vorläufige Regelung erfordern bzw. der Sinn
und Zweck der betreffenden materiellen Rechtsgrundlage dem
Erlaß eines vorläufigen Verwaltungsaktes nicht entgegenstehen[11]. Um diese Frage zu beantworten, muß die Verwaltung
zunächst die Einsetzbarkeit eines vorläufigen Verwaltungsaktes im konkreten Fall auf die verfahrensrechtlichen Anforderungen hin überprüfen. Eine genaue Abgrenzung zwischen
verfahrensrechtlichen und materiellrechtlichen Anforderungen ist freilich nicht einfach[12]. Sie braucht in der Praxis
in der Regel auch nicht streng vorgenommen zu werden, da
sich der Verwaltung meist nur die Fragen stellen, ob sie
einen Verwaltungsakt erlassen soll, was sich bereits aus
der materiellen Rechtsgrundlage beantworten läßt, und ob
sie diesen Verwaltungsakt mit Nebenbestimmungen versehen
soll. Die letztere Frage ist seit dem Erlaß von § 36 VwVfG
bezüglich der verfahrensrechtlichen Zulässigkeit grundsätzlich beantwortet, so daß sie nur mehr im Rahmen ihrer
Ermessensausübung und Verhältnismäßigkeitserwägungen prüfen
muß, ob eine Nebenbestimmung (verfahrensrechtlich) angebracht ist und (sachentscheidungsbezogen) welchen Inhalt
die Nebenbestimmung haben soll[13]. Verfahrensrechtliche wie
materiellrechtliche Überlegungen laufen hier parallel. Dies
ist sinnvoll, da sie sich wechselseitig bedingen. Dennoch
kann beim Erlaß eines mit Nebenbestimmungen versehenen Verwaltungsaktes sowohl bei der formellen als auch der materiellrechtlichen Rechtmäßigkeitsprüfung zwischen einer ver-
fahrens- und einer sachentscheidungsbezogenen Seite differenziert werden. Die Ungenauigkeit dieser Differenzierung
hat gerade beim vorläufigen Verwaltungsakt eine Menge Miß-
verständnisse und scheinbar unlösbare Probleme aufgeworfen.
Es soll daher im folgenden der vorläufige Verwaltungsakt
und seine Zulässigkeit entsprechend dieser Differenzierung
auf seine verfahrensbezogenen und seine sachentscheidungsbezogenen Anforderungen untersucht werden.

---

9 BVerwGE 51, 166; Mayer/Kopp, Allgem. VerwR, § 13 III 3.
10 S.o. § 4 C.
11 Hierzu näher s. unten § 9 C; ähnliches gilt auch für
   sonstige Inhaltsbestimmungen des Verwaltungsaktes und
   Nebenbestimmungen, vgl. Mayer/Kopp, Allgem. VerwR, § 13
   III 1; Kopp, VwVfG, § 36 Rdnr. 14, 39; Stelkens in
   Stelkens/Bonk/Leonhardt, VwVfG, § 36 Rdnr. 27; Maurer,
   Allgem. VerwR, § 12 Rdnr. 18.
12 Vgl. Clausen in Knack, VwVfG, vor § 9 Rdnr. 4.
13 Vgl. Stelkens in Stelkens/Bonk/Leonhardt, VwVfG, § 36
   Rdnr. 27; Maurer, Allgem. VerwR, § 12 Rdnr. 18.

B.) "Rechtmäßigkeit" der Verfahrenswahl

Bei der "Rechtmäßigkeit" der Verfahrenswahl geht es um die
Frage, ob die Verwaltung parallel zum endgültigen Verfahren
ein vorläufiges Verfahren einleiten soll, dessen Zweck der
Erlaß eines vorläufigen Verwaltungsaktes ist[14].

Grundnorm für die Frage der Einleitung eines Verwaltungsverfahrens nach § 9 VwVfG ist § 22 VwVfG. Danach entscheidet die Behörde grundsätzlich nach pflichtgemäßem Ermessen
gem. § 40 VwVfG[15], ob und wann sie ein bestimmtes Verwaltungsverfahren durchführt, sofern sie nicht aufgrund von
Rechtsvorschriften von Amts wegen oder auf Antrag tätig
werden muß bzw. ohne einen Antrag gar nicht handeln darf.
Steht der Verwaltung Ermessen über die Einleitung eines
Verfahrens zu, erstreckt sich dieses auch auf die Bestimmung des Gegenstandes und des Ziels des Verfahrens sowie
dessen Einstellung und Beendigung[16]. Beabsichtigt die Verwaltung im Rahmen eines komplizierten Hauptverfahrens ein
vorläufiges Verfahren mit dem Ziel des Erlasses einer
einstweiligen Regelung durchzuführen, so kann sie gem. §§
22, 40 VwVfG über die Einleitung und den Umfang, der sich
auch auf einen Teilbereich des Hauptverfahrens beschränken
kann, nach pflichtgemäßem Ermessen entscheiden[17]. Die Entscheidung hierüber ist eine Willensbetätigung, die einen
bestimmten Rechtserfolg herbeiführt und ein Verfahrens-
rechtsverhältnis gegenüber den Verfahrensbeteiligten begründet[18]. Damit das Produkt dieser Entscheidung rechtmäßig
ist, müssen folgende Anforderungen beachtet werden.

I.) Formelle Rechtmäßigkeit der Entscheidung, im konkreten
    Fall ein "vorläufiges" Verfahren einzuleiten

1.) Zuständigkeit

Die Einleitung eines Verfahrens kann nur die zuständige Behörde beschließen[19].

Die sachliche Zuständigkeit bemißt sich nach dem Aufgaben-
bereich der handelnden Behörde, wie er sich aus dem anzuwendenden materiellen Recht i.V.m. den maßgeblichen Zustän-
digkeitsregelungen des bestimmten Sachbereichs, dem eine
Aufgabe zuzurechnen ist, ergibt[20]. Sachlich zuständig für

---

14 Vgl. zur Einleitung eines Verwaltungsverfahrens J.
   Martens, Praxis, Rdnr. 100 ff.
15 Clausen in Knack, VwVfG, § 22 Rdnr. 3; Kopp, VwVfG, § 22
   Rdnr. 2.
16 Kopp, VwVfG, § 22 Rdnr. 2.
17 Vgl. Clausen in Knack, VwVfG, § 22 Rdnr. 3; Kopp, VwVfG,
   § 22 Rdnr. 2.
18 Vgl. J. Martens, Praxis, Rdnr. 102.
19 Kopp, VwVfG, § 22 Rdnr. 2.
20 Maurer, Allgem. VerwR, § 21 Rdnr. 47, Kopp, VwVfG, § 3
   Rdnr. 3; Ule in Ule/Laubinger, Verwaltungsverfahrens-

die Einleitung eines vorläufigen Verfahrens ist daher die
Behörde, die berechtigt und verpflichtet ist, Aufgaben im
jeweiligen Sachbereich wahrzunehmen[21].

Der räumliche Tätigkeitsbereich wird durch die örtliche Zuständigkeit bestimmt[22]. Diese richtet sich wie für jede öf-
fentlichrechtliche Verwaltungstätigkeit i.S.v. § 1 VwVfG[23]
auch beim vorläufigen Verwaltungsverfahren nach § 3 VwVfG,
soweit andere Vorschriften die Zuständigkeit nicht abschließend regeln[24].

Einen Sonderfall stellt die Zuständigkeitsregelung gem. § 3
IV VwVfG in Eilfällen dar. Sie ist eine "Notzuständigkeit"
für Entscheidungssituationen, in denen die an sich zuständige Behörde bei Gefahr im Verzug aller Voraussicht nach
nicht in der Lage ist, die erforderlichen Maßnahmen so
rechtzeitig vorzunehmen, daß der Erfolg nicht in Frage gestellt würde[25]. Dann ist anstelle der eigentlich zuständigen Behörde jede (sonst örtlich unzuständige) andere Behörde, in deren Bezirk der Anlaß für die Amtshandlung auf-
tritt, für die zu treffenden unaufschiebbaren Maßnahmen zuständig[26].

Auch wenn es sich bei § 3 IV VwVfG um eine Regelung der
vorläufigen Zuständigkeit[27] handelt, hat dies nichts mit
vorläufigen Verwaltungsakten zu tun. Denn § 3 IV VwVfG ist
nur eine Ergänzung der allgemeinen Zuständigkeitsordnung
nach § 3 I - III VwVfG. Die nach § 3 IV VwVfG handelnde Behörde ist unter den in § 3 IV VwVfG genannten Voraussetzungen örtlich voll, wenn auch nur vorläufig, zuständig. Ob
sie ihrerseits aufgrund der Gefahrenlage eine vorläufige
Regelung trifft, ist eine andere Frage. Da jedoch nur unaufschiebbare, zur Verhinderung oder Beseitigung der Gefahr
unerläßliche[28] Maßnahmen[29] zulässig sind, werden i.d.R. nur

---

recht, § 10 I.
21 Maurer, § 21 Rdnr. 47; Rudolf in Erichsen/Martens,
   Allgem. VerwR, § 56 IV 1; ähnlich, Kemper, Der vorläufige Verwaltungsakt, S. 151, der von einer "Annexkom-
   petenz zur Zuständigkeitsregelung des Endverwaltungsaktes" spricht.
22 Rudolf in Erichsen/Martens, Allgem. VerwR, § 56 IV 1;
   Maurer, § 21 Rndr. 48.
23 Leonhardt in Stelkens/Bonk/Leonhardt, VwVfG, § 3 Rdnr.
   4; Kopp, VwVfG, § 3 Rdnr. 1.
24 Kopp, VwVfG, § 3 Rdnr 1; Leonhardt in Stelkens/Bonk/
   Leonhardt, VwVfG, § 3 Rdnr. 6.
25 Kopp, VwVfG, § 3 Rdnr. 46.
26 Kopp, VwVfG, § 3 Rdnr. 46; Leonhardt in Stelkens/Bonk/
   Leonhardt, VwVfG, § 3 Rdnr. 31.
27 Schimmelpfennig, Vorläufige Verwaltungsakte, S. 53.
28 Kopp, VwVfG, § 3 Rdnr. 49; Schwarze in Knack, VwVfG, § 3
   Rdnr. 6.3; Leonhardt in Stelkens/Bonk/Leonhardt, VwVfG,
   § 3 Rdnr. 31.
29 Ule in Ule/Laubinger, Verwaltungsverfahrensrecht, § 10
   IV 7; Hoffmann-Riem in FS für Wacke, 1972, S. 327;
   BVerwGE 45, 58.

vorläufige Maßnahmen zur Verhinderung drohenden Schadens bzw. zur Sicherung bedrohter Rechtsgüter in Betracht kommen[30].

Ähnliches gilt für § 43 SGB[31].

2.) Verfahren

a) Untersuchungsgrundsatz

Bei dem von der Behörde zum Erlaß von vorläufigen Verwaltungsakten durchzuführenden Verfahren drängt sich die Frage des im Verwaltungsrecht herrschenden Untersuchungsgrundsatzes als Teil des Rechtsstaatsprinzips[32] auf. Normiert in § 24 VwVfG, verpflichtet er die Behörde zur Ermittlung des für ihre Entscheidung maßgeblichen Sachverhalts von Amts wegen[33]. Auch soweit es nur um die verfahrensbezogene Frage geht, ob der Erlaß eines vorläufigen Verwaltungsaktes angebracht ist, bestimmt sich Ziel und Umfang der von der Behörde vorzunehmenden Ermittlungen einschließlich der Erhebung von Beweisen durch die Rechtssätze, die die formellen und materiellrechtlichen Voraussetzungen regeln, die erfüllt sein müssen, damit die beabsichtigte Maßnahme ergehen kann[34]. Hierbei müssen alle vernünftigerweise zu Gebote stehenden, rechtlich zulässigen Möglichkeiten einer Aufklärung des für die Entscheidung maßgeblichen Sachverhalts ausgeschöpft werden, die geeignet erscheinen, die für die Entscheidung erforderliche Überzeugung zu begründen[35]. Wird beabsichtigt, zugunsten des Bürgers zu entscheiden, so kann die Behörde aus Gründen der Zweckmäßigkeit oder Kostenersparnis mögliche, aber unverhältnismäßig schwierige oder kostspielige Ermittlungen ausnahmsweise unterlassen, wenn dies mit dem jeweiligen Gesetzeszweck und dem öffentlichen Interesse vereinbar ist[36]. Ebenso darf sie bei Ermessensentscheidungen im Rahmen ihrer Ermessensbetätigung eine am Verhältnismäßigkeitsgrundsatz orientierte Abwägung zwischen den öffentlichen bzw. privaten Interessen an einer raschen Erledigung auf der einen Seite und dem allgemeinen Interesse an einer gründlichen und umfassenden Tatsachenermitt-

---

30 Kopp, VwVfG, § 3 Rdnr. 49; Schwarze in Knack, VwVfG, § 3 Rdnr. 6.3.
31 S. oben § 2 B I 2 a bb.
32 Kopp, VwVfG, § 24 Rdnr. 1; Kopp, Verfassungsrecht, S. 72, 116 m.w.N.
33 Kopp, VwVfG, § 24 Rdnr. 1 f.
34 Kopp, VwVfG, § 24 Rdnr. 5.
35 BSG 19, 168; 24, 25; Kopp, VwVfG, § 24 Rdnr. 7; Clausen in Knack, VwVfG, § 24 Rdnr. 3.1.
36 Kopp, VwVfG, § 24 Rdnr. 9; großzügiger die h.M., nach der Art und Umfang der Ermittlungen grundsätzlich nach dem Verhältnismäßigkeitsgrundsatz begrenzt sein können, vgl. Clausen in Knack, VwVfG, § 24 Rdnr. 3.1.; Berg, DV 1976, 165 ff., 178 ff.; diese h.M. ist bei belastenden Verwaltungsakten bedenklich und muß sich sehr genau mit dem Rechtsstaatsprinzip und dem Grundsatz der Gesetzmäßigkeit der Verwaltung messen lassen.

lung auf der anderen Seite bezüglich Art und Umfang der Ermittlungen vornehmen[37].

Die Aufklärungsmaßnahmen müssen also grundsätzlich so er-
giebige Ergebnisse liefern, daß sie die Grundlage der für
die Entscheidung notwendigen Überzeugung bieten[38]. Maßgebend ist der für die jeweilige Entscheidung notwendige
Überzeugungsgrad. Dieser liegt bei vorläufigen Verwaltungsakten oder Verwaltungsakten unter Vorbehalt niedriger als
bei endgültigen Entscheidungen, auch wenn bis zur Erlangung
dieses Überzeugungsgrades nicht weniger intensiv ermittelt
werden muß[39]. Eine bloße Evidenzkontrolle hinsichtlich dieses Überzeugungsgrades, der insbesondere die hohe Wahrscheinlichkeit des entsprechenden Ausgangs des Hauptverfahrens umfassen muß[40], genügt nicht[41].

Um diesen für eine einstweilige, vorläufige Entscheidung
notwendigen Überzeugungsgrad zu gewinnen, reicht entsprechend der Eilbedürftigkeit und der Gefahrdrohung ähnlich
wie beim einstweiligen Rechtsschutzverfahren nach § 123
VwGO eine auf sofort verfügbare Beweismittel und von den
Beteiligten glaubhaft gemachte Tatsachen (vgl. § 123 III
VwGO, § 921 II ZPO) gestützte Beurteilungsgrundlage[42].
Diese so gefundene Beurteilungsgrundlage läßt sich im Gegensatz zur umfassenden, endgültigen Prüfung als summarische Prüfung bezeichnen[43].

Diese Anforderungen des Untersuchungsgrundsatzes gelten
sowohl für die verfahrensbezogene Seite wie auch für die
konkrete Regelung in der Sache[44]. Bezüglich der verfahrensbezogenen Anforderungen geht die Aufklärungspflicht der

---

37 So h.M., vgl. Clausen in Knack, VwVfG, § 24 Rdnr. 3.1.;
   Stelkens in Stelkens/Bonk/Leonhardt, VwVfG, § 24 Rdnr.
   9; Kopp, VwVfG, § 24 Rdnr. 10; Berg, Die Verwaltung,
   1976, 178 ff.
38 Kopp, VwVfG, § 24 Rdnr. 7; Clausen in Knack, VwVfG, § 24
   Rdnr. 3.1.; Eberle, Die Verwaltung 1989, 451; Günther,
   ZBR 1984, 353; Kemper, DVBl 1989, 987.
39 Vgl. BVerwGE 72, 308 unter Hinweis auf BVerwG, DVBl
   1982, 960; Kemper, DVBl 1989, 987; a.A. Schimmelpfennig, der meint, der vorläufige Verwaltungsakt sei
   im Hinblick auf § 24 VwVfG nur zulässig, wenn man der
   Meinung folgt, die bei § 24 VwVfG grundsätzlich nur
   einen variablen, am Verhältnismäßigkeitsprinzip orien-
   tierten Ermittlungsaufwand für erforderlich hält, vgl.
   Schimmelpfennig, Vorläufiger Verwaltungsakt, S. 154 f.;
   ders., BayVBl 1989, 74.
40 Vgl. Schwermer in Kunig/Schwermer/Versteyl, AbfG, § 7 a
   Rdnr. 14; Kemper, DVBl 1989, 987; Schimmelpfennig,
   BayVBl 1989, 75; König, BayVBl 1989, 36 f.
41 Vgl. Schwermer in Kunig/Schwermer/Versteyl. AbfG, § 7 a
   Rdnr. 16; BVerwGE 72, 308 unter Hinweis auf BVerwG, DVBl
   1982, 960; Kemper, DVBl 1989, 987.
42 Vgl. Kopp, DVBl 1990, 729; ders. VwVfG, § 9 Rdnr. 25.
43 Kopp, VwVfG, § 9 Rdnr. 25; s. oben § 7.
44 Zur Abgrenzung s. oben § 8 A.

Verwaltung so weit, daß sie mit hinreichender Wahrscheinlichkeit einen entsprechenden Ausgang des Hauptverfahrens
prognostizieren kann[45]. Stützen die sofort verfügbaren Beweismittel, glaubhaft gemachten Tatsachen etc.[46] eine hinreichend wahrscheinliche Prognose, so kann die Verwaltung
den nächsten Überlegungsschritt machen und prüfen, ob die
Einleitung eines vorläufigen Verfahrens und der Erlaß eines
vorläufigen Verwaltungsaktes zweckmäßig ist und seine übrigen Anforderungen verfahrensbezogener wie sachbezogener Art
vorliegen.

b) Beteiligte

Welche Personen am Verfahren mit eigenen Rechten beteiligt
sind bzw. von der Behörde zum Verfahren hinzuzuziehen sind,
bestimmt sich nach § 13 VwVfG.

aa) "Hauptbeteiligte"[47]

Gem. § 13 I Nr. 1 und Nr. 2 VwVfG sind im Rahmen eines auf
Erlaß eines vorläufigen Verwaltungsaktes zielenden Verfahrens grundsätzlich etwaige Antragsteller, Antragsgegner und
diejenigen Personen, an die die Behörde den Verwaltungsakt
richten will, Beteiligte. Der Beteiligung kommt aus Gründen
des Rechtsstaatsprinzips und der Menschenwürde[48] ähnlich
wie dem Anhörungsrecht[49] im Verwaltungsverfahrensrecht zentrale Bedeutung zu[50]. Der Bürger ist nicht bloßes Objekt
staatlichen Handelns, sondern mit eigenen Rechten ausge-
statteter "mitverantwortlicher Teilnehmer am Geschehen"[51].

Sofern ein Verfahren nur auf Antrag eingeleitet werden
darf[52], ist der Antragsteller Beteiligter. Entschließt sich
die Verwaltung während eines bereits laufenden oder begin-
nenden Hauptverfahrens zur parallelen Einleitung eines vorläufigen Verfahrens[53], so wird der Antragsteller des Hauptverfahrens gem. § 13 I Nr. 2 VwVfG als derjenige, an den

---

45 Vgl. Schwermer in Kunig/Schwermer/Versteyl, AbfG, § 7 a
   Rdnr. 15.
46 S. hierzu auch oben § 3 A.
47 Kopp, VwVfG, § 13 Rdnr. 5; von "geborenen" Beteiligten
   spricht Leonhardt in Stelkens/Bonk/Leonhardt, VwVfG, §
   13 Rdnr. 7; herausgestellt soll durch diese Bezeichnungen nur der formale Unterschied zur Hinzuziehung nach §
   13 II VwVfG. Ansonsten besteht kein Unterschied zwischen "Hauptbeteiligten" und hinzugezogenen Beteiligten, sofern man dem formellen Beteiligtenbegriff folgt,
   vgl. J. Martens, Praxis, Rdnr. 111, 74; Kopp, VwVfG, §
   13 Rdnr. 6, 12.
48 Kopp, VwVfG, § 13 Rdnr. 2 m.w.N.; vgl. auch Hufen,
   Rdnr. 158 ff.
49 S. unten § 8 B I 2 c.
50 Kopp, VwVfG, § 13 Rdnr. 2; Clausen in Knack, VwVfG, § 13
   Rdnr. 2.1.; Hufen, Rdnr. 158.
51 Kopp, VwVfG, § 13 Rdnr. 2.
52 S. oben § 8 B.
53 S. oben § 8 B.

sich der vorläufige Verwaltungsakt richten soll, auch ohne
eigene Antragstellung Beteiligter des vorläufigen Verfahrens[54].

Sofern der vom Antragsteller beantragte Verwaltungsakt in
Rechte eines Antraggegners i.S.v. § 13 I Nr. 1, 2. Alt
.VwVfG eingreifen soll, ist ebenfalls zu differenzieren. Be-
gehrt der Antragsteller den Erlaß einer vorläufigen Regelung, die in die Rechte eines Antraggegners eingreift, ist
der Antraggegner Beteiligter gem. § 13 I Nr. 1, 2. Alt.
VwVfG. Entschließt sich hingegen die Verwaltung im Rahmen
eines Hauptverfahrens, dessen Einleitung der Antragsteller
beantragt hat, zur Durchführung eines vorläufigen Verfahrens, so kann er nicht Antraggegner eines Antragsverfahrens
sein, sondern nur Adressat eines vorläufigen Verwaltungsaktes, so daß er ebenso wie der Antragsteller des Hauptverfahrens im vorläufigen Verfahren "nur" Beteiligter i.S.v. §
13 I Nr. 2 VwVfG ist.

Umstritten ist, ob die Beteiligteneigenschaft bereits beginnt, sobald die Behörde ernsthaft erwägt, einen vorläufigen Verwaltungsakt an den Betroffenen zu richten[55], oder
erst mit dem Zeitpunkt, an dem die Behörde dem (künftigen)
Adressaten zu erkennen gibt, daß sie ihm gegenüber einen
vorläufigen Verwaltungsakt erlassen will[56]. Beide Ansichten
lassen sich gut begründen[57]. Zwar ist neben dem Wortlaut,
der eine Benachrichtigung nicht voraussetzt, und der zen-
tralen Bedeutung der Beteiligtenstellung[58] zu berücksichtigen, daß wesentliche Verfahrensrechte sowie auch das ele-
mentare Anhörungsrecht nach § 28 VwVfG von der Beteiligteneigenschaft abhängen. Daher spricht einiges dafür, der Ansicht den Vorzug zu geben, die möglichst frühzeitig den
"Genuß"[59] der Beteiligtenstellung gewährt[60]. Jedoch nützen
dem Beteiligten diese Rechte nichts, wenn er nichts von
seiner Beteiligtenstellung erfährt. Daher überzeugt - wie
im Prozeßrecht - der formelle Beteiligtenbegriff[61], der

54 A.A. Kemper, DVBl 1989, 987; ders., Der vorläufige Verwaltungsakt, S. 137 f., der das Antragserfordernis jedoch eher als Schutz- und Anhörungsrecht verstanden
   haben will, hierzu s. unten § 8 B I 2 c.
55 So Clausen in Knack, VwVfG, § 13 Rdnr. 3.2.; Laubinger
   in Ule/Laubinger, Verwaltungsverfahrensrecht, § 15 II
   2.
56 So die Lehre vom "formellen Beteiligtenbegriff"; vgl.
   Kopp, VwVfG, § 13 Rdnr 6; J. Martens, Praxis, Rdnr. 74;
   Obermayer, VwVfG, § 13 Rdnr. 15; Hufen, Rdnr. 163 ff.
57 Vgl. Laubinger in Ule/Laubinger, Verwaltungsverfahrensrecht, § 15 II 1.
58 S. oben § 8 B I 2 b; Badura in Erichsen/Martens, Allgem.
   VerwR, § 10 I.
59 Laubinger in Ule/Laubinger, Verwaltungsverfahrensrecht,
   § 15 II 1.
60 Vgl. Laubinger in Ule/Laubinger, Verwaltungsverfahrensrecht, § 15 II 1, zur Stellung des Antragsgegners, wo
   eine vergleichbare Problematik vorliegt.
61 J. Martens, Praxis, Rdnr. 74; Kopp, VwVfG, § 13 Rdnr. 6.

auch dem Gedanken der Rechtssicherheit besser Rechnung
trägt[62] und dem Betroffenen grundsätzlich einen Anspruch
gegen die Behörde auf Zulassung zur Teilnahme am Verfahren
als Beteiligter i.S. des § 13 gibt[63]. Demnach hat der Betroffene nach der einen Ansicht einen Anspruch auf Beteiligung, nach der anderen Ansicht ist er auch ohne Benachrichtigung Beteiligter i.S.v. § 13 VwVfG. Ob die Verständigung
des Antragsgegners oder des Adressaten eines vorläufigen
Verwaltungsaktes im konkreten Fall unterbleiben kann, ist
hingegen eine nach § 28 VwVfG zu beurteilende Frage und
kann von der Art der Sache, der betroffenen Rechte, der
Dringlichkeit und der voraussichtlichen Dauer der beabsichtigten oder beantragten Regelung abhängen[64]. Beide Ansichten führen daher im Rahmen des vorläufigen Verwaltungsverfahrens zu keinen unterschiedlichen Ergebnissen.

bb) Hinzuziehung Dritter

Welche Personen am Verfahren mit eigenen Rechten beteiligt
sind bzw. von der Behörde zum Verfahren hinzuzuziehen sind,
bestimmt sich nach § 13 VwVfG. Die Hinzuziehung Dritter
gem. § 13 I Nr. 4, II VwVfG soll einerseits deren Rechte
oder rechtliche Interessen[65] in bezug auf den Verfahrensgegenstand wahren, andererseits dient die Beiladung aber auch
der Verfahrensökonomie, indem sich die Bindungswirkung der
Entscheidung auch auf die "Hinzugezogenen" erstreckt[66].
Hierbei unterscheidet § 13 II VwVfG zwischen der einfachen
und der notwendigen Hinzuziehung. Bei letzterer muß die
Verwaltung den Dritten dem Verfahren beiladen, wenn der
Ausgang dieses Verfahrens für ihn unmittelbare Rechtswirkung haben kann, wenn also der möglicherweise ergehende
Verwaltungsakt Rechte des Dritten direkt begründet, aufhebt
oder verändert[67].

Vorläufige Verwaltungsakte können zwar formelle Bestandskraft entfalten[68]. Insoweit sind sie bindend, bis eine endgültige Entscheidung sie ersetzt[71]. Dennoch ist bei der
Entscheidung über die Hinzuziehung auch der vorläufige Charakter einer einstweiligen Regelung und ihr Sinn und Zweck
im konkreten Fall zu berücksichtigen. Die nicht endgültige
Bindungswirkung ist nicht geeignet, dauernd in Rechte Dritter unmittelbar einzugreifen. Stellt der Dritte keinen Antrag auf Beiladung, so kann die Behörde von Amts wegen nach

62 Vgl. Laubinger in Ule/Laubinger, Verwaltungsprozeßrecht,
   § 15 II 1.
63 Kopp, VwVfG, § 13 Rdnr. 6; Badura in Erichsen/Martens,
   Allgem. VerwR, § 40 I.
64 Vgl. Kopp, VwVfG, § 9 Rdnr. 25; s. unten § 8 B I 2 c.
65 Vgl. hierzu Clausen in Knack, VwVfG, § 13 Rdnr. 4.1.;
   Kopp, VwVfG, § 13 Rdnr. 36 ff.
66 Kopp, VwVfG, § 13 Rdnr. 24; Clausen in Knack, VwVfG, §
   13 Rdnr. 4.
67 Kopp, VwVfG, § 13 Rdnr. 30; Clausen in Knack, VwVfG, §
   13 Rdnr. 4.2.; vgl. auch Hufen, Rdnr. 169 ff.
68 S. unten § 11 A.
71 S. oben § 4 C sowie unten § 11 A.

pflichtgemäßem Ermessen unter Berücksichtigung der Umstände, aus denen ein vorläufiger Verwaltungsakt erlassen
wurde, über die Hinzuziehung entscheiden[70].

Im übrigen kann hier auf die einschlägige Rechtsprechung
und Literatur zur Hinzuziehung im Verwaltungsverfahren verwiesen werden[71].

c) Anhörung

Der Anspruch der Beteiligten auf Anhörung stellt das wichtigste Recht der Beteiligten eines Verfahrens dar[72]. Die
Pflicht zur Anhörung der Beteiligten ist eine unmittelbare
Folgerung des Rechtsstaatsprinzips[73] und der Menschenwürdegarantie aus Art. 1 I GG[74], die es verbietet, den Men-
schen zu einem Objekt staatlichen Handelns zu machen[75].
Gleichzeitig dient die Anhörungspflicht im Interesse der
Verwaltung der Sachverhaltsermittlung[76] sowie der Verwirklichung und Wahrung der Rechte der Beteiligten im und durch
das Verfahren[77]. § 28 VwVfG konkretisiert die Anhörungspflicht der Behörden[78]. Der Beteiligtenkreis an

---

70 Vgl. Kopp, VwVfG, § 9 Rdnr. 25; Clausen in Knack, VwVfG,
   § 13 Rdnr. 4.2.; Leonhardt in Stelkens/Bonk/Leonhardt,
   VwVfG, § 13 Rdnr. 20; einen strengeren Maßstab wenden
   Kopp, VwVfG, § 13 Rdnr. 34; Obermayer, VwVfG, § 13
   Rdnr. 40; Schnell, Der Antrag im Verwaltungsverfahren,
   S. 18, insofern an, als sie vertreten, daß in gewöhnlichen Verfahren Dritte, auch wenn sie keinen Antrag gestellt haben, von Amts wegen beizuladen sind, wenn der
   Ausgang des Verfahrens rechtsgestaltende Wirkung für sie
   haben kann.
71 Z.B. Kopp, VwVfG, § 28; Clausen in Knack, VwVfG, § 28
   mit jeweils weiteren Nachw.
72 Kopp, VwVfG, § 28 Rdnr. 2; Borgs in Meyer/Borgs, VwVfG,
   § 28 Rdnr. 7.
73 BVerfGE 7, 279; Kopp, Verfassungsrecht, S. 20, 75 ff.,
   116 m.w.N.; Hufen, Rdnr. 178; Laubinger, VerwA 1982, 74;
   Kopp, VwVfG, § 28 Rdnr. 2 m.w.N.; Obermayer, VwVfG, § 28
   Rdnr. 5; Clausen in Knack, VwVfG, § 28 Rdnr. 2.1 m.w.N.;
   Krasney, NVwZ 1986, 337; Rüping, NVwZ 1985, 308.
74 Kopp, Verfassungsrecht, S. 20, 31, 75 ff., 116 ff.
   m.w.N.; Obermayer, VwVfG, § 28 Rdnr. 5; Nehls, NVwZ
   1982, 494; Leonhardt in Stelkens/Bonk/Leonhardt, VwVfG,
   § 28 Rdnr. 5; Borgs in Mayer/Borgs, VwVfG, § 28 Rdnr.
   3; Zippelius in Maunz/Zippelius, Dt. StaatsR, § 23 I 2;
   BVerfGE 65, 174 f; vgl. auch Hufen, Rdnr. 178: Voraussetzung des Grundrechtsschutzes; a.A. Ule, DVBl 1959,
   541; Clausen in Knack, VwVfG, § 28 Rdnr. 2.1.
75 Zippelius in Maunz/Zippelius, Dt. StaatsR, § 23 I 2;
   BVerfGE 27, 6; 50, 175.
76 Kopp, VwVfG, § 28 Rdnr. 2; Leonhardt in Stelkens/Bonk/
   Leonhardt, VwVfG, § 28 Rdnr. 6; Borgs in Mayer/Borgs,
   VwVfG, § 28 Rdnr. 5.
77 Kopp, VwVfG, § 28 Rdnr. 2 m.w.N; Hufen, Rdnr. 178; v.
   Mutius, NJW 1982, 2159; Laubinger, VerwA 1982, 72, 74.
78 Obermayer, VwVfG, § 28 Rdnr. 4; Clausen in Knack, VwVfG,

einem vorläufigen Verfahren bestimmt sich wie beim Hauptverfahren nach § 13 VwVfG[79].

Auch wenn durch vorläufige Verwaltungsakte Leistungen gewährt werden, ist der Vorläufigkeitscharakter der Entscheidung für den Bürger belastend, da er keine endgültige
Rechtsposition erhält[80]. Die Vorläufigkeitsklausel steht
einer belastenden Teilregelung gleich, auch wenn sie im
Rahmen eines ansonsten begünstigenden Verwaltungsaktes ergeht[81]. Da die Formulierung "in Rechte eines Beteiligten
eingreift" in § 28 I VwVfG weit auszulegen ist[82], fällt
auch die Vorläufigkeitsklausel bei Leistungsverwal-
tungsakten hierunter, obwohl eine (i.d.R. beantragte) Leistung, wenn auch nur vorläufig bzw. unter Vorbehalt, gewährt wird[83]. Demnach sind die Beteiligten gem. § 28 I
VwVfG grundsätzlich zum Erlaß eines vorläufigen Verwaltungsaktes zu hören. Ein darüber hinausgehendes Zustim-
mungs-[84] oder Antragserfordernis[85] ist nicht gegeben. Vielmehr erweist sich § 28 VwVfG als auch dem vorläufigen Verfahren gut gerecht werdende Norm.

Gem. § 28 II Nr. 1 VwVfG kann ausdrücklich bei Entscheidungen von einer Anhörung absehen werden, wenn dies wegen Gefahr im Verzug notwendig und gerechtfertigt erscheint[86] und
die Anhörung die Durchführung notwendiger Maßnahmen in un-
vertretbarem Maße verzögern würde (sog. "Eilfälle")[87]. § 28
II Nr. 1 VwVfG ist auf Regelungen beschränkt, die sofort,
ohne Zeitverlust, erforderlich sind[88]. Dies ergibt sich aus

---

§ 28 Rdnr. 2.1.
79 Vgl. hierzu Kopp, VwVfG, § 28 Rdnr. 13, § 13 Rdnr. 23
   ff.; Borgs in Mayer/Borgs, VwVfG, § 28 Rdnr. 7.
80 Vgl. Kemper, DVBl 1989, 987; Kopp, VwVfG, § 28 Rdnr. 10.
81 Vgl. Kopp, VwVfG, § 28 Rdnr. 10; Borgs in Mayer/Borgs,
   VwVfG, § 28 Rdnr. 9.
82 Vgl. Kopp, VwVfG, § 28 Rdnr. 9 ff.; Borgs in Meyer/
   Borgs, VwVfG, § 28 Rdnr. 9
83 Vgl. Kopp, VwVfG, § 28 Rdnr. 9; Borgs in Meyer/Borgs,
   VwVfG, § 28 Rdnr. 9; Ule in Ule/Laubinger, Verwaltungsverfahrensrecht, § 24 I 2; Badura in Erichsen/
   Martens, Allgem. VerwR, § 40 II 3; Feuchthofen, DVBl
   1984, 174; zu einem anderen Ergebnis wird man kommen,
   wenn man der Ansicht folgt, nach der selbst die völlige
   Ablehnung eines Antrags nicht in die Rechte des Antragstellers eingreift, da der Beteiligte ein Mehr an Rechten erstrebt und die rechtmäßige Ablehnung keinen
   Rechtsverlust bringt, vgl. Leonhardt in Stelkens/Bonk/
   Leonhardt, VwVfG, § 28 Rdnr. 10; Clausen in Knack,
   VwVfG, § 28, Rdnr. 3.
84 So J. Martens, Praxis, Rdnr. 252.
85 So Kemper, DVBl 1989, 987 f.; ders., Der vorläufige Verwaltungsakt, S. 137 f.
86 Vgl. hierzu Kopp, VwVfG, § 28 Rdnr. 32 ff.
87 BVerwGE 68, 271 = DVBl 1984, 531; Kopp, VwVfG, § 28
   Rdnr. 34 ff.; Clausen in Knack, VwVfG, § 28 Rdnr. 4.1.
88 Kopp, VwVfG, § 28 Rdnr. 37; Leonhardt in Stelkens/
   Bonk/Leonhardt, VwVfG, § 28 Rdnr. 23.

der Formulierung "notwendig erscheint"[89]. Der Sinngehalt dieser Vorschrift ist geradezu auf vorläufige Verwaltungs-akte zugeschnitten. In derartigen "Eilfällen" wird nämlich i.d.R. der Verhältnismäßigkeitsgrundsatz die Entscheidun-gen, die ohne Anhörung der Betroffenen ergehen, auf die Maßnahmen begrenzen, die keinen Aufschub zulassen, während abschließende Entscheidungen einem "Hauptverfahren" mit An-hörung der Betroffenen vorzubehalten sind[90]. Im Einzelfall kann es daher geboten sein, zur sofortigen Abwehr einer drohenden Gefahr ohne vorherige Anhörung eben vorläufige Maßnahmen zu ergreifen und erst nach Anhörung eine endgül-tige, abschließende Regelung zu erlassen[91]. Aber auch dann darf die Anhörung nur unterbleiben, wenn die Bedeutung der Angelegenheit wegen des mit ihr verbundenen öffentlichen Interesses, wegen Interessen Dritter oder des Beteiligten selbst[92] entsprechend den Grundsätzen der Verhältnismäßig-keit und der Güterabwägung dies rechtfertigen[93].

Ähnliches gilt für Fälle, in denen das öffentliche Inter-esse eine sofortige Entscheidung erfordert (§ 28 II Nr. 1, 2. Alt. VwVfG)[94]. Droht eine vorherige Anhörung das mit der Entscheidung verfolgte öffentliche Interesse zu vereiteln, kann von ihr abgesehen werden[95]. Hierbei muß es um die Wah-rung übergeordneter dringender öffentlicher Interessen ge-hen[96]. Auch hier kann das Verhältnismäßigkeitsgebot die notwendigen sofortigen Maßnahmen auf vorläufige Regelungen beschränken[97], wobei die endgültige Entscheidung über die Aufrechterhaltung der getroffenen Maßnahmen erst nach der Anhörung der Beteiligten ergeht[98].

Nach § 28 II Nr. 2 VwVfG kann die Anhörung unterbleiben, wenn sie die Einhaltung einer für die Entscheidung maßgeb-lichen Frist in Frage stellen würde[99]. In Ausnahmefällen wird diese Bestimmung auch bei vorläufigen Verwaltungsakten zum Tragen kommen. Grundsätzlich ist jedoch zu beachten, daß vorläufige Entscheidungen nicht dazu mißbraucht werden

---

89 Leonhardt in Stelkens/Bonk/Leonhardt, VwVfG, § 28 Rdnr. 23.
90 BVerwGE 68, 271; Kopp, VwVfG, § 28 Rdnr. 37; Clausen in Knack, VwVfG, § 28 Rdnr. 4.1.
91 Clausen in Knack, VwVfG, § 28 Rdnr. 4.1.; Kopp, VwVfG, § 28 Rdnr. 37 m.w.N:; OVG Koblenz, DVBl 1988, 1229.
92 Kopp, VwVfG, § 28 Rdnr. 31.
93 Hufen, Rdnr. 198; Kopp, VwVfG, § 28 Rdnr. 38; Borgs in Meyer/Borgs, VwVfG, § 28 Rdnr. 20; Ule in Ule/Laubinger, Verwaltungsverfahrensrecht, § 24 II/1.
94 Kopp, VwVfG, § 28 Rdnr. 44.
95 Kopp, VwVfG, § 28 Rdnr. 41; Clausen in Knack, VwVfG, § 28 Rdnr. 4.1.
96 Hufen, Rdnr. 199; Kopp, VwVfG, § 28 Rdnr. 44; Clausen in Knack, VwVfG, § 28 Rdnr. 4.1.
97 Kopp, VwVfG, § 28 Rdnr. 42.
98 Kopp, VwVfG, § 28 Rdnr. 42, 37.
99 Zu den rechtsstaatlichen Bedenken gegen diese Norm vgl. Kopp, VwVfG, § 28 Rdnr. 46; Weides, JA 1984, 655.

dürfen, um Fristen zu umgehen oder faktisch zu verlängern[100].

Hat ein Beteiligter selbst einen Antrag auf Erlaß einer vorläufigen Entscheidung gestellt und beabsichtigt die Behörde, von den tatsächlichen Angaben des Antragstellers nicht zu seinen Ungunsten abzuweichen, kann sie den vorläufigen Verwaltungsakt auch ohne vorherige Anhörung gem. § 28 II Nr. 3 VwVfG erlassen, sofern die Angaben die einzige Entscheidungsgrundlage sind[101]. Wenn die Behörde jedoch Anhaltspunkte hat, daß eine Anhörung der Beteiligten neue Tatsachen ergeben kann, die sie für eine hinreichende Beurteilung und Prognose der Erfolgswahrscheinlichkeit der endgültigen Entscheidung für erforderlich hält, muß sie entsprechend § 24 VwVfG die Ermittlungen aufnehmen bzw. fortsetzen[102]. Auch muß die Möglichkeit ausgeschlossen sein, daß die Anhörung neue Gesichtspunkte ergibt, die eine für den Antragsteller günstigere oder eine endgültige Entscheidung, etwa aufgrund alternativer Genehmigungsvoraussetzungen, rechtfertigen könnten[103].

Wie oben bereits erörtert[104], sind vorläufige Verwaltungsakte u.a. in Bereichen zu finden, wo die Verwaltung eine Vielzahl von gleichartigen Verwaltungsakten rasch bearbeiten muß. Paradebeispiele sind die im Steuerrecht ausdrücklich geregelten Steuerfestsetzungen unter dem Vorbehalt der Nachprüfung (§ 164 AO) und die vorläufige Steuerfestsetzung (§ 165 AO). Der Erlaß von vorläufigen Verwaltungsakten dient hier vor allem der Verfahrensökonomie[105], aber bietet auch dem Bürger eine ungefähre Orientierung bezüglich dessen, was auf ihn mit der endgültigen Entscheidung zukommt[106]. § 28 II Nr. 4 VwVfG ist eine Bestimmung, die gerade bei vorläufigen "Massen-Verwaltungsakten" Anwendung finden kann. Nach § 28 II Nr. 4 VwVfG kann die Behörde von der Anhörung absehen, wenn gleichartige Verwaltungsakte in größerer Zahl oder Verwaltungsakte mit Hilfe automatischer Einrichtungen erlassen werden sollen. "Gleichartige Verwaltungsakte" bedeutet, daß die Verwaltungsakte in der Art gleich sind[107]. Nicht muß es sich um identische Verwaltungsakte handeln[108]. Es muß sich jedoch um gleichartige Entscheidungen in größerer Zahl handeln, die die Vewaltung in engem zeitlichen Rahmen (zumindest einstweilig) treffen muß, so daß sich erhebliche praktische Schwierigkeiten bei

100 Vgl. Borgs in Mayer/Borgs, VwVfG, § 28 Rdnr. 22; Hufen, Rdnr. 200.
101 Kopp, VwVfG, § 28 Rdnr. 47; Wimmer, DVBl 1985, 773.
102 Clausen in Knack, VwVfG, § 28 Rdnr. 4.3; Kopp, VwVfG, § 28 Rdnr. 47.
103 Vgl. Kopp, VwVfG, § 28 Rdnr. 47; Weides, JA 1984, 655; OVG Münster, DÖV 1983, 986.
104 S. oben § 2 C IV 2.
105 S. oben § 2 C IV 2.
106 S. oben § 2 C I.
107 Clausen in Knack, VwVfG, § 28 Rdnr. 4.5.
108 Clausen in Knack, VwVfG, § 28 Rdnr. 4.4.

der Einzelanhörung ergeben würden[109]. Eine solche Situation
liegt vor, wenn die Behörde wegen einer großen Zahl kurz-
fristig zu bewilligender Entscheidungen (z.B. Subventions-
anträge, Steuerfestsetzungen) auf vorläufige Verwaltungsakte ausweichen muß, um wenigstens vorübergehend eine
einstweilige Regelung dem Bürger zu geben. Das Absehen von
der Anhörung hat die Behörde wiederum im Rahmen ihres
Rechtsfolgenermessens unter Berücksichtigung des Verhält-
nismäßigkeitsgrundsatzes zu treffen[110].

Im übrigen kann § 28 VwVfG auf vorläufige Verwaltungsakte
wie bei "gewöhnlichen" Verwaltungsakten angewandt werden,
so daß die hierzu ergangene Rechtsprechung wie auch die Literatur zu § 28 VwVfG wie bei § 13 VwVfG[111] ohne Einschränkung für weitere Details herangezogen werden kann.

d) Mitwirkung anderer Behörden

Viele Verwaltungsakte bedürfen vor ihrem Erlaß der Zustim-
mung, der Genehmigung, des Einvernehmens oder dergleichen
von seiten einer anderen Behörde oder sogar eines anderen
Verwaltungsträgers[112]. Verwaltungsakte, die derartige Mitwirkungshandlungen anderer Behörden voraussetzen, werden
als "mehrstufige Verwaltungsakte" bezeichnet[113]. Sofern
Verwaltungsakte eine solche Mitwirkung anderer Behörden
voraussetzen, kann für den Erlaß vorläufiger Verwaltungsakte grundsätzlich nichts anderes gelten.

Jedoch ist bei vorläufigen Verwaltungsakten die Art des Gegenstandes, die betroffenen Rechte, die Dringlichkeit und
die voraussichtliche Dauer der einstweiligen Regelung zu
beachten[114]. Sind unaufschiebbare Maßnahmen erforderlich
und würde der Erfolg der Maßnahmen in Frage gestellt, wenn
die Erklärungen und Handlungen der mitwirkungsbefugten Behörden noch eingeholt würden, so können bei Gefahr im Ver-

---

109 Clausen in Knack, VwVfG, § 28 Rdnr. 4.4.
110 Obermeyer, VwVfG, § 28 Rdnr. 85; Kopp, VwVfG, § 28
    Rdnr. 33; bei Steuerfestsetzungsbescheiden ist das
    Absehen von einer Anhörung wegen der belastenden Wir-
    kung und der besonderen rechtlichen Bedeutung, die
    dem rechtlichen Gehör hier zukommt, aber auch wegen
    der Möglichkeit der zeitlichen Verteilung nach Erlaß
    vorläufiger Steuerfestsetzungen nach § 165 AO nicht
    zulässig, so daß aus diesen Gründen § 28 II Nr. 4 VwVfG
    bzw. die Parallelvorschrift in der AO nicht einschlägig
    sind; a.A. Leonhardt in Stelkens/Bonk/Leonhardt, VwVfG,
    § 28 Rdnr. 29, der hier bereits die Gleichartigkeit
    verneint.
111 S. oben § 8 B I 2 b.
112 Vgl. im einzelnen hierzu Maurer, Allgem. VerwR, § 9
    Rdnr. 30; Kopp, VwVfG, § 9 Rdnr. 18 ff.; Stelkens in
    Stelkens/Bonk/Leonhardt, VwVfG, § 35 Rdnr. 92 ff.
113 Maurer, Allgem. VerwR, § 9 Rdnr. 30; Kopp, VwVfG, § 9
    Rdnr. 18.
114 Vgl. Kopp, VwVfG, § 9 Rdnr. 25.

zug[115] einstweilige Maßnahmen entweder analog § 3 IV VwVfG
mit der erforderlichen Mitwirkungshandlung einer an sich
örtlich nicht zuständigen Behörde getroffen werden, in deren Bezirk der Anlaß für die Amtshandlung eingetreten
ist[116], oder aber die Mitwirkungshandlungen können vorbehaltlich eines Folgeverfahrens hinsichtlich der Aufhebung
oder Abänderung der getroffenen Regelung zunächst ganz unterbleiben[117]. Es gelten vergleichbare Grundsätze, wie sie
von Literatur und Rechtsprechung bezüglich des Absehens von
einer Anhörung nach § 28 II VwVfG herausgearbeitet wurden[118]. § 13 I Nr. 4, II bzw. I Nr. 2 sowie § 28 VwVfG können vollständig, zumindest analog, angewandt werden. Die
mitwirkungsberechtigte Behörde hat ein ähnliches Interesse
an einer Beteiligung am Verfahren wie der in § 13 I Nr. 4,
II VwVfG genannte Personenkreis. Sofern die mitwirkungsberechtigte Behörde eine juristische Person ist, wie etwa
eine Gemeinde, so gilt § 13 I Nr. 4, II bzw. I Nr. 2 VwVfG
direkt. Das Mitwirkungsrecht ähnelt dann dem Anhörungsrecht, selbst wenn die Mitwirkungshandlung in Form eines
Genehmigungsverwaltungsaktes[119] zu erfolgen hat. Daher kann
für die Frage, ob im Rahmen eines eilbedürftigen einstweiligen Verwaltungsaktes von der Mitwirkung einer Behörde abgesehen werden kann, § 28 II VwVfG analog angewandt werden.
Steht das Mitwirkungsrecht einer juristischen Person zu,
kann § 28 II VwVfG direkt herangezogen werden, soweit die
Mitwirkungshandlung "anhörungsgleichen" Charakter und nicht
konstitutiven, d.h. gestaltenden Charakter hat. Dies hängt
vom jeweiligen Verfahren ab und ergibt sich aus dem Sinn
und Zweck der anzuwendenden Mitwirkungsvorschriften.

Auch hier wird das Verhältnismäßigkeitsgebot einerseits die
getroffenen Maßnahmen auf vorläufige Maßnahmen beschränken[120], andererseits die Nachholung der Mitwirkungshandlung
der zuständigen Behörde erforderlich machen, sobald dies
möglich ist bzw. diese dazu in der Lage ist[121].

3.) Bekanntgabe

Hat sich die Verwaltung für den Erlaß eines vorläufigen
Verwaltungsaktes entschieden, so fällt die Bekanntgabe dieser Entscheidung mit der in der Sache getroffenen inhaltlichen Regelung zusammen. Wie bei "gewöhnlichen" Verwaltungsakten erfolgt die Bekanntgabe des vorläufigen Verwaltungsaktes gem. § 41 VwVfG. Für die Form gilt § 37 II-IV
VwVfG[122]. Zu beachten ist jedoch beim Erlaß des vorläufigen

---

115 Vgl. zu diesem Begriff Kopp, VwVfG, § 3 Rdnr. 48.
116 Kopp, VwVfG, § 9 Rdnr. 25.
117 Kopp, VwVfG, § 9 Rdnr. 25.
118 Vgl. Kopp, VwVfG, § 28 Rdnr. 30 ff. m.w.N.
119 Vgl. hierzu Stelkens in Stelkens/Bonk/Leonhardt, VwVfG,
    § 35 Rdnr. 93 ff.; Kopp, VwVfG, § 35 Rdnr. 41 f.
120 Vgl. Kopp, VwVfG, § 28 Rdnr. 37; Clausen in Knack,
    VwVfG, § 28 Rdnr. 4.1.
121 Vgl. Kopp, VwVfG, § 3 Rdnr. 50; beachte aber auch die
    Heilungsvorschriften nach § 45 I Nr. 4, 5, II VwVfG.
122 A.A. Kemper, Der vorläufige Verwaltungsakt, S. 154 f.,

111

Verwaltungsaktes besonders das Erfordernis hinreichender
inhaltlicher Bestimmtheit gem. § 37 I VwVfG[123]. Es muß für
die Beteiligten der Inhalt der von der Verwaltung getroffenen Regelung so vollständig, klar und unzweideutig erkennbar sein, daß sie ihr Verhalten danach richten können[124].

Hierzu gehört, daß der vorläufige Charakter der Regelung
unmißverständlich zum Ausdruck kommt[125]. Auch empfehlen
sich deutliche Hinweise auf die noch offenen Gesichtspunkte, deren endgültige Prüfung noch aussteht[126], sowie
auf etwaige Rückzahlungsverpflichtungen bei einem negativen
Ausgang des Hauptverfahrens.

4.) Begründungspflicht

Gem. § 39 VwVfG ist die Begründung grundsätzlich ein wesentlicher Bestandteil des Verwaltungsaktes[127]. Ihr kommt
eine Befriedungs-, eine Rechtsschutz-, eine Klarstellungs-,
eine Beweis- und eine Kontrollfunktion zu[128]. Sie ist ebenfalls wie der Bestimmtheitsgrundsatz, der Verhältnismäßigkeitsgrundsatz etc. eine Folgerung u.a. des Rechtsstaatsprinzips[129] und gilt wie diese auch für vorläufige
Verwaltungsakte. § 39 II VwVfG läßt jedoch gewisse Ausnahmen von der Begründungspflicht zu. Sämtliche Ausnahmetatbe-
stände von § 39 II VwVfG können bei vorläufigen Verwaltungsakten zur Anwendung kommen.

Beantragt daher ein Beteiligter den Erlaß einer an ihn
selbst gerichteten vorläufigen Regelung, so braucht der Erlaß einer solchen Regelung nach § 39 II Nr. 1 VwVfG nicht
eigens begründet werden.

Ist dem Adressaten einer vorläufigen Regelung die Sach- und
Rechtslage bereits ausreichend bekannt, so kann ein vorläufiger Verwaltungsakt gem. § 39 II Nr. 2 VwVfG auch ohne
schriftliche Begründung erlassen werden.

Beim Erlaß einer größeren Zahl gleichartiger Verwaltungsakte kann die Begründung gem. § 39 II Nr. 3 VwVfG unterbleiben, wenn sie nach den Umständen des Einzelfalls nicht
geboten ist. Anwendung wird diese Ausnahmevorschrift nur in

der die Schriftform für zwingend erforderlich hält.
123 Vgl. König, BayVBl 1989, 36; Tiedemann, DÖV 1981, 791.
124 Kopp, VwVfG, § 37 Rdnr. 4 m.w.N.
125 OVG NW, DÖV 1991, 562; vgl. auch König, BayVBl 1989,
    36; Tiedemann, DÖV 1981, 791.
126 König, BayVBl 1989, 36.
127 Kopp, VwVfG, § 39 Rdnr. 4; H. Meyer in Meyer/Borgs,
    VwVfG, § 39 Rdnr. 3.
128 Kopp, VwVfG, § 39 Rdnr. 1; H. Meyer in Meyer/Borgs,
    VwVfG, § 39 Rdnr. 1.
129 Kopp, VwVfG, § 39 Rdnr. 1; H. Meyer in Meyer/Borgs,
    VwVfG, § 39 Rdnr. 1.

sehr engem Rahmen finden[130], insbesondere in Fällen offen-
sichtlicher Sach- und Rechtslage[131].

§ 39 II Nr. 4 VwVfG betrifft den bereits in § 1 VwVfG ent-
haltenen Vorbehalt zugunsten Spezialvorschriften[132] und
wird als verfassungsrechtlich bedenkliche Norm[133] nur unter
sehr hohen Anforderungen zur Anwendung kommen können[134].

Wird eine vorläufige Allgemeinverfügung gem. § 35 S. 2
VwVfG öffentlich erlassen, so bedarf es gem. § 39 II Nr. 5
VwVfG keiner Begründung.

II.) Materielle Rechtmäßigkeit bezüglich der Entscheidung
   für ein vorläufiges Verfahren

1.) Rechtsgrundlage

Gerade um die Frage, ob der vorläufige Verwaltungsakt überhaupt zulässig ist, entbrannte die heftigste Diskussion.
Die unterschiedlichsten Resultate und Rechtsgrundlagen wurden in die Diskussion geworfen[135].

---

130 Vgl. Kopp, VwVfG, § 39 Rdnr. 25; H. Meyer in Meyer/
   Borgs, VwVfG, § 39 Rdnr. 22.
131 H. Meyer in Meyer/Borgs, VwVfG, § 39 Rdnr. 22.
132 Kopp, VwVfG, § 39 Rdnr. 36.
133 Vgl. Kopp, VwVfG, § 39 Rdnr. 29.
134 Vgl. H. Meyer in Meyer/Borgs, VwVfG, § 39 Rdnr. 23.
135 Lässig in Finkelnburg/Lässig, VwVfG, § 10 Rdnr. 18;
   ders., DVBl 1981, 484 hält § 10 S. 1 VwVfG für ein-
   schlägig, so wohl auch Götz, JuS 1983, 927, und
   Schimmelpfennig, Vorläufige Verwaltungsakte, S. 153;
   a.A. Kopp, VwVfG, § 9 Rdnr. 23; ders., VwGO, § 123
   Rdnr. 5; Burianek, NJW 1987, 2728, die die Rechtsgrundlage von vorläufigen Verwaltungsakten in der
   Analogie zu bestehenden normierten Fällen und zu § 123
   VwGO sehen; a.A. Schachel, Jura 1981, 451, der eine
   konkrete Ermächtigung zu vorläufigen Regelungen im materiellen Recht fordert; ähnlich Kemper, Der vorläufige Verwwaltungsakt, S. 96 f.; a.A. König, BayVBl 1989,
   38, der als allgemeine Voraussetzung das Vorliegen
   einer Befugnis für eine endgültige positive Entscheidung ansieht und im übrigen zwischen vorläufigen Ein-
   griffsmaßnahmen, Gestattungsakten und leistungsgewäh-
   renden Verwaltungsakten differenziert; ähnlich Di
   Fabio, DÖV 1991, 636; a.A. Kreßel, BayVBl 1989, 68 f.,
   der grundsätzlich eine ausdrückliche gesetzliche
   Rechtsgrundlage für den Erlaß von vorläufigen Verwaltungsakten fordert; ähnlich Erichsen/W. Martens, Allgem. VerwR, S. 177, die die Zulässigkeit von vorläufigen Verwaltungsakten für bedenklich halten;
   a.A. Achterberg, Allgem. VerwR, § 20 Rdnr. 122, der im
   Wege des argumentum a maiore ad minus die Ermächtigung
   für vorläufige Regelungen aus der für den Erlaß der
   endgültigen Regelung einschlägigen Norm folgert; a.A.
   Tiedemann, DÖV 1981, 789 f., der eine Ermächtigungs-

Wie oben bereits hingewiesen wurde, kann man zwischen der
verfahrensrechtlichen Zulässigkeit und der materiellrechtlichen Befugnis unterscheiden[136]. Trotz gewisser Überschneidungen und Abgrenzungsschwierigkeiten im einzelnen[137]
wird man den Schwerpunkt der Regelungen von §§ 35, 36 VwVfG
im verfahrensrechtlichen Teil sehen müssen. § 35 VwVfG definiert das verwaltungsrechtliche Instrument des Verwaltungsaktes und stellt somit gleichzeitig seine allgemeine
verfahrensrechtliche Zulässigkeit fest. Nichts sagt § 35
VwVfG darüber aus, ob ein Verwaltungsakt im konkreten Fall
(auch materiellrechtlich) zulässig ist. Dies bestimmt sich
nach den einschlägigen materiellrechtlichen Gesetzen.
Ebenso definiert § 36 nur das verwaltungsrechtliche Instrument der Nebenbestimmungen und deren allgemeine Zulässigkeit, sagt aber kaum etwas über die Zulässigkeit im konkreten Fall aus. Die Zulässigkeit und die Anwendung von Nebenbestimmungen im konkreten Fall bestimmt sich nach den
Grundsätzen über die ordnungsgemäße Ausübung des Ermessens
und muß ihre Rechtfertigung "im Zweck des Gesetzes und der
vom Gesetzgeber gewollten Ordnung der Rechtsmaterie finden"[138].

Sind vorläufige Verwaltungsakte als befristete[139], auflösend bedingte[140] oder mit einem Widerrufsvorbehalt verse-
hene Verwaltungsakte[141] ausgestattet, ist die vorläufige
Geltungsbestimmung eines Verwaltungsaktes gem. § 36 VwVfG
als verwaltungsrechtliches Instrument grundsätzlich zulässig. Ob sie im konkreten Fall angewandt werden darf, bestimmt sich nach den Regeln der ordnungsgemäßen Ermessensausübung unter Berücksichtigung des Gesetzeszwecks und der
sachgerechten Einbeziehung und Abwägung der verschiedenen
Interessen und Rechtsgüter[142]. Wie die ansonsten bekannten
Erscheinungsformen der verschiedenen Nebenbestimmungen,
dienen auch Vorläufigkeitsvorbehalte der dem jeweiligen

---

grundlage für überflüssig hält und dies aus der Besser-
stellung, die der Antragsteller durch die vorläufige
Gewährung erfährt, folgert; ähnlich Peine, DÖV 1986,
857 für begünstigende Geldleistungsverwaltungsakte.
136 S. oben § 8 A; vgl. zu dieser Unterscheidung bei Teilregelungen Kopp, VwVfG, § 9 Rdnr. 38; vgl. auch Mayer/
Kopp, Allgem. VerwR, § 13 III 1, wo zwischen der allgemeinen Zulässigkeit von Nebenbestimmungen und der
Zulässigkeit im konkreten Fall unterschieden wird; vgl.
auch Clausen in Knack, VwVfG, vor § 9 Rdnr. 4.
137 Vgl. Clausen in Knack, VwVfG, vor § 9 Rdnr. 4.
138 BVerwG 51, 166; ähnlich Mayer/Kopp, Allgem. VerwR, § 13
III 3; Maurer, Allgem. VerwR, § 12 Rdnr. 21; Schneider,
Nebenbestimmungen, S. 56 f., 61.
139 S. oben § 4 B I.
140 S. oben § 4 B II.
141 S. oben § 4 B V.
142 Hufen, Rdnr. 393; Kopp, VwVfG, § 9 Rdnr. 23; ders.,
DVBl 1990, 729, 1190.

Fall entsprechenden, angepaßten und effektiven Feindosierung verwaltungsrechtlichen Handelns[143].

Tritt der Vorläufigkeitscharakter nicht als eigene Klausel bzw. Nebenbestimmung hervor, sondern erscheint er als integraler Regelungsbestandteil bzw. inhaltliche Beschränkung eines Verwaltungsaktes[144], so gelten ebenfalls die Ermessensgrundsätze und § 36 VwVfG analog bezüglich der rechtlichen Behandlung[145]. Die Grenzen zwischen Nebenbestimmungen und Inhaltsbestimmungen sind ohnehin fließend und haben nur beschränkt praktische Bedeutung[146].

Steht der Normzweck der Vorläufigkeit einer Regelung entgegen oder ist die Gefahr einer Verzerrung des Gesetzessinns gegeben, so sind vorläufige Verwaltungsakte über die Fälle hinaus, in denen sie ausdrücklich ausgeschlossen sind (z.B. § 15 II PBefG), unzulässig[147]. Aus diesem Grund lassen manche materiellen Rechtsbereiche keinen Raum für vorläufige Vewaltungsakte. So sind statusbegründende Verwaltungsakte wie die Verleihung der Staatsangehörigkeit oder die Namensänderung einer vorläufigen Regelung nicht zugänglich[148]. Die statusrechtliche Bedeutung, erfordert eine eindeutige, endgültige Regelung[149]. Auch die Genehmigung eines Rechtsgeschäfts wird im Zweifel nicht vorläufig erfolgen können[150]. Zu beachten ist auch, daß vorläufige Regelungen nicht zu dem Zweck mißbraucht werden dürfen, der Verwaltung "freie Hand" für spätere Änderungen zu geben[151]. Vorläufige Regelungen setzen - ähnlich wie einstweilige Anordnungen nach § 123 VwGO - voraus, daß sie zur einstweiligen Sicherung eines Individualanspruchs oder sonstigen hochwertigen Rechtsgutes bzw. zur Wahrung des Rechtsfriedens, um wesentliche Nachteile abzuwenden oder drohende Gewalt zu verhindern, objektiv betrachtet notwendig erscheinen[152]. In § 123 VwGO kommt der allgemeine Rechtsgedanke der effektiven Rechtswahrung zum Ausdruck, dem auch das

---

143 Vgl. Stelkens in Stelkens/Bonk/Leonhardt, § 36 Rdnr. 3; Kopp, VwVfG, § 36 Rdnr. 2; Schneider, Nebenbestimmungen, S. 15 f.
144 OVG NW, DÖV 1991, 561; Kopp, VwVfG, § 9 Rdnr. 23, § 36 Rdnr. 37; s.o. §4 C.
145 Vgl. Kopp, VwVfG, § 36 Rdnr. 39; s.o. § 4 C.
146 Vgl. Kopp, VwVfG, § 36 Rdnr. 39; s.o. § 4 C.
147 Schimmelpfennig, Vorläufige Verwaltungsakte, S. 150 f.; Kemper, Der vorläufige Verwaltungsakt, S. 104; vgl. auch Kopp, VwVfG, § 36 Rdnr. 14; Mayer/Kopp, Allgem. VerwR, § 13 III 1.
148 Vgl. BVerwGE 27, 266; Kopp, VwVfG, § 36 Rdnr. 14; Stelkens in Stelkens/Bonk/Leonhardt, VwVfG, § 36 Rdnr. 27; vgl. auch Franßen, Bedingungsfeindliche Verwaltungsakte, Diss. Münster, 1969.
149 Vgl. Stelkens in Stelkens/Bonk/Leonhardt, VwVfG, § 36 Rdnr. 27; BVerwGE 27, 266.
150 Vgl. Schimmelpfennig, Vorläufige Verwaltungsakte, S. 151; Kopp, VwVfG, § 36 Rdnr. 14.
151 Vgl. Kopp, VwVfG, § 36 Rdnr. 14.
152 Kopp, VwVfG, § 9 Rdnr. 23.

115

Verwaltungsverfahren verpflichtet ist[153]. Die in § 123 VwGO konkretisierten Grundsätze können daher weitgehend, insbesondere was die Ermessensabwägung beim Erlaß eines vorläufigen Verwaltungsaktes betrifft, auch im Verwaltungsverfahren herangezogen werden[154].

§ 10 S. 1 VwVfG braucht deshalb als "Rechtsgrundlage" nicht bemüht werden[155]. § 10 S. 1 VwVfG bekräftigt jedoch oben gefundenes Ergebnis, da er der Verwaltung ausdrücklich prinzipielle Formenfreiheit zur möglichst einfachen und zweckmäßigen Durchführung des Verwaltungsverfahrens zusteht. Es bleibt also grundsätzlich dem Ermessen der Behörde überlassen, ein Verfahren so zu führen und zu gestalten, wie sie es zur effektiven Aufgabenerfüllung für zweckmäßig hält[156]. Im Rahmen der Gesetze wählt sie die Instrumente und den Weg zum Erlaß von Entscheidungen. Ob § 10 VwVfG Grundlage für die "Erfindung" neuer Verwaltungsinstrumente ist, muß wegen seines Gesetzeszwecks und der systematischen Stellung im Gesetz im übrigen bezweifelt werden, kann aber hier dahingestellt bleiben. Denn jedenfalls gewährt § 10 VwVfG die Freiheit, ein Verfahren vorläufig zu gestalten und als Weg und Mittel die Nebenbestimmungen nach § 36 VwVfG zu wählen oder die Vorläufigkeit als integrale Inhaltsbestimmung des Verwaltungsaktes zum Ausdruck zu bringen, je nachdem, wie es für ein effektives Verwaltungshandeln im konkreten Fall am zweckmäßigsten und einfachsten ist. Die verfahrensrechtliche Zulässigkeit der "Vorläufigkeitsklausel" eines vorläufigen Verwaltungsaktes ergibt sich hingegen je nach Ausgestaltung des Verwaltungsaktes unmittelbar aus § 35 oder § 36 VwVfG.

2. Ermessensausübung

Die Ausübung des Ermessens bei der Frage, ob die Verwaltung im konkreten Fall einen vorläufigen Verwaltungsakt erlassen soll und kann, ist eine wesentliche Aufgabe, vor die die Behörde bei der Anwendung eines vorläufigen Verwaltungsaktes gestellt ist. Die andere wesentliche Anforderung ist die Prüfung der Verhältnismäßigkeit[157].

Das Ermessen läßt sich in verschiedene Komponenten gliedern: zunächst in das Entscheidungsermessen bezüglich des "Ob" ("ob" überhaupt gehandelt werden soll; sog. Entschließungsermessen[158]); zweitens in das Ermessen bezüglich

153 Vgl. Kopp, VwGO, § 123 Rdnr. 5.
154 Vgl. Kopp, VwGO, § 123 Rdnr. 5.
155 So aber Finkelnburg/Lässig, VwVfG, § 10 Rdnr. 18; Götz, JuS 1983, 927; Seibert, Bestandskraft, S. 560; Schimmelpfennig, Vorläufige Verwaltungsakte, S. 153.
156 Kopp, VwVfG, § 10 Rdnr. 5.
157 Vgl. Hufen, Fehler im Verwaltungsverfahren, Rdnr. 393; Näheres zur Verhältnismäßigkeit s. unten § 8 B II 3.
158 Maurer, Allgem. VerwR, § 7 Rdnr. 6; Erichsen in Erichsen/Martens, Allgem. VerwR, § 12 II 2 b.

des Inhalts, wobei sich hier zuerst die Frage nach dem Handlungsinstrument[159] ("Art" des Handelns: endgültiger, vorläufiger Verwaltungsakt, Nebenbedingungen, verwaltungsrechtlicher Vertrag, sonstiges Verwaltungshandeln) stellt und dann die Frage des konkreten Regelungsinhaltes entsprechend der gesetzlichen Norm ("Maß" der getroffenen Regelung)[160].

a) Gebundene Verwaltungsakte

Besteht ein Anspruch auf einen Verwaltungsakt und liegen die Erlaßvoraussetzungen vor, so muß die Behörde entsprechend der vorgesehenen Rechtsfolge handeln[161]. Es stellt sich also bei Vorliegen der gesetzlichen Voraussetzungen nicht mehr die Frage des "ob", sondern nur mehr die Frage des Instruments und der inhaltlichen Ausgestaltung gem. § 10 VwVfG. Inwieweit diesbezüglich der Verwaltung eine Gestaltungsfreiheit und somit Ermessen zusteht, hängt wiederum vom konkreten anzuwendenden Rechtssatz ab. In der Regel ist aber auch hier ein vorläufiger Verwaltungsakt nicht ausgeschlossen, wenn die Vorläufigkeitsbestimmung gerade sicherstellen soll, daß die gesetzlichen Voraussetzungen erfüllt werden[162] oder sie durch eine Rechtsvorschrift ausdrücklich zugelassen wird[163]. Es gilt nichts anderes als bei § 36 I VwVfG.

b) Ermessensverwaltungsakte

Bei Ermessensentscheidungen erstreckt sich das Verwaltungsermessen grundsätzlich auf sämtliche Ermessenskomponenten. Die Verwaltung muß ihr Handlungsermessen bezüglich der Frage, "ob" sie handeln soll, und der Frage, "wie", mit welchen Instrumenten und welchem Regelungsinhalt sie handeln soll, ausüben. Hier, im Rahmen der "verfahrensrechtlichen" Anforderungen, interessieren insbesondere das Ermessen bezüglich des Handlungsinstruments. Gem. § 40 VwVfG hat die Behörde ihr Ermessen entsprechend dem Zweck der Ermächtigung auszuüben. Wählt die Verwaltung den Verwaltungsakt - oft das einzige in Frage kommende Instrument -, so kann sie im Rahmen ihrer pflichtgemäßen Ermessensausübung eine Regelung mit Vorläufigkeitsvorbehalt erlassen, wenn dies nicht dem Zweck des Verwaltungsaktes zuwiderläuft und nicht gegen die Grundsätze der Verhältnismäßigkeit und

---

159 Vgl. Jank in Finkelnburg/Jank, Vorläufiger Rechtsschutz, Rdnr. 215.
160 Vgl. Maurer, Allgem. VerwR, § 7 Rdnr. 6; Erichsen in Erichsen/Martens, Allgem. VerwR, § 12 II 2 b; vgl. auch im Rahmen des einstweiligen Rechtsschutzes Jank in Finkelnburg/Jank, Vorläufiger Rechtsschutz, Rdnr. 216 ff; Kopp, VwGO, § 123 Rdnr. 17, 30.
161 König, BayVBl 1989, 34.
162 König, BayVBl 1989, 34; Kemper, DVBl 1989, 986.
163 König, BayVBl 1989, 34.

des Übermaßverbotes verstößt (§ 36 II, III VwVfG)[164]. Ist
die Behörde aufgrund des ihr eingeräumten Ermessensspiel-
raums befugt, den Verwaltungsakt ganz abzulehnen, so kann
der Erlaß eines vorläufigen Verwaltungsaktes im Vergleich
dazu für den betroffenen Bürger die günstigere und schonen-
dere Lösung darstellen, die trotz ihrer Vorläufigkeit den
Interessen und der Wahrung der Rechte am ehesten dient und
u.U. bei einer Ermessensreduzierung auf Null sogar geboten
sein kann[165].

Grenzen des Ermessens werden einerseits durch die Ermächtigung der zu treffenden Entscheidung, andererseits durch
sonstige Sätze des geschriebenen und ungeschriebenen Rechts
bestimmt, insbesondere durch Sätze des Verfassungsrechts
und der daraus abzuleitenden Wertungsprinzipien[166]. Hierzu
gehören insbesondere das Rechtsstaatsprinzip, das Sozialstaatsprinzip, die Grundrechte und die in ihnen verkörperte
Wertordnung, das Gleichbehandlungsgebot bzw. Willkürverbot
gem. Art. 3 GG sowie der Grundsatz der Verhältnismäßigkeit
bzw. des Übermaßverbots[167] als auch die Grundsätze von Treu
und Glauben und des Vertrauensschutzes[168].

3.) Verhältnismäßigkeit

Auch die Prüfung der Verhältnismäßigkeit[169] beim Erlaß eines vorläufigen Verwaltungsaktes läßt sich in eine "verfahrensrechtliche" und eine "inhaltliche" Seite gliedern. Während die "inhaltliche" Seite sich auf die getroffene Regelung in der Sache bezieht[170], ist auf der "verfahrensrechtlichen" Seite die Verhältnismäßigkeit der Anwendung des Instruments des vorläufigen Verwaltungsaktes zu prüfen. Hier
sind für den Erlaß eines vorläufigen Verwaltungsaktes - im
Gegensatz zum Normalfall eines "endgültigen" Verwaltungsaktes - besonders strenge Anforderungen zu stellen.

Im einzelnen umfaßt das Verhältnismäßigkeitsgebot die
Grundsätze der Geeignetheit, der Erforderlichkeit und der
Angemessenheit[171].

164 Vgl. Di Fabio, DÖV 1991, 635; Mayer/Kopp, Allgem.
    VerwR, § 13 III 2.
165 Vgl. Di Fabio, DÖV 1991, 636; Kopp, VwVfG, § 9 Rdnr.
    23; ders., 1990, 728, 1190; Kemper, Der vorläufige
    Verwaltungsakt, S. 176; F. J. Kopp, DVBl, 1989, 238;
    Tiedemann, DÖV 1981, 789; a.A. Peine DÖV 1986, 858.
166 Kopp, VwVfG, § 40 Rdnr. 21 m.w.N.
167 S. hierzu unten § 8 B III 3.
168 Vgl. Kopp, VwVfG, § 40 Rdnr. 22 ff.; Erichsen in
    Erichsen/Martens, Allgem. VerwR, § 12 II 2 b, c.
169 Zu den verfassungsrechtlichen Grundlagen des Verhält-
    nismäßigkeitsgebots s. Zippelius in Maunz/Zippelius,
    Deutsches Staatsrecht, § 12 III 6.
170 S. hierzu unten § 9 C II.
171 Vgl. Mayer/Kopp, Allgem. VerwR, § 30 IV; Erichsen in
    Erichsen/Martens, Allgem. VerwR, § 12 II 2 c, bb.

a) Grundsatz der Geeignetheit[172]

Gemäß dem Grundsatz der Geeignetheit muß der Erlaß eines
vorläufigen Verwaltungsaktes zur Erreichung des angestreb-
ten Zwecks geeignet sein[173]. Der angestrebte Zweck hängt
davon ab, welches Ziel mit dem Erlaß einer vorläufigen Regelung verfolgt wird. Dieses kann die einstweilige Sicherung eines Individualanspruchs oder hochwertiger Rechtsgüter sein[174], wenn dies zur Wahrung des öffentlichen Interesses, der Rechte des Bürgers oder Dritter oder aus sonstigen Gründen notwendig erscheint[175]. Mit anderen Worten soll
der vorläufige Verwaltungsakt eine einstweilige Regelung
ermöglichen, wenn die Gefahr besteht, daß durch eine Veränderung des bestehenden Zustandes der Schutz oder die Verwirklichung der Rechte des Bürgers oder der Allgemeinheit
vereitelt oder wesentlich erschwert werden könnte. Gefahren
und Fehlentwicklungen kann mit Hilfe von vorläufigen Regelungen vorgebeugt werden, die, einmal eingetreten, oft kaum
noch beseitigt oder wieder gutgemacht werden können[176].

Vorläufige Verwaltungsakte können aber auch zum Zweck erlassen werden, wesentliche Nachteile abzuwenden oder drohende Gewalt zu verhindern, oder wenn sie aus anderen vergleichbar schweren Gründen nötig erscheinen[177]. Nur wenn
der Erlaß eines vorläufigen Verwaltungsaktes geeignet erscheint, diese genannten Zwecke zu erreichen, ist er verhältnismäßig. Es geht um ähnliche Zwecke wie bei der sog.
"Sicherungsanordnung" und der sog. "Regelungsanordnung"
gem. § 123 VwGO[178]. Auch diese dürfen nur erlassen werden,
wenn sie zur Sicherung eines Individualanspruchs oder zur
Wahrung des Rechtsfriedens geeignet sind[179]. Diese Ähnlichkeit verwundert nicht, entspringen doch die Regelungen über
die einstweiligen Anordnungen im Verwaltungsprozeß und die
einstweiligen Verfügungen im Zivilprozeß (§ 940 ZPO) sowie
die Praxis vorläufiger Verwaltungsakte u.a. dem gleichen
Rechtsgedanken[180], nämlich der Wahrung und Durchsetzung der

---

172 Vgl. hierzu Mayer/Kopp, Allgem. VerwR, § 30 IV Nr. 1
    m.w.N.
173 Vgl. Schimmelpfennig, Vorläufige Verwaltungsakte, S.
    157 ff., der diese Frage jedoch unter dem Begriff
    "Erforderlichkeit" anspricht; vgl. auch Mayer/Kopp,
    Allgem. VerwR, § 30 IV Nr. 1; bezüglich der Anwendung
    von Nebenbestimmungen zur Erreichung des Zwecks einer
    noch nicht abschließenden Entscheidung vgl. Schachel,
    Nebenbestimmungen, S. 131.
174 Vgl. Schimmelpfennig, BayVBl 1989, 71, mit einigen im
    Gesetz ausdrücklich geregelten Beispielen; W. Martens
    in Drews/Wacke/Vogel/Martens, Gefahrenabwehr, § 13 Anm.
    2 c a.E.
175 Kopp, VwVfG, § 9 Rdnr. 23.
176 Di Fabio, DÖV 1991, 636; Kopp, BayVBl 1968, 237.
177 Kopp, VwVfG, § 9 Rdnr. 23; Seibert, Bindungswirkung, S.
    557.
178 Vgl. Kopp, DVBl 1990, 729.
179 Vgl. Kopp, VwGO, § 123 Rdnr. 6 ff.
180 Kopp, VwGO, § 123 Rdnr. 1, 5.

Rechte und rechtlich geschützten Belange des Bürgers[181]
durch den Erlaß einer Interimslösung bis zur endgültigen
Entscheidung im Hauptsacheverfahren[182]. Beide Verfahren,
vorläufiges Rechtsschutzverfahren wie vorläufiges Verwaltungsverfahren, dienen dazu, davor zu bewahren, daß vor der
abschließenden Entscheidung des Hauptsacheverfahrens Tatsachen geschaffen werden, die die Durchsetzbarkeit der Rechte
des Bürgers in Frage stellen und/oder effektives Verwaltungshandeln[183] bzw. effektiven Rechtsschutz unmöglich machen oder wesentlich erschweren[184].

Der wesentliche Unterschied zwischen dem Erlaß einstweiliger Anordnungen oder Verfügungen nach dem Prozeß-
"Verfahrens"-Recht und dem Erlaß vorläufiger Verwaltungsakte - sowohl einstweilige Anordnungen/Verfügungen als auch
vorläufige Verwaltungsakte sind verselbständigte und einer
besonderen Bestandskraft fähige Aussprüche einer Rechtsfolge[185] - liegt im Zeitpunkt, zu dem dem Bürger zu seinem
Recht verholfen werden soll. Die Verwaltung ist "aktiv han-
delnd", sie soll von vornherein die Rechte des Bürgers wahren und durchsetzen, während die Gerichtsbarkeit "reaktiv"
handelt[186], nämlich erst[187] dann, wenn etwas bei der Verwaltung "schief gelaufen" ist[188]. Die Verwaltung ist primär

181 Bezüglich des Verwaltungsverfahrens vgl. BVerfGE, 60,
    253; Schoch, Vorläufiger Rechtsschutz, S. 140 ff.;
    Ossenbühl, NVwZ 1982, 465; Wahl, VVDStRL 1982, insb.
    Thesen 5-8; Pietzcker, VVDStRL 1982, insb. Thesen 1 b,
    3 b, 8; Kopp, Verfassungsrecht, S. 102 ff.; Kopp,
    VwVfG, vor § 1 Rdnr. 3; vgl. auch Tschira/Schmitt
    Glaeser, Verwaltungsprozeßrecht, Rdnr. 3 ff. zur ver-
    waltungsinternen Kontrolle; bezüglich der Verwaltungs-
    praxis vgl. Ronellenfitsch in Pietzner/Ronellenfitsch,
    Assessorexamen, § 3 Rdnr. 1; Finkelnburg in Finkeln-
    burg/Jank, Vorläufiger Rechtsschutz, § 1 Rdnr. 4 a.E.;
    bezüglich des Zivilprozesses vgl. Jauernig, Zivilpro-
    zeßrecht, § 1 Anm. I 2.
182 Vgl. bezüglich der vorläufigen Verwaltungsakte J.
    Martens, Praxis, Rdnr. 246; bezüglich des vorläufigen
    Rechtsschutzes Schoch, Vorläufiger Rechtsschutz, S.
    192; Jank in Finkelnburg/Jank, Vorläufiger Rechts-
    schutz, Rdnr. 137.
183 Vgl. Di Fabio, DÖV 1991, 630 f.; vgl. auch Kopp,
    VwVfG, vor § 1 Rdnr. 3 ff. m.w.N.
184 Vgl. Jank in Finkelnburg/Jank, Vorläufiger Rechts-
    schutz, Rdnr. 137.
185 Bezüglich der einstweilen Anordnungen/Verfügungen
    vgl. Kopp, VwGO, § 121 Rdnr. 42 bzw. Thomas/Putzo,
    ZPO, § 922 Anm. 5 iVm § 936; bezüglich der Verwal-
    tungsakte s. Kemper, Der vorläufige Verwaltungsakt,
    S. 185; J. Martens, DVBl 1986, 322; ders., Praxis,
    S. 161; Badura in Erichsen/Martens, Allgem. VerwR,
    § 41 I; zur Bestandskraftfähigkeit vorläufiger Ver-
    waltungsakte s. unten § 11 a.
186 König, BayVBl 1989, 34.
187 Vgl. Ule, Verwaltungsprozeßrecht, § 3 I.
188 Vgl. Finkelnburg in Finkelnburg/Jank, Vorläufiger

"Aktion", die Gerichtsbarkeit "nur" "Kontrolle" durch eine
verwaltungsexterne[189], neutrale Instanz[190].

Die Frage der Geeignetheit eines vorläufigen Verwaltungsaktes ist daher vergleichbar mit der Frage des Anordnungs-
grunds beim Erlaß einer einstweiligen Anordnung nach § 123
VwGO, die die Eilbedürftigkeit der Anordnung begründet[191].
Dennoch ergeben sich aus den unterschiedlichen Struktur-
prinzipien, die daraus resultieren, daß die Verwaltung primär "agiert", während die Gerichtsbarkeit "kontrolliert"[192], gewisse Besonderheiten beim vorläufigen Verwaltungsverfahren.

aa) Vorläufige Sicherungs- oder Aufklärungs-Verwaltungsakte

Notwendig kann der Erlaß eines vorläufigen Verwaltungsaktes
werden, wenn die Gefahr besteht, daß durch eine Veränderung
des bestehenden Zustands die Verwirklichung eines Rechts
des Bürgers oder der Allgemeinheit vereitelt oder wesentlich erschwert werden könnte. Diese Fallgruppe vorläufiger
Verwaltungsakte ist vor allem im Sicherheits- und Polizeirecht zu finden, wo ein effektives Handeln oft rasche Entscheidungen erfordert. Setzten Entscheidungen im Polizei-
und Sicherheitsrecht stets eine endgültig abgeschlossene
Beurteilungsgrundlage voraus, käme in vielen Fällen Hilfe
zu spät. Rechte und Rechtsgüter der Bürger oder der Allgemeinheit könnten ohne vorläufige Verwaltungsakte nicht wir-
kungsvoll geschützt werden.

(1) Gefahr für die Rechtsverwirklichung

Ein Hauptanwendungsgebiet für vorläufige Verwaltungsakte im
Rahmen der Sicherung von Rechten des einzelnen oder der
Allgemeinheit ist die vorbeugende Gefahrenabwehr, also das
Handeln und Treffen von Entscheidungen bei konkretem Gefah-
renverdacht[193]. Um rasch handeln zu können und erste Maß-
nahmen einzuleiten, nimmt die Behörde bewußt gewisse Unsi-
cherheiten bei der Diagnose des Sachverhalts oder bei der
Prognose des Kausalverlaufs in Kauf[194].

Rechtsschutz, § 1 Rdnr. 5.
189 Tschira/Schmitt Glaeser, Verwaltungsprozeßrecht, Rdnr.
8.
190 Zum Verhältnis vorläufiger Verwaltungsakte und einstweiligen Rechtsschutzes im Rahmen der Gewaltenteilung
s. auch Kopp, BayVBl 1968, 237.
191 Kopp, VwGO, § 123 Rdnr. 6.
192 S. oben § 2 C V.
193 Vgl. W. Martens in Drews/Wacke/Vogel/Martens, Gefahrenabwehr, § 13 Anm. 2 c.
194 Vgl. W. Martens in Drews/Wacke/Vogel/Martens, Gefahrenabwehr, § 13 Anm. 2 c.

(2) Schwerwiegende Beeinträchtigung der Rechtsverwirklichung

Die drohende Gefahr muß mit einer schwerwiegenden Beeinträchtigung der Rechtsgüter verbunden sein[195]. Die bedrohten Rechte können alle Rechte oder Rechtsgüter einzelner
·oder der Allgemeinheit sein. Hierunter sind wie bei der Sicherungsanordnung nach § 123 I 1 VwGO[196] nicht nur subjek-
tiv-öffentliche Rechte zu fassen, sondern alle materiellen
oder formellen Rechtspositionen, die mit einer Verpflichtungsklage, einer allgemeinen Leistungs- oder Unterlas-
sungsklage, einer Feststellungsklage oder einer sonstigen
Klage später, falls die Verwaltung nicht handelt, gerichtlich durchgesetzt werden können. Darunter fallen Eigentums-
positionen des Bürgers ebenso wie Schutzansprüche des Bürgers gegen die Beeinträchtigung von Rechtspositionen durch
Dritte als auch öffentliche Rechts- und Schutzgüter wie ein
ordnungsgemäßer Wirtschaftsablauf[197], die Effizienz staatlichen Handelns[198] oder das Funktionieren eines ordnungsgemäßen und gerechten Hochschulwesens[199]. Wenn bei einem weiteren Abwarten zu befürchten ist, daß das Recht als solches
nicht mehr den Aufgaben der Verwaltung entsprechend durchgesetzt werden kann, besteht die Gefahr der Vereitelung der
Rechtsverwirklichung. Der Polizei obliegt u.a. die vorbeugende Verhütung von Handlungen gegen Rechtsgüter des einzelnen oder der Allgemeinheit[200]. Wartet die Polizei oder
Sicherheitsbehörde zu lange mit etwaig erforderlichen Handlungen, kann u.U. die Aufgabe der Gefahrenabwehr nicht mehr
erfüllt werden. Der Schutzanspruch des Bürgers kann nicht
mehr verwirklicht werden. Deshalb muß die Polizei oder Sicherheitsbehörde auch vorläufige Maßnahmen treffen dürfen,
wenn nur ein konkreter Gefahrenverdacht besteht[201]. Der Behörde muß es möglich sein, Anlagen, die Anzeichen der Gefährdung des einzelnen, der Allgemeinheit oder der Umwelt
aufweisen, einstweilen stillzulegen. Ebenso muß es der Behörde bei entsprechendem Gefahrenverdacht möglich sein,
einstweilige Baueinstellungen oder vorläufige Beschlag-
nahmen von Gegenständen zu bewirken[202]. Anderenfalls besteht die Gefahr, daß eine Rechtsverwirklichung nicht mehr
möglich (vereitelt) oder wesentlich erschwert ist. Ob eine
wesentliche Erschwerung der Rechtsverwirklichung droht, ist

---

195 Vgl. zum einstweiligen Rechtsschutz, Jank in Finkeln-
    burg/Jank, Vorläufiger Rechtsschutz, Rdnr. 156.
196 Vgl. hierzu Jank in Finkelnburg/Jank, Vorläufiger
    Rechtsschutz, Rdnr. 142.
197 Vgl. Normzweck von § 11 a GastG, vgl. Mörtel/Metzner,
    GastG, § 11 Rdnr. 1.
198 Vgl. hierzu Mayer/Kopp, Allgem. VerwR, § 30 IX m.w.N.
199 Vgl. z.B. die vorläufige Nichtanerkennung von DDR-
    Abituren bis zur endgültigen Entscheidung im Juni
    1990.
200 Vgl. W. Martens in Drews/Wacke/Vogel/Martens, Gefah-
    renabwehr, § 9 Anm. 1.
201 Vgl. W. Martens in Drews/Wacke/Vogel/Martens, Gefah-
    renabwehr, § 13 Anm. 2 c a.E.
202 Vgl. König, BayVBl 1989, 33.

entsprechend einer vernünftigen, den wirtschaftlichen und tatsächlichen Verhältnissen gerecht werdenden Betrachtungsweise ex ante zu beurteilen[203]. Eine Erschwerung kann angenommen werden, wenn eine Verbrechensaufklärung nur mehr mit unverhältnismäßigem Aufwand und geringen Erfolgsaussichten durchgeführt werden kann, wenn nicht bereits beim Gefahrenverdacht erste aufklärende und sichernde Maßnahmen eingeleitet werden, oder auch wenn der Lebensunterhalt für Sozialhilfeempfänger so spät kommt, daß dieser bereits körperliche, behandlungsbedürftige Mangelerscheinungen aufweist. Dasselbe gilt für Subventionen, auf die mit hinreichender Wahrscheinlichkeit ein Anspruch besteht. Leistet die Verwaltung erst nach vollständiger Feststellung der Voraussetzungen, kann der subventionsberechtigte Unternehmer, je nach Umständen, bereits Konkurs angemeldet haben, so daß die Verwirklichung seines Leistungsrechts durch Zeitablauf vereitelt wurde[204].

(3) Veränderung des bestehenden Zustands

§ 123 I 1 VwGO nennt das Merkmal der "Veränderung des bestehenden Zustandes". Diesem Merkmal kommt die Bedeutung zu, die Akzessorietät der vorläufigen Regelung zum Hauptsacheverfahren aufzuzeigen. Demnach ist eine vorläufige Regelung nur dann und soweit nötig, wenn zu befürchten ist, daß sich die gegebenen tatsächlichen Grundlagen des Gegenstandes[205] in der Hauptsache zum Nachteil eines der Beteiligten erheblich verändert[206]. Wegen der gleichen Abhängigkeit des "vorläufigen" Verwaltungsverfahrens zum abschließenden Hauptverfahren, ist auch beim Erlaß von vorläufigen Verwaltungsakten auf die Gefahr der Veränderung des bestehenden Zustands gegenüber dem Zustand zum voraussichtlichen Zeitpunkt der abschließenden Entscheidung abzustellen[207].

(4) Regelungsart

Um für Rechts- oder Schutzpositionen oder Rechtsgüter des einzelnen oder der Allgemeinheit nachteilige Veränderungen des bestehenden Zustands bis zur Endentscheidung zu verhindern, gestattet das Verhältnismäßigkeitsgebot nur vorläufige, zustandssichernde oder aufklärende Maßnahmen[208].

---

203 Di Fabio, DÖV 1991, 632; ähnlich bei der einstweiligen Anordnung nach § 123 I 1 VwGO, vgl. Jank in Finkelnburg/Jank, Vorläufiger Rechtsschutz, Rdnr. 158.
204 Vgl. Tiedemann, DÖV 1981, 786; Peine, DÖV 1986, 852.
205 Zum Begriff des Streitgegenstandes im Verwaltungsprozeßverfahren vgl. Kopp, VwGO, § 90 Rdnr. 12 ff.; zum Begriff des Gegenstandes im Verwaltungsverfahren vgl. Kopp, VwVfG, vor § 9 Rdnr. 5.
206 Vgl. Jank in Finkelnburg/Jank, Vorläufiger Rechtsschutz, Rdnr. 161 ff.
207 Vgl. zum Begriff der Veränderung des bestehenden Zustandes bei § 123 VwGO, Jank in Finkelnburg/Jank, Vorläufiger Rechtsschutz, Rdnr. 160 ff.
208 Vgl. Di Fabio, DÖV 1991, 635 f.; W. Martens in Drews/Wacke/Vogel/Martens, Gefahrenabwehr, § 13 Anm. 2 c

bb) Vorläufige Regelungsverwaltungsakte

Stehen bei vorläufigen "Sicherungs- und Aufkärungs"-Verwaltungsakten mehr oder weniger konkrete Rechte des einzelnen oder der Allgemeinheit im Vordergrund, können, ähnlich wie einstweilige Anordnungen nach § 123 I 2 VwGO, vorläufige Verwaltungsakte erforderlich sein, im Rahmen eines noch nicht entschiedenen Rechtsverhältnisses eine vorläufige Regelung zu treffen, um wesentliche Nachteile abzuwenden oder drohende Gewalt zu verhindern oder wenn sie aus anderen vergleichbar schwerwiegenden Gründen nötig erscheinen[209]. Insbesondere bei Verwaltungsakten mit Dauerwirkung kann eine vorläufige Regelung erforderlich werden[210]. Zweck dieser Art von vorläufigen Regelungen ist vor allem die Wahrung des Rechtsfriedens[211]. Insofern ist der Anwendungsbereich von vorläufigen "Regelungs"-Verwaltungsakten weiter als derjenige der vorläufigen sichernden und aufklärenden Verwaltungsakte[212]. Er erlaubt jede Regelung, die erforderlich ist, um das Hauptverfahren entscheidungsfähig zu erhalten[213]. Aber auch der Rechtsfrieden ist ein Rechtsgut, ein Rechtsgut der Allgemeinheit. Insofern wird es wie bei § 123 VwGO auf eine klare Unterscheidung in der Regel nicht ankommen[214]. Unter dem vorläufig zu regelnden Rechtsverhältnis sind Rechtsbeziehungen zu verstehen, die sich aus einem konkreten Sachverhalt aufgrund öffentlich-rechtlicher Rechtsnormen zwischen Verfahrensbeteiligten ergeben[215]. Vorläufig regelungsbedürftig ist das Rechtsverhältnis dann, wenn es noch nicht endgültig entscheidungsreif ist, jedoch zur Sicherung des Rechtsfriedens ein Abwarten nicht mehr angemessen ist und eine Entscheidung, wenn auch nur vorläufiger Art, getroffen werden muß. Fälle, wie die Versetzung in die nächste Schulstufe oder die vorläufige Festsetzung des Dienstalters würden unter einen solchen vorläufigen "Regelungs"-Verwaltungsakt zu fassen sein. Nötig kann eine vorläufige Regelung werden, wenn es gilt, wesentliche Nach-

a.E.; zum vergleichbaren einstweiligen Rechtsschutz vgl. Jank in Finkelnburg/Jank, Einstweiliger Rechtsschutz, Rdnr. 164 ff.

209 Kopp, VwVfG, § 9 Rdnr. 23.
210 Vgl. König, BayVBl 1989, 33.
211 Vgl. beim einstweiligen Rechtsschutz, Kopp, VwGO, § 123 Rdnr. 6.
212 Vgl. parallel hierzu Jank in Finkelnburg/Jank, Vorläufiger Rechtsschutz, Rdnr. 210, 213.
213 Vgl. Jank in Finkelnburg/Jank, Vorläufiger Rechtsschutz, Rdnr. 210.
214 Vgl. Kopp, VwGO, § 123 Rdnr. 6; Bickel, DÖV 1983, 52 f.; Jakobs, VBlBW 1984, 133; Ule, Verwaltungsprozeßrecht, § 67 II 1; Thomas/Putzo, ZPO, § 839 Anm. 1 zu den einstweiligen Entscheidungen im Prozeßrecht; a.A. Jank in Finkelnburg/Jank, Vorläufiger Rechtsschutz, Rdnr. 211.
215 Vgl. Kopp, VwGO, § 123 Rdnr. 8; Jank in Finkelnburg/Jank, Vorläufiger Rechtsschutz, Rdnr. 184.

teile, die auch wirtschaftlicher oder wohl auch ideeller Art sein können[216], oder drohende Gewalt zu verhindern, oder wenn sie aus anderen vergleichbar schwerwiegenden Gründen nötig erscheint. Das Interesse an einer vorläufigen Regelung muß über das allgemeine Interesse an einem raschen Verfahrensende hinausreichen. Ein Abwarten der abschließenden Entscheidung muß für die Beteiligten oder einen Teil der Beteiligten unzumutbar erscheinen[217]. Aus dem Umstand, daß ein Abwarten der endgültigen Entscheidung unzumutbar erscheint, muß auch die Dringlichkeit einer vorläufigen Regelung resultieren.

b) Grundsatz der Erforderlichkeit

Der "verfahrensrechtiche" Teil der Ermessensprüfung beim Erlaß eines vorläufigen Verwaltungsaktes erstreckt sich auch auf die Frage der Erforderlichkeit und der Angemessenheit. Auf den Grundsatz der Erforderlichkeit braucht wegen der Eigenschaft der Verwaltungsgerichtsbarkeit als "nachgeschaltete" Verwaltungskontrolle – auch § 123 VwGO dient entsprechend dem Gewaltenteilungsprinzip vornehmlich der Kontrolle, was trotz des hervorragend entwickelten und ausgebauten einstweiligen Rechtsschutzes nicht übersehen werden sollte[218] – und des Erfordernisses eines Antrags gem. § 123 I S. 1 VwGO das Gericht beim Erlaß einer einstweiligen Anordnung nach § 123 VwGO nur in Ausnahmefällen näher einzugehen. Zur Erreichung des Ziels der einstweiligen Rechtssicherung oder Wahrung des Rechtsfriedens ist das Instrument der einstweiligen Anordnung nach § 123 VwGO als Rechtskontrolle i.d.R. als erforderlich und mildestes Mittel anzunehmen, wenn Gefahr im Verzug gegeben ist und die Antragstellung nicht willkürlich erscheint. Beim Erlaß eines vorläufigen Verwaltungsaktes ist dies nicht ohne weiteres selbstverständlich. Die Verwaltung muß vor Erlaß eines vorläufigen Verwaltungsaktes stets auch seine Erforderlichkeit prüfen.

Der Grundsatz der Erforderlichkeit besagt, daß das Verwaltungshandeln nicht weiter gehen darf, als für das gesetzte Ziel erforderlich ist, wobei stets das mildeste Mittel zu wählen ist, also jenes Mittel, das für den Betroffenen am wenigsten belastend ist[219]. Die Interessen- und Rechtskonstellation bei vorläufigen Verwaltungsakten ist häufig dergestalt, daß dem Bürger oder auch der Allgemeinheit mit überwiegender Wahrscheinlichkeit[220] Anspruchs- oder Schutzrechte aus Gesetz zustehen, deren Gewährung und Verwirkli-

---

216 Vgl. Peine, DÖV 1986, 849, 852.
217 Vgl. Tiedemann, DÖV 1981, 786.
218 Vgl. Schimmelpfennig, BayVBl 1989, 74; Kemper, DVBl 1989, 988; Tiedemann, DÖV 1981, 789.
219 Mayer/Kopp, VerwR, § 30 IV NR. 2 m.w.N.; vgl. auch zur Anwendung von Nebenbestimmungen, durch die die Vorläufigkeit einer Regelung bestimmt werden kann, Schachel, Nebenbestimmungen, S. 151 ff., 98.
220 Vgl. Schwermer in Kunig/Schwermer/Versteyl, AbfG, § 7 a Rdnr. 14 m.w.N.

chung durch ein weiteres Abwarten und Prüfen gefährdet oder
wesentlich erschwert zu werden droht[221]. Das Abwarten bis
zur endgültigen Entscheidung, die dann möglicherweise für
den Bürger zu spät kommt, gefährdet somit die Erreichung
des Normzwecks und den Auftrag der Verwaltung zu effektiver
Erfüllung ihrer Aufgaben[222]. Um die Rechte des Bürgers oder
der Allgemeinheit effektiv zu schützen, durchzusetzen oder
zu gewährleisten, kann entsprechend der jeweiligen Einzel-
fallkonstellation der Erlaß eines vorläufigen Verwaltungsaktes erforderlich und für den Bürger das einstweilen in-
teressanteste und am wenigsten belastende Mittel sein[223].
Im Einzelfall kann der Grundsatz der Erforderlichkeit es
sogar gebieten, daß bei entsprechender Ermessensreduzierung
auf Null die Verwaltung einen vorläufigen Verwaltungsakt
erläßt[224].

c) Grundsatz der Angemessenheit

Daß ein vorläufiger Verwaltungsakt im Einzelfall das "mildeste" Mittel ist und dem Grundsatz der Erforderlichkeit
entspricht, sagt noch nichts darüber aus, ob der Erlaß
eines vorläufigen Verwaltungsaktes für den konkreten Fall
auch das "angemessene" Mittel ist. Nach dem Grundsatz der
Angemessenheit (Verhältnismäßigkeit i.e.S.) ist der Erlaß
eines vorläufigen Verwaltungsaktes, auch wenn er für das
gesetzte Ziel erforderlich ist, unzulässig, wenn die mit
ihm verbundenen Nachteile im Anwendungsfall außer Verhältnis zum Wert des Erfolges stehen[225]. Ist der Wert des Er-
folgs in der einstweiligen Sicherung von Rechten oder der
Wahrung des Rechtsfriedens zu sehen, so stehen auf der anderen Seite die Nachteile, daß die getroffene Regelung nur
vorläufige Geltung hat und "jederzeit" einseitig von der
Verwaltung aufgehoben werden kann, ohne daß die Verwaltung
bei einer späteren Rücknahme und Rückforderung von Leistungen mit § 48 VwVfG und der damit verbundenen Beweislast der
Behörde für die Rechtswidrigkeit des Verwaltungsaktes, dem
Vertrauensschutz und u.U. der Einrede des Wegfalls der Be-
reicherung konfrontiert wäre[226]. Der Vertrauensschutz, den
der Bürger beim Verwaltungshandeln grundsätzlich genießt,
ist bei vorläufigen Verwaltungsakten nur sehr eingeschränkt

---

221 Vgl. Schimmelpfennig, BayVBl 1989, 71; Tiedemann, DÖV
    1981, 786.
222 Vgl. Kopp, VwVfG, vor § 1 Rdnr. 3 m.w.N.; Schimmel-
    pfennig, BayVBl 1989, 71; Tiedemann, DÖV 1981, 786.
223 Vgl. Kemper, DVBl 1989, 982; Tiedemann, DÖV 1981, 786,
    die dies anhand von vorläufigen Geldleistungen, die dem
    Antragsteller ein Entgegenkommen darstellen, veran-
    schaulichen.
224 Vgl. Di Fabio, DÖV 1991, 637; König, BayVBl 1989, 34;
    Erichsen in Erichsen/Martens, Allgem. VerwR, § 12 II 2
    c, cc.
225 Vgl. Mayer/Kopp, Allgem. VerwR, § 30 IV Nr. 3 m.w.N.;
    vgl. Schimmelpfennig, Vorläufige Verwaltungsakte, S.
    159; ders., BayVBl 1989, 75.
226 Tiedemann, DÖV 1981, 786; Di Fabio, DÖV 1991, 636.

vorhanden[227]. Die Rechtssicherheit wird dadurch beeinträchtigt[228]. Zudem stellen vorläufige Verwaltungsakte, die auf einer nicht abschließend geklärten Sachverhaltsgrundlage beruhen, stets "potentielles Unrecht" dar[229]. Der Fall bleibt "offen", "in Schwebe", bis zur endgültigen Klärung. Der Zeitpunkt der endgültigen Klärung ist oft nur ungefähr voraussehbar.

Dies sind Nachteile, die letztlich auf den Bürger zurückfallen können[230]. Andererseits dient der vorläufige Verwaltungsakt dem Grundsatz der Leistungsfähigkeit, der Effizienz und der Gesetzmäßigkeit der Verwaltung[231], indem er vom Zeitdruck entlastet und somit wiederum eine richtige Endentscheidung ermöglicht[232]. Das alles muß abgewogen und berücksichtigt werden[233]. Ergibt diese Abwägung, daß dem Bürger oder der Allgemeinheit im Verhältnis zu Anlaß, Zweck und Vorteilen, die eine vorläufige Regelung bietet, der Vertrauensschutz, auf den der Bürger im konkreten Fall in eine Verwaltungsentscheidung setzen können muß, oder sonstige betroffene Güter im Lichte auch verfassungsrechtlicher Werte wichtiger sind und in keinem vernünftigen, angemessenen Verhältnis zueinander stehen, ist ein vorläufiger Verwaltungsakt unverhältnismäßig und damit unzulässig[234]. In dieser Abwägung ist auch zu berücksichtigen, wie intensiv die Sache geprüft worden ist und wie wahrscheinlich ein entsprechender Ausgang des Hauptverfahrens ist ("Wahrscheinlichkeitsdichte"), wie hoch der Zeitdruck ist, welche Konsequenzen ein weiteres Abwarten hat, wie weitreichend die Vorwegnahme der Hauptsache und wie schwerwiegend und irreparabel etwaige Folgen einer vorläufigen Entscheidung

---

227 Vgl. Tiedemann, DÖV 1981, 786.
228 Schimmelpfennig, BayVBl 1989, 73.
229 Schimmelpfennig, BayVBl 1989, 73; Peine, DÖV 1986, 849/852, 858; Berg, Verwaltungsrechtliche Entscheidung, S. 18.
230 Deshalb verwundert die Heftigkeit der Diskussion um die Zulässigkeit des vorläufigen Verwaltungsaktes im Grunde nicht.
231 Schimmelpfennig, BayVBl 1989, 73 f.
232 Schimmelpfennig, Vorläufige Verwaltungsakte, S. 146.
233 Vgl. Schimmelpfennig, BayVBl 1989, 74; v. Mutius, NJW 1982, 2158; Ossenbühl, NVwZ 1982, 469; vgl. auch gerade in bezug auf Nebenbestimmungen, durch welche die Vorläufigkeit zum Ausdruck gebracht werden kann, Schachel, Nebenbestimmungen, S. 151 ff.; H. Meyer in Meyer/Borgs, VwVfG, § 36 Rdnr. 34.
234 Vgl. Mayer/Kopp, Allgem. VerwR, § 30 IV Nr. 3 m.w.N.; Schimmelpfennig, BayVBl 1989, 75; Schneider, Nebenbestimmungen, S. 72; Kisker, VVdStRL 32, S. 171 ff.

sind[235]. Öffentliche wie private Interessen sind gegeneinander abzuwägen[236].

Die Verhältnismäßigkeit i.w.S. ist in bezug auf den gesamten Verwaltungsakt zu beurteilen. Die Regelung, die ein Verwaltungsakt trifft, muß als solche im Rahmen des Verwaltungszweckes verhältnismäßig sein. Deshalb müssen die im Verwaltungsakt getroffenen Bestimmungen, gleichgültig ob diese als "Inhaltsbeschränkungen"[237] oder bereits als typisierte Nebenbestimmungen i.S.v. § 36 VwVfG anzusehen sind, in ihrem Zusammenspiel eine verhältnismäßige Regelung darstellen[238]. Deshalb kommt es nicht darauf an, ob die Verwaltung die Vorläufigkeit einer Regelung mittels einer Nebenbestimmung - Bedingung[239], Widerrufsvorbehalt[240] oder Befristung[241] - zum Ausdruck bringt oder ob sich die Vorläufigkeit als bloße Inhaltsregelung oder Inhaltsbeschränkung darstellt[242].

4. Bestimmtheitsgrundsatz

Das Bestimmtheitsgebot ist eine Folgerung des Rechtsstaatsprinzips und dient der Rechtsklarheit und Rechtssicherheit[243]. Normiert für den Erlaß von Verwaltungsakten ist der Grundsatz der hinreichenden Bestimmtheit in § 37 I VwVfG. Er gilt daher auch für vorläufige Verwaltungsakte[244]. Erfaßt vom Bestimmtheitsgebot sind alle Teile der von der Verwaltung getroffenen Regelung, so auch Inhaltsbeschränkungen oder Nebenbestimmungen[245]. Auf der verfahrensrechtlichen Seite des vorläufigen Verwaltungsaktes muß insbesondere der vorläufige Geltungscharakter klar zum Ausdruck kommen, wobei es nicht darauf ankommt, ob die Vorläufigkeit als Nebenbestimmung oder "bloße" Inhaltsbe-

---

235 Vgl. Schimmelpfennig, BayVBl 1989, 75; ders., Vorläufige Verwaltungsakte, S. 156 ff., der diese Abwägung jedoch als "Relationsmodell" im Rahmen der Intensität der Sachverhaltsaufkärung vornehmen möchte; vgl. auch als Parallele den einstweiligen Rechtsschutz bei Kopp, VwGO, § 123 Rdnr. 30; Jank in Finkelnburg/Jank, Vorläufiger Rechtsschutz, Rdnr. 239, 256; F. Baur, Studien, S. 35; Berg, Verwaltungsrechtliche Entscheidung, S. 23; BayVGH, BayVBl 1981, 401, 402.
236 Vgl. Kopp, DVBl 1990, 730; ders., VwGO, § 123 Rdnr. 30.
237 Zur "Rechtsfigur" der inhaltlichen Beschränkung vgl. Rumpel, BayVBl 1987, 577 sowie oben § 4 C.
238 H. Meyer in Meyer/Borgs, VwVfG, § 36 Rdnr. 34; Schachel, Nebenbestimmungen, S. 96 ff.
239 S. oben § 4 B II.
240 S. oben § 4 B V.
241 S. oben § 4 B I.
242 Vgl. auch Kopp, VwVfG, § 36 Rdnr. 39.
243 Vgl. Kopp, VwVfG, § 37 Rdnr. 2.
244 Di Fabio, DÖV 1991, 637; J. Martens, DÖV 1987, 998.
245 Vgl. Kopp, VwVfG, § 37 Rdnr. 3; H. Meyer in Meyer/Borgs, VwVfG, § 37 Rdnr. 1; Stelkens in Stelkens/Bonk/Leonhardt, VwVfG, § 37 Rdnr. 13.

schränkung geregelt ist[246]. Der Betroffene muß eindeutig erkennen können, daß sich die Verwaltung zum Erlaß einer nur vorläufig geltenden Regelung entschlossen hat[247]. Er muß auch ersehen können, wie weit die Vorläufigkeit reicht[248]. Es muß aus dem vorläufigen Verwaltungsakt klar hervorgehen, welche Gesichtspunkte noch offen und kärungsbedürftig sind[249] und welches "Klärungsereignis oder Klärungsergebnis" zur Beendigung der Vorläufigkeit führen wird[250]. Etwaige Unsicherheiten gehen zu Lasten der Behörde[251]. Läßt der vorläufige Verwaltungsakt verschiedene, an sich vernünftige Auslegungen zu, so kann der Bürger die für ihn günstigere Auslegung als maßgebend ansehen[252], so daß im Zweifel ein vorläufiger Verwaltungsakt als endgültiger Verwaltungsakt anzusehen ist, wenn sein vorläufiger Charakter nicht eindeutig genug hervorgeht.

---

246 Vgl. Stelkens in Stelkens/Bonk/Leonhardt, VwVfG, § 37 Rdnr. 13; Kopp, VwVfG, § 36 Rdnr. 39, § 37 Rdnr. 3.
247 OVG NW, DÖV 1991, 562.
248 Kemper, DVBl 1989, 988; Schimmelpfennig, Vorläufige Verwaltungsakte, S. 160; Di Fabio, DÖV 1991, 637.
249 Kemper, DVBl 1989, 988; König, BayVBl 1989, 36; J. Martens, DÖV 1987, 998; Di Fabio, DÖV 1991, 637.
250 König, BayVBl 1989, 36.
251 Kopp, VwVfG, § 37 Rdnr. 5 m.w.N.
252 BVerwGE 48, 281; 60, 229; Mayer/Kopp, Allgem. VerwR, § 12 III Nr. 9.

§ 9 Rechtmäßigkeit in der Sache

A.) Bedeutung

Ging es in § 8 um die "Verfahrenswahl", also um die Frage,
ob ein vorläufiger Verwaltungsakt in Anbetracht eines konkreten Falles geeignetes und angemessenes, wenn auch nur
vorläufiges Regelungsinstrument ist, geht es im folgenden
um den konkreten Regelungsinhalt. Der Inhalt eines vorläufigen Verwaltungsaktes bestimmt sich entsprechend dem Vorgehen, dem Sinn und Zweck der anzuwendenden Gesetzesmate-
rie[1] nach pflichtgemäßem Ermessen der Behörde.

B.) Formelle Rechtmäßigkeit

Die Aufklärungspflicht ist nicht geringer als oben bei der
Frage nach der Wahl des anzuwendenden Instruments. Sie
richtet sich jedoch hier auf die konkrete Ausgestaltung und
den Regelungsinhalt des vorläufigen Verwaltungsaktes. In
formeller Hinsicht muß ebenfalls die zuständige Behörde den
vorläufigen Verwaltungsakt inhaltlich ausgestalten und das
Verfahren, wie Beteiligung, Anhörung, Mitwirkung anderer
Behörden, entsprechend den ausgeführten Grundsätzen[2], jedoch hinsichtlich der sachlichen Ausfüllung des vorläufigen
Verwaltungsaktes, durchführen. Die konkrete, im vorläufigen
Verwaltungsakt getroffene Regelung muß die Verwaltung gem.
§ 41 VwVfG ebenfalls bekanntgeben und gem. § 39 VwVfG begründen. Es gelten dieselben Anforderungen wie sie bei jeder anderen Bekanntgabe von Verwaltungsakten üblich sind.

C.) Materielle Rechtmäßigkeit

I.) Rechtsgrundlage für den Inhalt einer vorläufigen
    Regelung

Die materiellrechtliche Befugnis für die konkrete Ausgestaltung einer vorläufigen Regelung folgt im Regelfall, soweit gesetzlich nichts anderes bestimmt ist, aus der (umfassenden) Ermächtigung zu einer abschließenden Sachentscheidung[3]. Diese enthält als ein "weniger" im Zweifel auch
die Ermächtigung für den Inhalt einer vorläufigen Regelung[4]. Gibt die Ermächtigungsnorm die Befugnis zu einer
Ermessensentscheidung, so umfaßt dieses Ermessen neben der
Entscheidung zum Erlaß eines vorläufigen Verwaltungsaktes
auch den Regelungsinhalt, soweit dies die Norm und der Ge-

---

1 Vgl. Mayer/Kopp, Allgem. VerwR, § 13 III 3; Stelkens in
  Stelkens/Bonk/Leonhardt, VwVfG, § 36 Rdnr. 28, 30.
2 S. oben § 8 B I 2.
3 Kopp, Verfassungsrecht, S. 115; König, BayVBl 1989, 34;
  Di Fabio, DÖV 1991, 636.
4 Kopp, Verfassungsrecht, S. 115; König, BayVBl 1989, 34,
  für Ermessensnormen.

setzeszweck zulassen. Es gelten die allgemeinen Grundsätze
über die pflichtgemäße Ermessensausübung (§ 40 VwVfG).

Liegt eine gebundene Befugnisnorm vor, nach der die Verwaltung bei Vorliegen der Voraussetzungen handeln muß, so
schließt dies, wenn die Verwaltungsaktvoraussetzungen nur
"wahrscheinlich" sind, den Erlaß eines vorläufigen Verwaltungsaktes nicht aus, sofern er zur effektiven Verwirklichung des Normzwecks erforderlich ist[5]. Der Inhalt des vorläufigen Verwaltungsaktes muß in diesem Fall der Rechtsfolge, die die zwingende Norm vorsieht, entsprechen, wenn
auch nur vorläufig[6]. Die Vorläufigkeitsbestimmung dient der
Sicherstellung, daß die gesetzlichen Voraussetzungen der
Norm auch bezüglich der abschließenden Regelung erfüllt
werden. Sie stimmt insofern mit § 36 I VwVfG überein und
ist deshalb zulässig[7].

II.) Verhältnismäßigkeit

Der Inhalt der getroffenen vorläufigen Ermessensregelung
muß seinerseits dem Verhältnismäßigkeitsgrundsatz entsprechen[8]. So muß der Inhalt des getroffenen vorläufigen Verwaltungsaktes zur Erreichung des Normzwecks geeignet sein
(Grundsatz der Geeignetheit)[9] und die am wenigsten belastende Regelung darstellen (Grundsatz der Erforderlichkeit)[10]. Ein vorläufiges, generelles Verkaufsverbot für
möglicherweise gesundheitsgefährdende Dämmplatten widerspricht dem Grundsatz der Erforderlichkeit, wenn ein vorläufiges Verwendungsverbot für gewisse Bereiche bis zur
endgültigen Aufklärung der Gesundheitsgefährdung ausreicht.
Ebenso muß der Inhalt der vorläufigen Regelung angemessen
sein (Grundsatz der Angemessenheit, Verhältnismäßigkeit
i.e.S.)[11]. Anlaß, Zweck und Ausmaß der getroffenen Maßnahme
müssen im Sinne einer Abwägung der betroffenen Güter in
einem vernünftigen, angemessenen Verhältnis zueinander stehen, wobei insbesondere auch verfassungsrechtliche Wertun-
gen zu berücksichtigen sind[12]. Tritt in einer kerntechnischen Anlage ein Störfall einer nicht unbedeutenden Größen-
ordnung auf, so kann dennoch ein vorläufiges Verbot aller
kerntechnischen Anlagen jeder Art ohne Ausnahmeregelung
außer Verhältnis zu den Nachteilen (z.B. Zusammenbruch der
Stromversorgung etc.) sein.

III.) Bestimmtheitsgrundsatz

Die vorläufige Regelung muß inhaltlich hinreichend bestimmt
sein (§ 37 I VwVfG). Die Betroffenen müssen klar und zwei-

---

5 Vgl. Kemper, DVBl 1989, 986; s. oben § 2 C II.
6 Vgl. Kemper, DVBl 1989, 986.
7 S. oben § 4 B.
8 Vgl. Mayer/Kopp, Allgem. VerwR, § 30 IV; Erichsen in
   Erichsen/Martens, Allgem. VerwR, § 12 II 2 c, bb.
9 Vgl. hierzu Mayer/Kopp, Allgem. VerwR, § 30 IV Nr. 1.
10 Vgl. hierzu Mayer/Kopp, Allgem. VerwR, § 30 IV Nr. 2.
11 Vgl. hierzu Mayer/Kopp, Allgem. VerwR, § 30 IV Nr. 3.
12 Mayer/Kopp, Allgem. VerwR, § 30 IV Nr. 3.

felsfrei erkennen können, an wen der Verwaltungsakt gerichtet ist, was er - wenn auch nur vorläufig - gewährt, untersagt, welche Rechte und Pflichten er feststellt oder welches Rechtsverhältnis er wie regelt[13]. Inhalt, Zweck und
Ausmaß der Regelung müssen so vollständig und eindeutig
verständlich sein, daß die Betroffenen ihr Verhalten danach
richten können[14]. Entscheidend ist auch hier der objektive
Erklärungswert und -inhalt des als Inhalt des Verwaltungsaktes Mitgeteilten, so wie die Betroffenen ihn nach Treu
und Glauben (§§ 133, 157 BGB entsprechend) verstehen konnten, wobei Unklarheiten zu Lasten der Behörde gehen[15].

---

13 Mayer/Kopp, Allgem. VerwR, § 12 III 9; Badura in
   Erichsen/Martens, Allgem. VerwR, § 41 II 5; Ule in
   Ule/Laubinger, Verwaltungsverfahrensrecht, § 51 I.
14 Kopp, VwVfG, § 37 Rdnr. 4 m.w.N.
15 Kopp, VwVfG, § 37 Rdnr. 5.

§ 10 Rückerstattungsansprüche, Schadensersatzforderungen

Stellt sich bei der abschließenden Prüfung der Verwaltungsaktvoraussetzungen heraus, daß die Voraussetzungen für den
Erlaß einer endgültigen Regelung trotz der bei Erlaß des
vorläufigen Verwaltungsaktes vorliegenden hohen Wahrscheinlichkeit nicht gegeben sind, erhebt sich die Frage nach der
Rückerstattung von Geleistetem bzw. dem Ersatz möglicherweise entstandenen Schadens. Eine § 123 II VwGO i.V.m. §
945 ZPO vergleichbare Regelung für den Bereich vorläufiger
Verwaltungsakte fehlt.

A.) Rückerstattungsansprüche

Nach hier vorgeschlagener Konstruktion lassen sich sämtliche Erscheinungsformen des vorläufigen Verwaltungsaktes auf
Verwaltungsakte zurückführen, denen eine Nebenbestimmung
i.S.v. § 36 II VwVfG beigefügt ist oder deren Vorläufigkeitsbestimmung als eine Inhaltsbestimmung zu verstehen
ist, auf die § 36 VwVfG entsprechende Anwendung findet.
Deshalb kommt es für die Rückforderungsmöglichkeiten der
Behörde an, in welcher Form sie die Vorläufigkeitsgültig-
keit des vorläufigen Verwaltungsaktes bestimmt hat. Maßgebend ist, wie die Betroffenen die Vorläufigkeitsbestimmung
der Regelung unter den ihnen bekannten Umständen nach Treu
und Glauben ihrem objektiven Erklärungswert nach verstehen
durften[1]. Danach, welches Instrument die Verwaltung zur Bestimmung der Vorläufigkeit wählte, bestimmen sich auch die
Folgen der Regelung, wenn sich die bei Erlaß des vorläufigen Verwaltungsaktes vorgenommene Beurteilung später als
nicht richtig herausstellt.

Ein befristeter Verwaltungsakt endet zum Zeitpunkt des bestimmten Ereignisses. Mit diesem Zeitpunkt entfällt seine
Regelungswirkung ex nunc. Eine Rückwirkung ist nicht möglich.

Drückt die Behörde die Vorläufigkeit erkennbar mittels
einer auflösenden Bedingung aus, so endet die Regelungswirkung des vorläufigen Verwaltungsaktes mit Eintritt des bestimmten Ereignisses. Je nach Ausformung kann bei einer
auflösenden Bedingung die Rechtswirkung des Verwaltungsaktes auch rückwirkend entfallen[2]. Empfangene Leistungen
sind dann nach den Grundsätzen über den Folgenbeseitigungs-
bzw. Erstattungsanspruch zurückzuerstatten[3].

Kommt die Vorläufigkeit mittels eines Widerrufsvorbehalts
zum Ausdruck, so endet der Verwaltungsakt zum Zeitpunkt der
Ausübung des Widerrufs. Gem. § 49 II VwVfG wirkt der Wider-

---

1 Kopp, VwVfG, § 36 Rdnr. 5.
2 S. oben § 4 B II.
3 Vgl. Mayer/Kopp, Allgem. VerwR, § 58; Henke, DVBl 1983,
  1247.

ruf nur für die Zukunft. Dennoch ist in der Rspr. bei Sub-
ventionsbewilligungen eine Rückerstattungspflicht anerkannt[4]. Im übrigen sei auf die oben erörterten Überlegungen
von Schenke[5] und Kopp[6] verwiesen. Nach Schenke kann sich
aus der Auslegung der für den Erlaß von Verwaltungsakten
maßgeblichen Vorschriften oder anderen Grundsätzen (z.B.
Übermaßverbot) ergeben, daß der Wegfall einzelner beim Erlaß angenommener tatsächlicher oder rechtlicher maßgeblicher Umstände eine nachträgliche rückwirkende Rechtswidrigkeit des Verwaltungsaktes nach sich ziehen soll, so daß
nicht § 49 VwVfG, sondern § 48 VwVfG Anwendung findet[7].
Demnach kann entsprechend den nach § 48 VwVfG geltenden
Vertrauensgesichtspunkten Geleistetes zurückgefordert werden.

Für Kopp sind anstelle der §§ 48 ff. VwVfG ohnehin die allgemeinen Grundsätze des Folgenbeseitigungsanspruchs bzw.
des Erstattungsrechts in den Fällen anzuwenden, in denen
der Verwaltungsakt nach seinem erkennbaren Inhalt, Sinn und
Zweck nur für eine bestimmte Situation Geltung beansprucht,
die später weggefallen ist[8]. Übertragen auf den vorläufigen
Verwaltungsakt sind hier ebenfalls diese allgemeinen Grundsätze anwendbar[9].

Bei Vorläufigkeitsbestimmungen, die sich als "bloße" Inhaltsbeschränkungen des Verwaltungsaktes darstellen, gilt
Entsprechendes wie bei den durch Nebenbestimmungen ausge-
formten Vorläufigkeitsbestimmungen[10].

B.) Schadensersatz

Entfällt die Rechtswirkung des vorläufigen Verwaltungsaktes
je nach Ausformung der Vorläufigkeit rückwirkend, so kann
die Beseitigung von eintretenden Beeinträchtigungen subjektiver Rechtspositionen seitens des Bürgers, u.U. aber auch
seitens der Verwaltung, gemäß den Grundsätzen des öffent-
lich-rechtlichen Folgenbeseitigungsanspruchs geltend gemacht werden[11]. Der Anspruch richtet sich auf
Wiederherstellung des ursprünglichen Zustandes bzw. auf
Herstellung eines gleichwertigen Zustandes, soweit dies
tatsächlich möglich, rechtlich zulässig und dem Verpflich-
teten zumutbar ist[12].

---

4 Vgl. BVerwG, DVBl 1983, 810.
5 DVBl 1989, 433; BayVBl 1990, 107; s. die Ausführungen
  hierzu oben bei § 4 B V.
6 BayVBl 1990, 524; vgl. auch BVerwG, BayVBl 1990, 475; s.
  oben § 4 B V.
7 Schenke, BayVBl 1990, 108.
8 BayVBl 1990, 524.
9 S. oben § 4 B V.
10 Vgl. Kopp, VwVfG, § 36 Rdnr. 39.
11 Zum Folgenbeseitigungsanspruch s. Mayer/Kopp, Allgem.
   VerwR, § 57; vgl. F.J. Kopp, DVBl 1989, 240.
12 Mayer/Kopp, Allgem. VerwR, § 57 V 1.

Anspruchsberechtigt kann auch der durch die vorläufige Regelung betroffene Dritte sein, wenn er im Rahmen des vorläufigen Verfahrens beigeladen war oder eine Hinzuziehung
angebracht gewesen wäre[13].

Sind solche Rückerstattungsansprüche oder Folgenbeseiti-
gungsansprüche des Staates zu befürchten, so empfiehlt es
sich, aus Gründen der Rechtsstaatlichkeit die Betroffenen
bereits bei Erlaß der vorläufigen Regelung auf mögliche Er-
stattungsansprüche aufmerksam zu machen[14] oder in den vorläufigen Verwaltungsakt eine Schadensersatzbestimmung ausdrücklich aufzunehmen. Eine solche Schadensersatzregelung
entspräche der in § 7 a I Nr. 1 AbfG, § 123 III VwGO i.V.m.
§ 945 ZPO oder § 302 IV ZPO für vorläufige Verfahren gesetzlich getroffenen Regelung.

U.U. können sich auch Ansprüche aus Amtshaftung[15] oder sonstigen Grundsätzen der Staatshaftung[16] ergeben.

Etwaige Ansprüche sind mit Ausnahme des Folgenbeseitigungs-
oder öffentlichrechtlichen Erstattungsanspruchs grundsätzlich im Zivilrechtsweg geltend zu machen.

---

13 Zur Hinzuziehung beim vorläufigen Verfahren s. oben § 8
   B I 2 b bb; vgl. auch die allerdings nur beschränkt vergleichbaren Überlegungen zur Schadensersatzberechtigung
   betroffener Dritter bei § 123 VwGO, Ronellenfitsch in
   Pietzner/Ronellenfitsch, Assessorexamen, § 51 Rdnr. 25;
   Kopp, VwGO, § 123 Rdnr. 44 m.w.N.
14 So geschah es auch im Fall BVerwGE 67, 99.
15 Vgl. hierzu Mayer/Kopp, Allgem. VerwR, § 50.
16 Vgl. hierzu Mayer/Kopp, Allgem. VerwR, § 51 - § 56.

§ 11 Rechtswirkungen des vorläufigen Verwaltungsaktes

A.) Bindungswirkung

Der vorläufige Verwaltungsakt ist ein Verwaltungsakt i.S.v. § 35 VwVfG[1]. Er entfaltet daher Bindungswirkung gegenüber Behörden, soweit sein Regelungsinhalt reicht[2]. Behörden und Beteiligte sind auf eine mit § 318 ZPO vergleichbare Weise an die getroffene und bekanntgegebene Regelung gebunden[3]. Jedoch geht vom erlassenen vorläufigen Verwaltungsakt keine präjudizierende Wirkung auf das nachfolgende Verfahren über die endgültige Entscheidung aus, was die Prognose betrifft, daß mit einer entsprechenden Entscheidung gerechnet wird[4]. Die Wahrscheinlichkeitsprognose gehört nämlich nicht zu den Regelungsbestandteilen des vorläufigen Verwaltungsaktes[5].

Wie ein gewöhnlicher Verwaltungsakt ist auch dem vorläufigen Verwaltungsakt eine Rechtsbehelfsbelehrung beizufügen. Verstreicht die Anfechtungsfrist ungenutzt oder sind alle zur Verfügung stehenden Rechtsbehelfe ausgeschöpft worden, wird der vorläufige Verwaltungsakt formell wie materiell bestandskräftig[6]. Formelle Bestandskraft bedeutet, daß der vorläufige Verwaltungsakt unanfechtbar ist[7]. Die materielle Bestandskraft bedeutet, daß Behörde und Beteiligte grundsätzlich abschließend an die getroffene Regelung gebunden sind, solange diese Rechtswirkungen auslöst[8]. Eine Aufhebung oder Änderung ist nicht mehr im Rahmen normaler Rechtsbehelfe zu erreichen, sondern nur mehr nach Maßgabe besonderer gesetzlicher Bestimmungen sowie den §§ 48 – 51 VwVfG[9].

Besonderheiten bei vorläufigen Verwaltungsakten ergeben sich nur bei der Bindungsdauer[10]. Diese ist nämlich be-

---

1 S. oben § 4 C; vgl. auch Seibert, S. 555.
2 Seibert, Bindungswirkung, S. 554; Kemper, Der vorläufige Verwaltungsakt, S. 183 ff.
3 Vgl. Kopp, VwVfG, vor § 35 Rdnr. 18.
4 Vgl. BVerwG, DVBl 1991, 877.
5 Vgl. BVerwG, DVBl 1991, 877.
6 Vgl. Kemper, Der vorläufige Verwaltungsakt, S. 183, 185 f.; J. Mertens, Praxis, Rdnr. 216, 244, 248; Peine, DÖV 1986, 859; Kopp, DVBl 1990, 729; ders., VwVfG, vor § 35 Rdnr. 19, 21 ff.; a.A. Schimmelpfennig, Vorläufige Verwaltungsakte: "unterhalb der mit Bestandskraft zu bezeichnenden Intensitätsstufe"; bezüglich des vorläufigen Teils des vorläufigen Verwaltungsaktes, Tiedemann, DÖV 1981, 790.
7 Vgl. Kopp, VwVfG, vor § 35 Rdnr. 21 m.w.N.
8 Vgl. Kopp, VwVfG, vor § 35 Rdnr. 23 m.w.N.
9 Vgl. Kemper, Der vorläufige Verwaltungsakt, S. 183; Kopp, DVBl 1990, 729; ders., VwVfG, vor § 35 Rdnr. 23 m.w.N.; a.A. Peine, DÖV 1986, 859.
10 Vgl. Seibert, Bindungswirkung, S. 553.

grenzt[11]. Tritt nämlich das im vorläufigen Verwaltungsakt bezeichnete Ereignis ein[12], so richten sich die weiteren Rechtsfolgen nach der konkreten Ausgestaltung der Vorläufigkeitsbestimmung.

Steht der vorläufige Verwaltungsakt unter dem Vorbehalt der "endgültigen" Entscheidung - hier kann es entsprechend dem Willen und der Auslegung der Bestimmung[13] um eine Befristung oder auflösende Bedingung handeln[14] -, so wird der vorläufige Verwaltungsakt durch die "endgültige" Entscheidung ersetzt[15]. Die Rechtswirkungen und die Bindungswirkung der vorläufigen Regelung enden mit dem Erlaß der "endgültigen" Endentscheidung. Beteiligte und Behörden sind nur mehr an die neue "endgültige" Regelung gebunden. Die "innere" Wirksamkeit des vorläufigen Verwaltungsaktes erlischt[16].

Hängt der vorläufige Verwaltungsakt vom Ergebnis einer noch durchzuführenden Betriebsprüfung ab, so liegt i.d.R. eine auflösende Bedingung vor. Entspricht das Ergebnis der Betriebsprüfung nicht der vorausgesetzten Annahme, so endet die Rechtswirkung des vorläufigen Verwaltungsaktes[17]. Wird hingegen die im vorläufigen Verwaltungsakt vorausgesetzte Annahme durch das Ergebnis der Betriebsprüfung bestätigt, so wird die Vorläufigkeitsbestimmung, die auflösende Bedingung, gegenstandslos[18] und der Verwaltungsakt entfaltet "endgültige" Rechtswirkung[19]. Es findet keine "Umwandlung" statt. Es entfällt nur die Bedingung. Ist der vorläufige Verwaltungsakt bereits bestandskräftig geworden, so beginnt nach Durchführung der Betriebsprüfung bezüglich der Regelung keine neue Anfechtungsfrist. Jedoch kann das Ergebnis der Betriebsprüfung angefochten werden, sofern dieses in einem eigenen Verfahren i.S.v. § 9 VwVfG erging, was i.d.R. der Fall sein wird[20].

Steht der vorläufige Verwaltungsakt bloß unter dem Vorbehalt der Nachprüfung und erfordert die Beendigung seiner Rechtswirkungen einen eigenen Aufhebungsakt, so entwickelt der vorläufige Verwaltungsakt dennoch "endgültige" Rechtswirkung, sobald die Nachprüfung die vorausgesetzte Annahme bestätigt. Die Anfechtbarkeit der Regelung richtet sich nach dem Zeitpunkt des Erlasses des vorläufigen Verwal-

---

11 Di Fabio, DÖV 1991, 635; vgl. auch OVG NW, DÖV 1991, 561 f.; Kopp, DVBl 1990, 729; Seibert, Bindungswirkung, S. 553.
12 S. oben § 4 B.
13 S. oben § 4 B; vgl. zur Auslegung auch Kopp, VwVfG, § 36 Rdnr. 5.
14 S. oben § 4 B I, II.
15 S. oben § 4 B I, II.
16 Vgl. Kopp, VwVfG, vor § 35 Rdnr. 15.
17 Vgl. OVG NW, DÖV 1991, 562; Kopp, DVBl 1990, 729; ders., VwVfG, vor § 35 Rdnr. 15.
18 Im Zweifel bezieht sich die Klausel der Betriebsprüfung auf die erste durchgeführte Betriebsprüfung.
19 OVG NW, DÖV 1991, 561.
20 Vgl. König, BayVBl 1989, 36.

tungsaktes. Ob das Ergebnis der Nachprüfung anfechtbar ist,
hängt von der Ausgestaltung dessen Verfahrens ab. Auch hier
wird i.d.R. ein eigenes Verfahren i.S.v. § 9 VwVfG vorliegen[21]. Ausnahmefälle sind bei unbedeutenderen Überprü-
fungsvorbehalten annehmbar, was sich nach der Verhältnismäßigkeit und dem erforderlichen Aufwand der Nachprüfung
beurteilt.

B.) Tatbestandswirkung

Solange ein vorläufiger Verwaltungsakt existent[22] ist und
"innere" Wirksamkeit entwickelt[23], kommt ihm Tatbestandswirkung zu[24]. Dies bedeutet, daß über den Kreis der Verfahrensbeteiligten i.S.v. § 13 VwVfG hinaus sämtliche sonstigen Personen, Behörden, Rechtsträger und auch die Gerichte
die Tatsache, daß der vorläufige Verwaltungsakt erlassen
wurde, und seinen Regelungsinhalt als gegeben und maßgeblich hinnehmen müssen und an ihn gebunden sind, sobald und
solange er "innere" Wirksamkeit auslöst[25]. Erlischt die
"innere" Wirksamkeit, d.h. enden die mit dem Erlaß des vorläufigen Verwaltungsaktes intendierten Rechtswirkungen und
Rechtsfolgen, weil das Ergebnis der Betriebsprüfung nicht
dem im vorläufigen Verwaltungsakt angenommenen Ergebnis
entspricht oder die vorläufige Regelung durch die endgültige Entscheidung ersetzt wurde[26], so entfällt mit der Bindungswirkung[27] auch die Tatbestandswirkung des vorläufigen
Verwaltungsaktes. Behörden, Beteiligte und Gerichte sind an
den Inhalt des vorläufigen Verwaltungsaktes nicht mehr gebunden.

C.) Fristen

Da es sich beim vorläufigen Verwaltungsakt um einen Verwaltungsakt i.S.v. § 35 VwVfG handelt, ist er grundsätzlich
mit einer Rechtsbehelfsbelehrung zu versehen, in der der
Beteiligte über den Rechtsbehelf, die Verwaltungsbehörde
oder das Gericht, bei denen der Rechtsbehelf anzubringen
ist, dem Sitz und die einzuhaltende Frist schriftlich zu
belehren ist (§ 58 I VwGO). Nur wenn dem vorläufigen Verwaltungsakt eine Rechtsbehelfsbelehrung beigefügt worden
ist, beginnt die Frist für einen Rechtsbehelf zu laufen (§
58 I VwGO). Die jeweiligen Fristen bestimmen sich nach der

---

21 Vgl. König, BayVBl 1989, 36.
22 Existent wird ein Verwaltungsakt mit der Bekanntgabe an
   einen Betroffenen, womit er den Bereich eines lediglich
   verwaltungsinternen Vorgangs ohne Rechtserheblichkeit
   gegenüber den Betroffenen verläßt, vgl. Kopp, VwVfG,
   vor § 35 Rdnr. 9, § 43 Rdnr. 5, 13.
23 Zum Begriff der "inneren" Wirksamkeit vgl. Kopp, VwVfG,
   vor § 35 Rdnr. 13.
24 Vgl. Kopp, VwVfG, vor § 35 Rdnr. 30.
25 Vgl. Kopp, VwVfG, vor § 35 Rdnr. 26 m.w.N.
26 S. oben § 4 B I, II.
27 S. oben § 11 A.

138

VwGO (z.B. §§ 70, 74) oder sonstigen Fristregelungen, je nach der Materie, aus der der vorläufige Vewaltungsakt stammt.

Fehlt die Rechtsbehelfsbelehrung, so gilt die Jahresfrist gem. § 58 II VwGO.

D.) Verwirkung

Trifft die Verwaltung entgegen der Vorbehaltsbestimmung eines vorläufigen Verwaltungsaktes keine endgültige Entscheidung, so bleibt die vorläufige Regelung weiterhin in Kraft. Jedoch steht auch die Ausübung und die Rechtsentfaltung eines vorläufigen Verwaltungsaktes unter dem Grundsatz von Treu und Glauben und des Verbots des Rechtsmißbrauchs. Macht die Verwaltung ohne für den Betroffenen erkennbaren Grund über längere Zeit hinweg von ihrem Vorbehaltsrecht einer "endgültigen" Entscheidung keinen Gebrauch und erweckt sie hierdurch beim Beteiligten den berechtigten Eindruck, daß sie keine "endgültige" Regelung mehr zu erlassen gedenke, so verwirkt sie ihr Recht auf Ausübung ihres Vorbehalts[28]. Die Grundsätze der Verwirkung kommen hier zur Anwendung[29]. Diese dienen ähnlich wie die gesetzlichen Regeln über die Fristen der Rechtssicherheit und dem Rechtsfrieden, aber auch dem Schutz des Vertrauens der Betroffenen in das Verhalten der Behörde[30]. Mit der Verwirkung der Vorbehaltsausübung entfaltet der vorläufige Verwaltungsakt eine Rechtswirkung wie eine "endgültige" Entscheidung[31]. Eine Aufhebung ist nur mehr nach Maßgabe der §§ 48 ff. VwVfG möglich. Der Zeitpunkt, in dem die Verwirkung einsetzt, hängt von den konkreten Umständen – der Dauer der Nichtausübung des Vorbehalts, der Bedeutung der noch klärungsbedürftigen Fragen, dem den Betroffenen gezeigten Verhalten der Behörde wie z.B. mündliche Äußerungen etc. –, aber auch von der jeweiligen Rechtsmaterie, aus der der vorläufige Verwaltungsakt erlassen wurde, ab[32]. Die Jahresfrist des § 48 IV VwVfG, der seinerseits auf dem Gedanken der Verwirkung beruht[33], mag hier als Orientierungshilfe dienen[34]. Ein Rückgriff auf § 75 VwGO erscheint nicht erforderlich[35]. Ähnliches gilt, wenn die Behörde allzu lange mit der Durchführung der Betriebsprüfung

28 Vgl. F.J Kopp, DVBl 1989, 240; Peine, DÖV 1986, 859.
29 Peine, DÖV 1986, 859; vgl. zu den Grundsätzen der Verwirkung Kopp, VwVfG, § 53 Rdnr. 30 m.w.N.
30 Mayer/Kopp, Allgem. VerwR, § 41 I.
31 Vgl. Peine, DÖV 1986, 859.
32 Vgl. Peine, DÖV 1986, 859.
33 Vgl. Kopp, VwVfG, § 48 Rdnr. 94; BayVGH NVwZ 1984, 736.
34 Ähnlich Götz, JuS 1983, 927; a.A. Kemper, Der vorläufige Verwaltungsakt, der jede "Heranziehung des § 48 Abs. 4 VwVfG" ablehnt, S. 168, und aus dem Institut der Verwirkung mehr als eine äußerste Begrenzung der "Vorläufigkeit" nicht herleiten möchte. S. 170.
35 Seibert, Bindungswirkung, S. 565; a.A. Peine, DÖV 1986, 858; Kemper, Der vorläufige Verwaltungsakt, S. 164 f.

oder sonstigen Überprüfung, soweit diese vorbehalten worden
ist, zögert oder aus dem Ergebnis der Überprüfung keine
Folgerungen zieht. Auch dann verwirkt sie ihr Recht, Geleistetes zurückzufordern[36].

E.) Beweislast

Wie der Verwaltungsprozeß, kennt das Verwaltungsverfahren
keine formelle Beweislast. Es gibt keine Behauptungslast
und Beweisführungspflicht wie im Zivilprozeß[37], sondern nur
die materielle Beweislast des "non liquet"[38]. Danach geht
die Unnachweislichkeit einer Tatsache grundsätzlich zu Lasten des Beteiligten, der aus ihr eine ihm günstige Rechtsfolge herleitet[39]. Die materielle Beweislast ist daher eine
Frage des materiellen Rechts[40].

Beim Erlaß vorläufiger Verwaltungsakte bedeutet dies, daß
die Nichterweislichkeit von Anspruchsvoraussetzungen für
einen endgültigen Verwaltungsakt grundsätzlich zu Lasten
des Antragstellers geht[41]. Die vorläufige Regelung ergibt
hinsichtlich des endgültigen Verwaltungsaktes keinerlei
Bindungswirkung der Behörde[42] oder etwaige "Beweislastum-
kehrungen"[43].

---

36 Vgl. F.J. Kopp, DVBl 1989, 240.
37 Vgl. Kopp, VwVfG, § 24 Rdnr. 25 m.w.N.
38 Vgl. Kopp, VwVfG, § 24 Rdnr. 25 m.w.N.
39 Vgl. Kopp, VwVfG, § 24 Rdnr. 27 m.w.N.
40 Vgl. Kopp, VwVfG, § 24 Rdnr. 26.
41 Vgl. Götz, JuS 1983, 926; mißverständlich Tiedemann, DÖV
   1981, 790, nach dem "der Adressat für die Anspruchsvoraussetzungen beweispflichtig bleibt".
42 Der vorläufige Verwaltungsakt entfaltet nur hinsichtlich
   seines eigenen Regelungsinhalts Bindungswirkung, s.
   hierzu oben § 11 A.
43 Vgl. Götz, JuS 1983, 926; a.A. Peine, DÖV 1986, 850, der
   eine "Umkehrung der objektiven Beweislast" beim Erlaß
   bzw. der Rücknahme eines vorläufigen Verwaltungsaktes
   annimmt.

§ 12 Rechtsbehelfe, Anfechtbarkeit

1. a) Gegen den vorläufigen Verwaltungsakt kann gem. §§ 68 ff. VwGO Widerspruch eingelegt werden[1]. Dieser kann auch damit begründet werden, daß keine Unsicherheiten in tatsächlicher oder rechtlicher Hinsicht vorliegen und der Erlaß eines vorläufigen Verwaltungsaktes anstelle eines "endgültigen" Verwaltungsaktes deshalb rechtswidrig sei[2].

Der Widerspruch hat gem. § 80 I VwGO aufschiebende Wirkung. Die einstweilige Regelungswirkung des vorläufigen Verwaltungsaktes wird ausgesetzt. Die Rechtsfolgen des vorläufigen Verwaltungsaktes können nicht mehr verwirklicht werden[3]. Dem Subventionsempfänger können keine vorläufigen Geldleistungen mehr ausgezahlt werden. Die vorläufige Gaststättenerlaubnis kann nicht mehr ausgenutzt werden. Die aufschiebende Wirkung entfällt nur in den in § 80 II VwGO genannten Fällen.

Das gleiche gilt, wenn eine Anfechtungsklage gegen den vorläufigen Verwaltungsakt eingelegt wird. Da die Adressaten i.d.R. Interesse am Erlaß eines vorläufigen Verwaltungsaktes haben und diesen u.U. sogar beantragt haben, werden Anfechtungswidersprüche und -klagen vor allem von benachteiligten Drittbetroffenen eingelegt werden, sofern diese eine Verletzung subjektiv eigener Rechte geltend machen können[4].

Der Zulässigkeit einer Klage gegen einen vorläufigen Verwaltungsakt steht auch nicht ein mangelndes Rechtsschutzbedürfnis wegen der noch ausstehenden Endentscheidung entgegen. Denn obwohl die Sache noch "in Schwebe"[5] ist, können gerade Rechte Dritter durch die Gewährung vorläufiger Verwaltungsakte beeinträchtigt werden. Man denke nur an Theater- oder Pressesubventionierungen, wo der Mitbewerber keine vorläufige Subvention erhält und auf eine abschließende Entscheidung verwiesen wird. In einem solchen Fall kann die Gewährung der vorläufigen Subvention an den Konkurrenten eine schwere Wettbewerbsverzerrung und Ungleichbehandlung bedeuten.

b) Für unmittelbar Beteiligte stellt sich hingegen entweder die Frage, wie sie den Erlaß eines vorläufigen Verwaltungsaktes erreichen können, wenn die Verwaltung dessen Erlaß ablehnt, oder wie sie beim Erlaß eines vorläufigen Verwaltungsaktes gegen dessen Vorläufigkeitsvorbehalt vorgehen

---

1 Peine, DÖV 1986, 859.
2 Vgl. Peine, DÖV 1986, 859.
3 Zur Wirkung des Suspensiveffekts bei § 80 I VwGO vgl. Ronellenfitsch in Pietzner/Ronellenfitsch, Assessorexamen, § 46 Rdnr. 1 bis 12.
4 Vgl. Ronellenfitsch in Pietzner/Ronellenfitsch, Assessorexamen, § 9 Rdnr. 12 ff.
5 Peine, DÖV 1986, 859.

können, wenn sie eine "endgültige" Regelung begehren oder
für angebracht halten, weil sie die Sache für "entscheidungsreif" halten.

aa) Lehnt die Verwaltung den Erlaß eines vorläufigen Verwaltungsaktes ab, so können die Betroffenen mittels einer
Verpflichtungsklage nach § 42 I 2. Alt. VwGO dessen Erlaß
gerichtlich begehren[6]. Hierbei muß gem. § 42 II VwGO ein
durch die Ablehnung des vorläufigen Verwaltungsaktes ver-
letztes Recht geltend gemacht werden. Dieses Recht kann jedes subjektive Recht sein, auch Rechte des Verfassungsrechts, Rechte aus allgemeinen Grundsätzen des ungeschriebenen Rechts oder des EG-Rechts[7]. Es reicht also jedes von
der Rechtsordnung als schutzwürdig anerkannte Individual-
interesse aus[8]. Ein vorläufiger Verwaltungsakt kann daher
beansprucht werden, wenn ohne den Erlaß einer vorläufigen
Regelung die effektive Verwirklichung eines solchen Indivi-
dualinteresses ernsthaft gefährdet werden würde. Zu denken
ist hierbei z.B. an Art. 1, 2 i.V.m. 20 I GG in bezug auf
vorläufige Verwaltungsakte in der Sozialverwaltung oder
Art. 2, 12, 14 GG im Rahmen der vorläufigen Gaststättenerlaubnis nach § 11 GastG. Mit Erlaß der endgültigen Regelung
wird die Klage mangels Rechtsschutzinteresses unzulässig,
da sich hinsichtlich des vorläufigen Verwaltungsaktes die
Hauptsache erledigt hat[9].

bb) Beim Vorgehen gegen den Vorläufigkeitsvorbehalt eines
bereits erlassenen vorläufigen Verwaltungsaktes stellt sich
- wie bei allen Nebenbedingungen[10] - die Frage nach der
Klageart[11]. Auch wenn die Frage der Klageart bei den Nebenbestimmungen bis heute nicht endgültig gekärt ist, wird
man beim Vorläufigkeitsvorbehalt einige Besonderheiten beachten müssen. Diese Besonderheiten finden ihre Begründung
in § 10 S. 2 und § 40 VwVfG. Denn der Erlaß einer vorläufigen Regelung bedarf einer besonderen Ermessensausübung
der Verwaltung hinsichtlich der Frage, ob im konkreten Fall
der Erlaß eines vorläufigen Verwaltungsaktes zulässig und
notwendig ist[12]. Sofern nicht die Umstände dieses Ermessen
auf Null reduzieren[13], wird der Vorläufigkeitsvorbehalt
nicht gesondert aufgehoben werden können, so daß nur die
Verpflichtungsklage als statthafte Klageart in Frage
kommt[14].

Der Prüfungsumfang der Anfechtungsklage und Verpflichtungsklage erstreckt sich auf das Vorliegen der rechtlichen Voraussetzungen und auf die getroffene Abwägung der Inter-

---

6 Tiedemann, DÖV 1981, 791.
7 Vgl. Kopp, VwGO, § 42 Rdnr. 43.
8 Vgl. Kopp, VwGO, § 42 Rdnr. 43 m.w.N.
9 Vgl. Tiedemann, DÖV 1981, 791.
10 Vgl. Kopp, VwVfG, § 36 Rdnr. 46.
11 Vgl. Henke, DVBl 1983, 1248.
12 S. oben § 8 B II 2, § 9 C II.
13 Vgl. hierzu Kopp, VwVfG, § 40 Rdnr. 6.
14 Vgl. Kopp, VwVfG, § 36 Rdnr. 46 m.w.N.

essen[15]. Das Gericht darf nur innerhalb der in § 114 VwGO
aufgezeigten Grenzen prüfen, ob eine vorläufige Regelung im
konkreten Fall zulässig und angebracht war, insbesondere ob
die Behörde ihr Ermessen nach §§ 10 S. 2, 40 VwVfG über-
schritten oder fehlgebraucht hat[16]. Nicht darf das Gericht
sein eigenes Ermessen an die Stelle des behördlichen Ermessens setzen[17].

2.) Hat die Behörde einen vorläufigen Verwaltungsakt erlassen, weigert sie sich jedoch innerhalb angemessener Zeit
eine Überprüfung der offenen Voraussetzungen durchzuführen
oder aus einer erfolgten Überprüfung die nötigen Folgerungen und Konsequenzen zu ziehen, so können die Beteiligten
gem. §§ 42 I, 2. Alt., 75 VwGO mittels der Verpflichtungsklage den Erlaß einer endgültigen Entscheidung gerichtlich
geltend machen[18]. Denn die Rechtsposition, die der Adressat
eines vorläufigen Verwaltungsaktes innehat, ist ihm nur begrenzt zumutbar. Er hat daher grundsätzlich ein rechtlich
geschütztes Interesse, daß nach Erlaß einer vorläufigen Regelung auch eine endgültige Verwaltungsentscheidung ergeht[19].

Der Prüfungsumfang richtet sich nach der materiellen
Rechtsgrundlage. Das Ermessen bezüglich des Instrumentes,
d.h. ob eine vorläufige Regelung getroffen werden durfte,
ist hier nicht zu überprüfen und entspräche auch nicht dem
Klagebegehren. Kommt das Gericht zum Ergebnis, daß die im
vorläufigen Verwaltungsakt offen gelassenen Fragen geklärt
wurden, kann es bei Vorliegen sämtlicher Anspruchsvoraussetzungen durch Urteil die Verpflichtung der
zuständigen Behörde aussprechen, den vom Kläger begehrten
Verwaltungsakt zu erlassen (§ 113 IV S. 1 VwGO). Kann das
Gericht die Entscheidung über das Klagebegehren nicht
spruchreif machen, was insbesondere bei Ermessensverwal-
tungsakten der Fall sein kann[20], kann es ein Bescheidungs-
urteil gem. § 113 IV S. 2 VwGO erlassen, in dem die Behörde
zur Bescheidung des Antrags des Klägers verpflichtet
wird[21]. Die Behörde muß dann einen endgültigen Verwaltungsakt erlassen. Mit Erlaß der endgültigen Regelung entfallen
die Wirkungen des vorläufigen Verwaltungsaktes[22].

Wenn das Recht der Behörde zum Erlaß eines Endverwaltungsaktes verwirkt ist[23], ist die Klage auf Feststellung der
endgültigen Wirkung des vorläufigen Verwaltungsaktes zu

---

15 Vgl. Kopp, BayVBl 1968, 238.
16 Vgl. Kopp, VwGO, § 114 Rdnr. 2 ff.
17 Kopp, VwGO, § 114 Rdnr. 4 m.w.N.
18 Kemper, Der vorläufige Verwaltungsakt, S. 221 f.; Tiedemann, DÖV 1981, 791.
19 Vgl. Tiedemann, DÖV 1981, 791.
20 Vgl. Kopp, VwGO, § 113 Rdnr. 84.
21 S. Kopp, VwGO, § 113 Rdnr. 82 ff.
22 Vgl. Peine, DÖV 1986, 859.
23 Zur Verwirkung s. oben § 11 D.

richten[24]. Der Klageantrag ist entsprechend auszulegen bzw. umzudeuten. Da in den meisten Fällen der Bürger selbst nicht beurteilen kann, ob die Verwaltung ihr Recht zum Erlaß eines endgültigen Verwaltungsaktes verwirkt hat oder nicht, besteht ein Rechtsschutzbedürfnis für die Feststellung der Rechtslage[25].

3.) Soweit die Situation einer Verpflichtungs- oder Feststellungsklage gegeben ist, richtet sich der einstweilige Rechtsschutz nach § 123 VwGO[26]. Kommt die Verwaltung vor Prozeßende dem Begehren des Klägers nach und erledigt sich das ursprüngliche Klagebegehren damit, kann der Kläger sein Begehren mittels einer Klageänderung gem. § 91 VwGO auf eine Festsetzungsfeststellungsklage umstellen[27].

---

24 Kemper, Der vorläufige Verwaltungsakt, S. 222, FN 429.
25 Kemper, Der vorläufige Verwaltungsakt, S. 222.
26 Vgl. Kemper, Der vorläufige Verwaltungsakt, S. 220.
27 Vgl. Kemper, Der vorläufige Verwaltungsakt, S. 220.

§ 13 Kosten

Zu den Kosten zählen (Verwaltungs-)Gebühren und Auslagen[1].
Nach Maßgabe der Kostengesetze der Länder und des Bundes
werden sie für nahezu sämtliche Amtshandlungen erhoben, die
nicht von Amts wegen im überwiegend öffentlichen Interesse
wahrgenommen werden[2]. Grundsätzlich können Kosten nur mit
dem Abschluß eines Verfahrens oder eines Teils desselben
entstehen[3]. Daß der vorläufige Verwaltungsakt nur eine vorläufige Regelung eines Gegenstandes bewirkt und die Sache
gleichsam "in der Schwebe"[4] bleibt, ändert nichts daran,
daß gegenüber dem Hauptverfahren – ähnlich wie das gerichtliche einstweilige Anordnungsverfahren gegenüber dem Hauptverfahren[5] – ein selbständiges Verfahren i.S.v. § 9 VwVfG
vorliegt[6]. Da der Erlaß eines vorläufigen Verwaltungsaktes
das "vorläufige" Verfahren[7] abschließt und beendet[8], kann
daher auch der vorläufige Verwaltungsakt grundsätzlich mit
einer Kostenerhebung verbunden werden[9].

Jedoch ist beim vorläufigen Verwaltungsverfahren seine besondere Akzessorietät zum Hauptverfahren[10] zu beachten.
Deshalb kann es unter Umständen angemessen und verfah-
rensökonomisch sein, entstandene Kosten erst zusammen mit
der "End"-Entscheidung zu erheben bzw. vorbehaltlich der
späteren Kostenentscheidung in der Hauptsache festzusetzen.
Ähnliche Überlegungen liegen § 163 I VwGO zugrunde, wo Kosten des Vorverfahrens, obwohl auch hier ein selbständiges
Verfahren vorliegt, zu den "Gesamt"-Kosten des anschließenden Gerichtsverfahrens gezogen werden.

Ist gegen den vorläufigen Verwaltungsakt Widerspruch eingelegt worden, so ist gem. § 73 III S. 2 VwGO über die Kosten
des Widerspruchsverfahrens im Widerspruchsbescheid zu entscheiden. Eine Erstattungspflicht von Aufwendungen bemißt
sich nach § 80 VwVfG. Schließt sich dem Widerspruchsverfah-
ren gegen einen vorläufigen Verwaltungsakt ein gerichtli-
ches Verfahren an, sind die Widerspruchskosten gem. § 163 I
VwGO zu den Gerichtskosten zu zählen.

---

1 Badura in Erichsen/Martens, Allgem. VerwR, § 41 II 5.
2 Badura in Erichsen/Martens, Allgem. VerwR, § 41 II 5.
3 Peine, DÖV 1986, 859.
4 Peine, DÖV 1986, 859.
5 Vgl. Kopp, VwGO, vor § 154 Rdnr. 1.
6 Kopp, VwVfG, § 9 Rdnr. 24; s. oben § 7.
7 Zur Begriffsdefinition s. oben § 2 A I, § 7.
8 S. oben § 2 A I, § 7.
9 Di Fabio, DÖV 1991, 635; a.A. Peine, DÖV 1986, 859.
10 S. oben § 3 A.

§ 14 Zusammenschau, Ausblick

Der vorläufige Verwaltungsakt steht deutlich im Konflikt-
feld zwischen Rechtssicherheit und Rechtseffektivität sowie
den damit verbundenen Problemen wie Gesetzmäßigkeit der
Verwaltung, Vertrauensschutz, Untersuchungsgrundsatz im
Verwaltungsrecht usw. Diese Probleme stellen jedoch für das
gesamte Recht und insbesondere für das Verwaltungsrecht
keine Neuheit dar. Von Anfang an stand und steht das Verwaltungsrecht im Spannungsfeld Bürger - Staat, eingebunden
in die Bestimmungen der von der Legislative erlassenen Gesetze und kontrolliert durch die Gerichtsbarkeit.

Auch der Verwaltungsakt, das klassische Handlungsinstrument
des Verwaltungsrechts, ist mit diesen Problemen seit jeher
im modernen Rechtsstaat konfrontiert. Der Verwaltungsakt
mußte stets eine dem konkreten Fall angemessene Regelung im
Rahmen der Gesetze zur effektiven Verwirklichung der gesetzlich vorgegebenen Verwaltungsziele und der Durchsetzung
der Rechte des Bürgers sowie zur Herstellung von Rechtssicherheit und Rechtsfrieden ermöglichen[1]. So unterschiedlich
die durch Verwaltungsakt getroffenen Maßnahmen und Regelungen im einzelnen in Erscheinung treten, so stellen sie
in allen Fällen administrative Entscheidungen bestimmter
Einzelfälle gegenüber dem Bürger dar[2].

Wie die Aufgabenschwerpunkte der Verwaltung sich mit der
gesellschaftlichen Entwicklung verändern können, verschiebt
sich auch der Einsatzschwerpunkt des Verwaltungsaktes, ohne
daß er seine Eigenschaften und Merkmale verliert. So erweist sich der Verwaltungsakt in der gerade in den letzten
beiden Jahrzehnten stark angewachsenen Leistungsverwaltung
als angemessenes und flexibles Handlungsinstrument[3]. Mittels dem Einzelfall gerecht werdender Bestimmungen oder der
Beifügung von Nebenbestimmungen ist der Verwaltungsakt auch
heute noch das wichtigste Handlungsinstrument der Verwaltung[4].

Der vorläufige Verwaltungsakt stellt nur eine besondere Er-
scheinungsform des Verwaltungsaktes dar, die unter gewissen
Umständen im Einzelfall zur Anwendung kommen kann. Aufzuzeigen, welche Anforderungen und Voraussetzungen erfüllt
sein müssen, daß der Erlaß eines vorläufigen Verwaltungsaktes im Einzelfall rechtmäßig ist, war einer der Aufgabenschwerpunkte dieser Untersuchung. Daß, rechtlich den speziellen Umständen des Einzelfalls angepaßt, der Verwaltungsakt als sog. vorläufiger Verwaltungsakt mit unter-
schiedlichem Instrumentarium in Erscheinung treten kann -
als auflösend befristeter Verwaltungsakt, als auflösend bedingter Verwaltungsakt, als mit einem Widerrufsvorbehalt

---

1 Vgl. Kopp, VwVfG, vor § 35 Rdnr. 2.
2 Maurer, Allgem. VerwR, § 9 Rdnr. 1.
3 Mayer/Kopp, Allgem. VerwR, § 11 Anm. I 1.
4 Kopp, VwVfG, vor § 35 Rdnr. 2.

versehener Verwaltungsakt oder mit einer sonstigen Inhaltsbestimmung der Vorläufigkeit -, war ein weiterer Schwerpunkt der Untersuchung. Ein dritter Schwerpunkt war der
Darstellung der Vielzahl der in der Praxis vorkommenden
Verwaltungsakte gewidmet, die teilweise mehr oder weniger
auch ausdrücklich, spezialgesetzlich, geregelt sind. Diese
Aufzählung[5] veranschaulicht neben der praktischen Relevanz
die Vielfältigkeit und Vielschichtigkeit der verschiedensten Interessen und Rechte, die den Erlaß eines vorläufigen
Verwaltungsaktes erfordern können bzw. ihn als zweckmäßige
und angebrachte Lösung zur effektiven Rechtsverwirklichung
im jeweiligen konkreten Fall erscheinen lassen können.

Die heute wieder vereinzelt aufgeworfene Frage, ob der Verwaltungsakt für die moderne Verwaltung noch adäquates und
angemessenes Handlungsinstrument[6] ist, muß für die öffentlichrechtlichen Bereiche, in denen die Verwaltung zügig
und effektiv, wenn auch nur vorläufig, entscheiden, handeln
und regeln muß, grundsätzlich bejaht werden[7]. Ein materiel-
les Verwaltungsschuldrecht, wie es z.B. von Henke[8] gefordert wird, würde eine unnötige Umstrukturierung des gesamten Verwaltungsrechts bedeuten mit unübersehbaren Folgen. In Fällen, wo es tatsächlich auf ein "Aushandeln" zwischen Bürger und Verwaltung ankommt und eine "vertragliche"
Rechtsbeziehung hergestellt werden soll, bietet der öffent-
lichrechtliche Vertrag nach §§ 54 ff. VwVfG eine ausrei-
chende Handhabe. In vielen Fällen wird er jedoch dem Hand-
lungs- und Entscheidungsauftrag, den die Verwaltung zur effektiven Rechtsverwirklichung hat, nicht gerecht werden
können.

So stellt sich noch die Frage, ob es einer Fortentwicklung
des Verwaltungsaktes bedarf. Diese Frage kann insoweit bejaht werden, als es um die Erforschung und dogmatische
"Durchleuchtung" der vielfältigen Erscheinungsformen des
Verwaltungsaktes und sein "Reagieren" auf neu auftretende
Anforderungen der Verwaltung geht[9]. Hinsichtlich der Grund-
strukturen, wie sie in §§ 35, 36 VwVfG gesetzlich normiert
sind, muß diese Frage jedoch verneint werden. Auch kann die
Notwendigkeit des Erlasses eines vorläufigen Verwaltungsaktes, der nur die Ausnahme sein soll, zu einer Überprüfung
des "Hauptverfahrens" und dessen Strukturen veranlassen und

---

5 Vgl. auch die darüber hinausgehende Normen- und Fallsammlung vorläufiger Verwaltungsakte bei Schimmelpfennig,
  Vorläufige Verwaltungsakte.
6 Vgl. z.B. Middeke/Gellermann, DVBl 1991, 526; Achterberg,
  Allgem. VerwR, § 20 Rdnr. 33; J. Martens, Praxis, Rdnr.
  226 ff.; Henke, DVBl 1983, 1247.
7 So auch Erichsen in Erichsen/Martens, Allgem.VerwR,
  § 11 I m.w.N.
8 DVBl 1983, 1247.
9 Vgl. Middeke/Gellermann, DVBl 1991, 527; Mecking, DÖV
  1991, 599, die über die 31. Tagung der wissenschaftli-
  chen Mitarbeiter der Fachrichtung "Öffentliches Recht"
  berichten, die sich mit dem Thema "Wandel der Handlungsformen im öffentlichen Recht" befaßte.

zu einer Straffung desselbigen Anregung geben[10]. Die Straffung des Hauptverfahrens wird aber häufig wegen des Rechtsstaatsprinzips mit seinen Erscheinungsformen wie Gesetzmäßigkeit der Verwaltung, Rechtssicherheit etc. und der Berücksichtigung der Grundrechte, der auch die Verfahrensausgestaltung dienen soll[11], allenfalls begrenzt möglich sein[12].

Eine ausdrückliche gesetzliche Regelung vorläufiger Verwaltungsakte im VwVfG, wie sie der Referentenentwurf zum SGB X (Verwaltungsverfahren) vorsah[13], würde nur begrenzt Vorteile bringen[14]. Die bekannten Probleme, insbesondere im Bereich der Ermessensausübung oder Ermessensgrenzen, könnte sie kaum lösen. Von der umfassenden Ermessensabwägung vor der Entscheidung zum Erlaß eines vorläufigen Verwaltungsaktes könnte auch sie nicht entbinden[15]. Andererseits würde sie um so mehr neue Fragen aufwerfen. Bis auf allgemeine Vorgaben wie die Wiederholung des Bestimmtheitsgebots, der Bindung an ein berechtigtes Interesse und den Gesetzeszweck, was ohnehin in §§ 37, 10 S. 2, 40, 36 VwVfG festgeschrieben ist, kann sie auch zu einer größeren "Rechtsstaatlichkeit" kaum etwas beitragen[16]. Sie würde vielmehr die Verwaltung zu einem umfangreicheren Gebrauch vorläufiger Regelungen anregen, was rechtspolitisch trotz der Vorteile, die der vorläufige Verwaltungsakt in bestimmten Fällen bietet, kaum erstrebenswert ist. Der vorläufige Verwaltungsakt ist gegenüber dem gewöhnlichen "endgültigen Verwaltungsakt" die Ausnahme. Diese, auf bestimmte Fallsituationen beschränkte Ausnahme muß er auch bleiben.

Unumgänglich wird es jedoch sein, das Ermessen, das bei der "Instrumentenwahl" bezüglich des vorläufigen Verwaltungsaktes ausgeübt werden muß, und die Ermessensgrenzen, die dem Erlaß vorläufiger Verwaltungsakte im Einzelfall entgegenstehen können, durch Rechtsprechung und Lehre, ähnlich wie es bei § 123 VwGO geschehen ist, weiter herauszuarbei-

---

10 Vgl. die Anregungen zur Beschleunigung von Planungsverfahren bei Broß, DVBl 1991, 177; Ronellenfitsch, DVBl 1991, 920; Brohm, NVwZ 1991, 1025.
11 Vgl. BVerfGE 53, 65; 56, 236; 63, 143; 65, 94; 69, 355 f.
12 Broß, DVBl 1991, 185.
13 § 37 RefE SGB X, abgedruckt bei Stelkens in Stelkens/Bonk/Leonhardt, VwVfG, § 35 Rdnr. 121; s. auch oben § 3 FN 4.
14 Vgl. Schimmelpfennig, Vorläufiger Verwaltungsakt, S. 160; a.A. offenbar Kemper, Der vorläufige Verwaltungsakt, S. 228 f., der auch einen Normierungsvorschlag macht; J. Martens, NVwZ 1991, 1046.
15 Schimmelpfennig, Vorläufige Verwaltungsakte, S. 160.
16 So auch Schimmelpfennig, Vorläufige Verwaltungsakte, S. 160; vgl. auch die 2. Stellungnahme Bayerns gegenüber dem Bundesministerium für Arbeit und Sozialordnung (VII B/1045-25/4/75) vom Mai 1975, S. 20 zu §§ 36, u. 37 RefE, abgedruckt bei Schimmelpfennig, Vorläufiger Verwaltungsakte, S. 113; s. auch oben § 3 FN 5.

ten, zu verfeinern und fortzuentwickeln. Einen ersten
Schritt in diese Richtung getan zu haben, war Anliegen dieser Arbeit.

Literaturverzeichnis

Veröffentlichungen in Periodika werden nach Verfassern und abgekürzten Fundstellen zitiert. Bei Monografien und Sammelwerken wird nach dem Verfassernamen das Werk in der Regel stichwortartig mit dem ersten Hauptwort des Titels oder abgekürzt genannt.

Achterberg: Allgemeines Verwaltungsrecht, 2. Auflage, Heidelberg 1986

Achterberg: Der Verwaltungsvorakt, in DÖV 1971, 397

Achterberg: Theorie und Dogmatik des öffentlichen Rechts, 1980, S. 506

Antoniolli: Allgemeines Verwaltungsrecht, Wien 1954

Arnim, v.: Gemeinwohl und Gruppeninteresse, 1977

Arnim, v.: Staatslehre der Bundesrepublik Deutschland, München 1989

Bachof: Die Dogmatik des Verwaltungsrechts vor den Gegenwartsaufgaben der Verwaltung, in VVDStRL 30, 193

Badura, in Erichsen/Martens: Allgemeines Verwaltungsrecht, 9. Auflage, Berlin, New York 1992

Barnewitz: Die Aufhebung, der Widerruf und die Rücknahme von bestandskräftigen Rentenbescheiden, SGb 1979, 99

Bauer, E.: Kritische Betrachtung zu §§ 22 IV, V KOVVfG und § 43 SGB, in VersBea. 1977, 138

Baumbach/Lauterbach/Albers/Hartmann: Zivilprozeßordnung, 47. Auflage, München 1989

Baumeister, in Schenke/Baumeister: Der rechtswidrig gewordene Verwaltungsakt - BVerwGE 84, 111, in JuS 1991, 547

Baur, F.: Studien zum einstweiligen Rechtsschutz, Tübingen 1967

Becker, H.-J.: Rücknahme fehlerhafter Verwaltungsakte in der Rechtsprechung des BVerwG, DÖV 1963, 459

Bender/Sparwasser: Umweltrecht, 3. Auflage, Heidelberg
1990

Berg: Die verwaltungsrechtliche Entscheidung
bei ungewissem Sachverhalt, Berlin 1980
(Schriften zum öffentlichen Recht, Band
381)

Berg: Zur Untersuchungsmaxime im Verwaltungsverfahren, in DV 1976, 161

Berner: Polizeiaufgabengesetz, 12. Auflage 1991

Bieback: Anm. zu BSG Urteil vom 11.6.1987, DVBl
88, 449, in DVBl. 1988, 453

Birn/Jung (Hrsg.): Abfallbeseitigungsrecht für die betriebliche Praxis, Loseblatt Stand No-
vember 1991

Bley/Gitter/Gurgel/Heinze/Müller/Schroeter/Schwerdtfeger:
SGB Sozialversicherung Gesamtkommentar,
Loseblatt Stand März 1990, Wiesbaden

Blomeyer: Studien zur Bedingungslehre, I. Teil
über bedingte Verpflichtungsgeschäfte,
1938

Borgs-Maciejewski, in Meyer/Borgs: Kommentar zum Verwaltungsverfahrensgesetz, 2. Auflage,
Frankfurt am Main 1982

Breuer: Die Bedeutung der Entsorgungsvorsorge-
klausel in atomrechtlichen Teilgenehmigungen, in VerwArch 1981, 261

Breuer: Die Bindungswirkung von Bescheiden -
insbesondere Zwischenbescheiden - und
Präklusion, Referat 6. Dt. Atomrechts-
symposium 1979, Hrsg. Lukas, Köln 1980,
S. 241

Breuer: Grundrechte als Anspruchsnormen, in
Festschrift zum 25jährigen Bestehen
des BVerwG, 1978, S. 89

Brohm: Beschleunigung der Verwaltungsverfahren -
Straffung oder konsensuales Verwaltungshandeln?, in NVwZ 1991, 1025

Broß: Beschleunigung von Planungsverfahren,
in DVBl 1991, 177

Brox: Allgemeiner Teil des Bürgerlichen Ge-
setzbuches, 15. Auflage, Köln 1991

Burdenksi/v. Maydell/Schellhorn: Gemeinschaftskommentar zum
Sozialgesetzbuch Allgemeiner Teil, 2.
Auflage, Neuwied/Darmstadt 1981

Burianek: Die sogenannte Vorabzustimmung im atomrechtlichen Genehmigungsverfahren – ein
zulässiges Instrument der Verwaltung?, in
NJW 1987, 2727

Clausen, in Knack, VwVfG, 3. Auflage, Köln, Berlin, Bonn,
München 1989

Creifelds: Rechtswörterbuch, 10. Auflage, München
1990

Darnstädt: Gefahrenabwehr und Gefahrenvorsorge,
1983

Daumke: Grundriß der Abgabenordnung, Frankfurt
am Main 1988

Dellmann, in Hömig/Seifert: Grundgesetz für die Bundesrepublik Deutschland, 4. Auflage, Baden-
Baden 1991

Di Fabio: Vorläufiger Verwaltungsakt bei ungewissem
Sachverhalt, in DÖV 1991, 629

Drews/Wacke/Vogel/Martens: Gefahrenabwehr, 9. Auflage von
K. Vogel und W. Martens, Köln, Berlin,
Bonn, München 1986

Eberle: Arrangements im Verwaltungsverfahren,
in Die Verwaltung 1984, 439

Elster: Begünstigende Verwaltungsakte mit Bedingungen, Einschränkungen und Aufla-
gen, 1979

Erichsen/Martens: Allgemeines Verwaltungsrecht, 8. Auflage, Berlin, New York 1988

Erichsen: Die selbständige Anfechtbarkeit von Nebenbestimmungen, in VerwArch 66 (1975),
299

Feuchthofen: Der Verfassungsgrundsatz des rechtlichen Gehörs und seine Ausgestaltung im
Verwaltungsverfahren, in DVBl 1984, 170

Fiedler: Die materiell-rechtlichen Bestimmungen
                           des Verwaltungsverfahrensgesetzes und
                           die Systematik der verwaltungsrechtli-
                           chen Handlungsformen, in AöR 105
                           (1980), 79

Finkelnburg/Jank: Vorläufiger Rechtsschutz im Verwal-
                           tungsstreitverfahren, 3. Auflage, Mün-
                           chen 1986

Flume: Allgemeiner Teil des Bürgerlichen
                           Rechts, Bd. 2. Das Rechtsgeschäft,
                           Heidelberg, Berlin 1979

Franßen: Über bedingungsfeindliche Verwaltungs-
                           akte, Diss. jur. Münster 1968

Friauf: Polizei- und Ordnungsrecht, in v.
                           Münch, Besonderes Verwaltungsrecht, 8.
                           Auflage, Berlin, New York 1988

Friedrichs: Vorbehalt im Leistungsbescheid, SozVers.
                           1976, 86

Funk: Zur Anfechtbarkeit von Auflagen und
                           Genehmigungsinhaltsbestimmungen, in
                           BayVBl 1986, 105

Gagel: Arbeitsförderungsgesetz, Loseblatt
                           Stand Januar 1990, München

Gellermann, in Middeke/Gellermann, Wandel der Handlungs-
                           formen im Öffentlichen Recht. - Bericht
                           über die 31. Assistententagung "Öffentli-
                           ches Recht" vom 6. bis 8. März 1991 in
                           Bremen, in DVBl 1991, 526

Gieseke/Wiedemann/Czychowski: Wasserhaushaltsgesetz, 5.
                           Auflage, München 1989

Götz: Allgemeines Polizei- und Ordnungsrecht,
                           9. Auflage, Göttingen 1988

Götz: Die vorläufige Subventionsbewilligung -
                           BVerwG, NJW 1983, 2043, in JuS 1983,
                           924

Götz: Rückforderungen von Subventionen, in
                           NVwZ 1984, 480

Grüner/Dalichau/Podlech/Prochnow: Sozialgesetzbuch,
                           Loseblatt Stand März 1990, Percha am
                           Starnberger See

Gündisch: Die Entwicklung des Subventionsrechts
1980-1983, in NVwZ 1984, 489

Günther: Dienstleistungsberichte - Anmerkungen
zur Beurteilungsermächtigung und der
Kontrollpraxis der Verwaltungsgerichte,
in ZBR 1984, 353

Hansen-Dix: Die Gefahr im Polizeirecht, im Ordnungsrecht und im Technischen Sicherheitsrecht, 1982

Hansmann: Die Bindungswirkung von Bescheiden -
insbesondere Zwischenbescheiden - und
Präklusion, Referat 6. Dt. Atomrechts-
symposium 1979, Hrsg. Lukas, Köln 1980,
S. 263

Hartmann, in Baumbach/Lauterbach/Albers/Hartmann: Zivilprozeßordnung, 50. Auflage, München 1992

Hauck/Haines: Sozialgesetzbuch - SGB I, Allgemeiner
Teil, Loseblatt Stand Januar 1991, Berlin

Henke: Anmerkung zum BVerwG Urteil v.
14.4.1983 3 C 8.83 DVBl. 83, 851, in
DVBl. 1983, 1246

Henke: Unterstellung und Versicherung, 1922

Herrmann: Vorläufige Verwaltungsentscheidungen
und § 80 VwGO, in BayVBl 1965, 52

Hill: Das fehlerhafte Verfahren und seine
Folgen im Verwaltungsrecht, Heidelberg
1986

Hoschützky/Kreft: Recht der Abfallwirtschaft, Loseblatt
Stand Februar 1989, Köln

Hoffmann-Riem: "Anscheinsgefahr" und "Anscheinsverur-
sachung" im Polizeirecht, in Fest-
schrift für Wacke zum 70. Geburtstag,
S. 327, Hrsg. Vogel/Tipke, Köln 1972

Hoffmann/Seitter: Gaststättenrecht, 3. Auflage, Heidelberg 1985

Hömig/Seifert: GG, 4. Auflage, Baden-Baden 1991

Hönig: Die Zulässigkeit von Nebenbestimmungen
bei Verwaltungsakten, Diss. jur., Mün-
chen 1968

Hösel/v. Lersner: Recht der Abfallbeseitigung, Loseblatt
Stand September 1991, Berlin

Hübschmann/Hepp/Spitahr: Kommentar zur Abgabenordnung
und Finanzgerichtsordnung, Loseblatt Stand
Dezember 1991, Köln

Hufen: Fehler im Verwaltungsverfahren, 2. Auflage,
Baden-Baden, 1991

Jahn: Sozialgesetzbuch, Kommentar, Loseblatt
Stand Dezember 1986, Freiburg

Jauernig: Zivilprozeßrecht, 22. Auflage, München
1988

Jung: Die Nebenbestimmungen der Verwaltungsakte, Diss. jur., Mainz 1956

Kemper: Der vorläufige Verwaltungsakt, 1990

Kemper: Der vorläufige Verwaltungsakt, in DVBl
1989, 981

Kickartz: Ermittlungsmaßnahmen zur Gefahrenerforschung und einstweilige polizeiliche
Anordnungen, Diss. jur., Mannheim 1984

Kienzle: Das Gaststättengesetz, 10. Auflage, Köln
1990

Kisker: Vertrauensschutz im Verwaltungsrecht,
in VVDStRL 32, 149

Klappstein, in Knack, Verwaltungsverfahrensgesetz,
3. Auflage, Köln, Berlin, Bonn, Mün-
chen 1989

Knack: Verwaltungsverfahrensgesetz, 3. Auflage, Köln, Berlin, Bonn, München 1989

Knemeyer: Polizei- und Ordnungsrecht, 3. Auflage,
München 1989

König: Der vorläufige Verwaltungsakt, in
BayVBl 1989, 33

Kopp, F.J.: Verwaltungsakte unter Vorbehalt und
sonstige vorläufige Verwaltungsakte,
in DVBl 1989, 238

Kopp, F.O.:   Buchbesprechung, Schimmelpfennig,
Vorläufige Verwaltungsakte, in DVBl 1990,
728

Kopp, F.O.:   Buchbesprechung, Kemper, Der vorläufige
Verwaltungsakt, in DVBl 1990, 1189

Kopp, F.O.:   Einstweilige Anordnungen im Verwaltungsverfahren?, in BayVBl 1968, 236

Kopp, F.O., in Mayer, F./Kopp: Allgemeines Verwaltungsrecht, 5. Auflage, Stuttgart, München,
Hannover 1985

Kopp, F.O.:   Nochmals: Widerruf oder Rücknahme rechtswidrig gewordener Verwaltungsakte, in
BayVBl 1990, 524

Kopp, F.O.:   Um die neue Begründung des Grundsatzes
des Vertrauensschutzes im öffentlichen
Recht, in BayVBl 1980, 38

Kopp, F.O.:   Verfassungsrecht und Verwaltungsverfahrensrecht, München 1971

Kopp, F.O.:   Verwaltungsgerichtsordnung, 9. Auflage,
München 1992

Kopp, F.O.:   Verwaltungsverfahrensgesetz, 5. Auflage, München 1991

Krasney: Zur Anhörungspflicht im Verwaltungsverfahren, in NVwZ 1986, 337

Krause, P.:   Das neue Sozialgesetzbuch: Verwaltungsverfahren, NJW 1982, 81

Kreßel: Der "vorläufige" Verwaltungsakt, in
BayVBl 1989, 65

Kunig, in Kunig/Schwermer/Versteyl: Abfallgesetz, München
1988

Kunig/Schwermer/Versteyl: Abfallgesetz, 2. Auflage,
München 1992

Langer: Erläuterte Entscheidungen, BVerwG, Urt.
v. 15.12.1988 - 5 C 67.85 = DÖV 1989,
819, in JA 1990, 27

Larenz: Allgemeiner Teil des deutschen Bürgerlichen Rechts, 7. Auflage, München 1989

Larenz: Methodenlehre der Rechtswissenschaft,
                   5. Auflage, Berlin, Heidelberg 1983

Laubinger: Das System der Nebenbestimmungen,
                   in WuV 1982, 117

Laubinger: Grundrechtsschutz durch Gestaltung
                   des Verwaltungsverfahrens, in VerwA
                   1982, 60

Laubinger: Gutachten über eine künftige gesetzli-
                   che Regelung von Massenverfahren im
                   Massenverfahren im Verwaltungsverfah-
                   rensrecht und im Verfahrensrecht für
                   die Verwaltungsgerichte, Speyer 1975

Leisner: Gefährdungshaftung im öffentlichen
                   Recht, in VVDStRL 20, 185

Leonhardt, in Stelkens/Bonk/Leonhardt: Verwaltungsverfah-
                   rensgesetz, 3. Auflage, München 1990

Lücke, J.:   Vorläufige Staatsakte, Tübingen 1991

Maiwald: Die verwaltungsbehördliche Zusicherung
                   im Verwaltungsverfahrensgesetz, in
                   BayVBl 1977, 449

Martens, J.:   Die Rechtsprechung zum Verwaltungsver-
                   fahrensrecht, in NVwZ 1982, 480

Martens, J.:   Zur Begriffsbestimmung des Verwaltungs-
                   aktes, in DVBl 1986, 322

Martens, J.:   Die Praxis des Verwaltungsverfahrens,
                   München 1985

Martens, J.:   Die Rechtsprechung zum Verwaltungsver-
                   fahrensrecht, in NVwZ 1985, 158

Martens, J.:   Die Rechtsprechung zum Verwaltungsver-
                   fahrensrecht, in NVwZ 1989, 828

Martens, J.:   Die Rechtsprechung zum Verwaltungsver-
                   fahrensrecht, in NVwZ 1991, 1043

Martens, J.:   Einführung in die Praxis des Verwal-
                   tungsverfahrens, in JuS 1978, 468

Martens, J.:   Verwaltungsverfahrensrecht, DOK 1979,
                   169

Martens, J.:   Vorläufige Regelungen durch Verwal-
                   tungsakt, in DÖV 1987, 992

Martens, in Drews/Wacke/Vogel/Martens: Gefahrenabwehr, 9. Auflage, Köln, Berlin, Bonn,
München 1986

Maunz/Zippelius: Deutsches Staatsrecht, 28. Auflage,
München 1991

Maurer: Allgemeines Verwaltungsrecht, 7. Auflage, München 1990

Mayer/Kopp: Allgemeines Verwaltungsrecht, 5. Auflage,
Stuttgart, München, Hannover 1985

Mecking: Wandlung der Handlungsformen im öffentlichen Recht - 31. Tagung der wissenschaft-
lichen Mitarbeiter der Fachrichtung "Öffentliches Recht", in DÖV 1991, 598

Meinecke: Anmerkung zu BVerwG, Urteil vom 11.2.83,
7 C 70.80, DVBl 83, 810, in DVBl 1984, 725

Meins, in Schmitt Glaeser: Recht des Immissionsschutzes,
Königstein 1982

Meyer/Borgs-Maciejewski: Verwaltungsverfahrensgesetz,
2. Auflage, Frankfurt am Main 1982

Meyer-Ladewig: Sozialgerichtsgesetz, 3. Auflage, München 1987

Middeke/Gellermann: Wandel der Handlungsformen im öffentlichen Recht - Bericht über die 31.
Assistententagung "Öffentliches Recht"
vom 6. bis 8. März 1991 in Bremen, in
DVBl 1991, 526

Mörtel/Metzner: Gaststättengesetz, 4. Auflage, München 1988

Münch, v. (Hrsg.): Besonderes Verwaltungsrecht, 8. Auflage, Berlin, New York 1988

Mutius, v., in Schoch: Vorläufiger Rechtsschutz und Risikoverteilung im Verwaltungsrecht, Heidelberg 1988

Mutius, v.: Grundrechtsschutz contra Verwaltungsef-
fizienz im Verwaltungsverfahren, in NJW
1982, 2150

Mutius, v./Schoch: Die atomrechtliche "Konzeptgenehmigung
- rechtsdogmatische Sphinx oder sonnvolle
Verwaltungspraxis?, in DVBl 1983, 149

Nehls, Jürgen: Die Rechtsprechung des BSG zur Anhörung, in NVwZ 1982, 494

Obermayer in Maunz/Obermayer/Berg/Knemeyer: Staats- und
Verwaltungsrecht in Bayern, 5. Auflage,
Stuttgart, München, Hannover 1988

Obermayer: Kommentar zum Verwaltungsverfahrensgesetz, 2. Auflage, Neuwied, Frankfurt/
Main 1990

Oppermann, in v. Münch (Hrsg.): Besonderes Verwaltungsrecht, 8. Auflage, Berlin, New York 1988

Ossenbühl: Die Freigabepraxis im atomrechtlichen
Genehmigungsverfahren, in DVBl 1980,
803

Ossenbühl: Staatshaftungsrecht, 4. Auflage, München
1990

Ossenbühl: Verwaltungsverfahren zwischen Verwal-
tungseffizienz und Rechtsschutzauftrag,
in NVwZ 1982, 465

Palandt: Bürgerliches Gesetzbuch, 51. Auflage,
München 1992

Papier: Altlasten und polizeiliche Störerhaf-
tung, in DVBl 1985, 873

Paulick: Lehrbuch des allgemeinen Steuerrechts,
3. Auflage, Köln, Berlin, Bonn, München
1977

Peine: Der vorläufige Verwaltungsakt, in DÖV
1986, 849

Pestalozza: Der Untersuchungsgrundsatz, in Verwaltungsverfahren, Festschrift zum 50-jäh-
rigen Bestehen des R. Boorberg-Verlags,
S. 185, Hrsg. Schmitt-Glaeser, Stuttgart, München, Hannover 1977

Peters: Sozialgesetzbuch, Allgemeiner Teil,
Loseblatt Stand März 1991, Stuttgart

Pieroth: Die neuere Rechtsprechung des Bundes-
verfassungsgerichts zum Grundsatz des
Vertrauensschutzes, JZ 1990, 279

Pietzcker: Das Verwaltungsverfahren zwischen Ver-
waltungseffizienz und Rechtsschutzauf-
trag, in VVDStRL 41. 193

Pietzner/Ronellenfitsch: Das Assessorexamen im Öffentlichen Recht, 7. Auflage, Düsseldorf 1991

Plog/Wiedow/Beck: Kommentar zum Bundesbeamtengesetz mit Beamtenversorgungsgesetz, Loseblatt Stand Oktober 1991, Neuwied/Darmstadt

Poppermann: Anm. zu OVG Saarlouis, Beschluß vom 16.11.1969 - IW 29/69, in JZ 1970, 286

Püttner: Anm. zu BVerwG, Urteil vom 15.12.1988 - 5 C 67.85, in JZ 1989, 846

Redeker: Zum neuen Entwurf eines Verwaltungsverfahrechsgesetzes, in DVBl 1973, 744

Rehbinger/Burgbacher/Knisper: Bürgerklage, Berlin 1972

Rengeling: Die Konzeptgenehmigung und das vorläufige positive Gesamturteil in der ersten atomrechtlichen Teilgenehmigung, in NVwZ 1982, 217

Riegel: Polizei- und Ordnungsrecht in der Bundesrepublik Deutschland, 1981

Robinski: Gewerberecht, München 1983

Rode, in Wertenbruch (Hrsg.): Bochumer Großkommentar zum SGB-Allgemeiner Teil, 1. Auflage, Berlin/ New York 1979

Ronellenfitsch, in Pietzner/Ronellenfitsch: Das Assessorexamen im Öffentlichen Recht, 7. Auflage, Düsseldorf 1991

Ronellenfitsch: Das atomrechtliche Genehmigungsverfahren, 1983

Ronellenfitsch: Der Entwurf eines Gesetzes zur Beschleunigung der Planungen für Verkehrswege in den neuen Ländern sowie im Land Berlin, in DVBl 1991, 920

Rudolf, in Erichsen/Martens: Allgemeines Verwaltungsrecht, 7. Auflage, Berlin/NewYork 1986

Rumpel: Nebenbestimmungen zu atomrechtlichen Teilentscheidungen unter besonderer Berücksichtigung der inhaltlichen Beschränkung nach § 17 Abs. 1 S. 2 des Atomgesetzes, Diss. jur., Würzburg 1984

Rumpel: Zur Verwendung von Genehmigungsinhalts-
bestimmungen und Auflagen - Zugleich
ein Beitrag zur Rechtsfigur der inhaltlichen Beschränkung -, in BayVBl 1987,
577

Rüping: Verfassungs- und Verfahrensrecht im
Grundsatz des rechtlichen Gehörs, in
NVwZ 1985, 304

Salzwedel (Hrsg.): Grundzüge des Umweltrechts, Berlin 1982

Schachel: Nebenbestimmungen zu Verwaltungsakten,
Berlin 1979

Schachel: Nebenbestimmungen zu Verwaltungsakten, in
Jura 1981, 449

Schenke: Die verwaltungsbehördliche Aufhebung
nachträglich rechtswidrig gewordener
Verwaltungsakte, in DVBl 1989, 433

Schenke: Widerruf oder Rücknahme rechtswidrig
gewordener Verwaltungsakte?, in BayVBl
1990, 107

Schenke: Polizei- und Ordnungsrecht, in Steiner
(Hrsg.), Besonderes Verwaltungsrecht,
3. Auflage, Heidelberg 1988

Schenke, in Schenke/Baumeister: Der rechtswidrig gewordene Verwaltungsakt - BVerwGE 84, 111, in
JuS 1991, 547

Schimmelpfennig: Vorläufige Verwaltungsakte, in BayVBl
1989, 69

Schimmelpfennig: Vorläufige Verwaltungsakte, München
1989

Schlink: Wasserrechtliche Probleme der Sanierung
von Altlasten, in DVBl 1976, 161

Schmidt-Aßmann: Institute gestufter Verwaltungsverfah-
ren: Vorbescheid nach Teilgenehmigung,
in: Verwaltungsrecht zwischen Freiheit,
Teilhabe und Bindung, Festgabe aus An-
Anlaß des 25-jährigen Bestehens des
Bundesverwaltungsgerichts, S. 569,
München 1978

Schmieder: Rechtsprobleme im Zusammenhang mit Vorbescheid und Bauartzulassung im atomrechtlichen Genehmigungsverfahren, in 5. Atomrechts-Symposium, 1976, S. 169

Schmitt Glaeser, in Tschira/Schmitt Glaeser: Verwaltungsprozeßrecht, 10. Auflage, Stuttgart, München, Hannover 19890

Schmitt Glaeser/Meins: Recht des Immissionsschutzes, Königstein 1982

Schneider, H.-J.: Nebenbestimmungen und Verwaltungsprozeß, Berlin 1981

Schneider, O.: Grundsätzliche Überlegungen zur polizeirechtlichen Gefahr, in DVBl 1980, 406

Schneider, H.: Die öffentliche Jugendhilfe zwischen Eingriff und Leistung, 1964

Schnell, M.: Der Antrag im Verwaltungsverfahren, Berlin 1986

Schoch: Vorläufiger Rechtsschutz und Risikoverteilung im Verwaltungsrecht, Heidelberg 1988

Schwabe: Anmerkung zu OVG Nordrhein-Westfalen, Urteil vom 10.6.81 - 4 A 2607/79 - , DVBl 82, 653, in DVBl 1982, 655

Schwerdtfeger: Öffentliches Recht in der Fallbearbeitung, 8. Auflage, München 1986

Schwermer, in Kunig/Schwermer/Versteyl: Abfallgesetz, 2. Auflage, München 1992

Seibert: Die Bindungswirkung von Verwaltungsakten, Baden-Baden 1989

Sellner, D.: Immissionsschutzrecht und Industrieanlagen, 2. Auflage, München 1988

Sieder/Zeitler/Dahme: Wasserrecht, Band II, Bayerisches Wassergesetz, Loseblatt Stand April 1990, München

Steiner (Hrsg.): Besonderes Verwaltungsrecht, 3. Auflage, Heidelberg 1988

Stelkens/Bonk/Leonhardt: Verwaltungsverfahrensgesetz, 3. Auflage, München 1990

162

Stelkens:	Fragen zur Anwendung des Verwaltungsverfahrensgesetzes durch die Bauaufsichtsbehörden, in BauR 1978, 158
Stern:	Das Staatsrecht der Bundesrepublik Deutschland, II. Band, München 1980
Stober:	Zur Problematik des § 44 a Abs. 1 BHO und des entsprechenden Landesrechts, in DÖV 1984, 265
Thoenes:	Anmerkung zu BVerwG, Urteil vom 11.2.83 - 7 C 70.80 -, DVBl 83, 810, in DVBl 1983, 812
Thomas/Putzo:	Zivilprozeßordnung, 17. Auflage, München 1991
Tiedemann:	Anmerkung zu BVerwG, Urteil vom 14.4.83, 3 C 8.82, DÖV 83, 814, in DÖV 1983, 815
Tiedemann:	Der vorläufige Verwaltungsakt in der Leistungsverwaltung, in DÖV 1981, 786
Tschira/Schmitt Glaeser:	Verwaltungsprozeßrecht, 10. Auflage, Stuttgart, München, Hannover 1990
Ule/Laubinger:	Verwaltungsverfahrensrecht, 3. Auflage, Köln, Berlin, Bonn, München 1986
Ule:	Verfassungsrecht und Verwaltungsprozeßrecht, in DVBl 1959, 537
Ule:	Verwaltungsprozeßrecht, 9. Auflage, München 1987
Wahl:	Der Regelungsgehalt von Teilentscheidungen in mehrstufigen Planungsverfahren, in DÖV 1975, 373
Wahl:	Verwaltungsverfahren zwischen Verwaltungseffizienz und Rechtsschutzauftrag, in VVDStRL 41, 151
Wallerath:	Allgemeines Verwaltungsrecht, 3. Auflage, Siegburg 1985
Weber:	Vorbescheid und Teilgenehmigung im Atomrecht, in DÖV 1980, 397
Weber-Fas:	Grundzüge des allgemeinen Steuerrechts in der Bundesrepublik Deutschland, Tübingen 1979

Weides: Die Anhörung der Beteiligten im Verwaltungsverfahren, in JA 1984, 648

Wellas: Der Widerrufsvorbehalt von Verwaltungsakten, Diss. jur., Tübingen 1973

Wernicke: Die Zulassung vorzeitigen Beginns einer
` `Gewässernutzung, in ZfW 1977, 76

Wertenbruch (Hrsg.): Bochumer Großkommentar zum SGB-Allgemeiner Teil, 1. Auflage, Berlin/New York 1979

Westermann, H.P., in Münchner Kommentar, Bürgerliches Gesetzbuch, Allgemeiner Teil, 2. Auflage, München 1984

Weyreuther: "Über Baubedingungen", in DVBl 1969, 232, 295

Wilke: Der Anspruch auf behördliches Einschreiten im Polizei-, Ordnungs- und Baurecht, in Festschrift für Scupin, 1983, S. 831

Wimmer: Die Wahrung des Grundsatzes des rechtlichen Gehörs, in DVBl 1975, 773

Wolff/Bachof: Verwaltungsrecht, Band I, 9. Auflage, München 1974 und Band III, 4. Auflage, München 1978

Wurster/Wurster: Bundesbesoldungsrecht für Richter, Beamte und Soldaten, Loseblatt Stand Juli 1987, Heidelberg

Zippelius, in Maunz/Zippelius: Deutsches Staatsrecht, 28. Auflage, München 1991

Zippelius: Allgemeine Staatslehre, 11. Auflage, München 1991

Sachverzeichnis

Abänderung	85, 135
Abgrenzung	39 ff.
Abschlagszahlungen	46 f.
Abwägung öffentlicher wie privater Interessen	126
"aktives" Handeln der Verwaltung	119
Akzessorietät	41, 55, 65, 78, 93, 122, 144
Amtshaftung	134
Anfechtbarkeit	140 ff.
Anfechtungsklage	140 ff.
Angemessenheit, Grundsatz der	125 ff.
Anhörung	105 ff.
"Anscheinsgefahr"	19 f.
Anspruchsgrundlage	8
Anspruchshöhe	8
Anspruchsumfang	8
Anwendungsgründe für vorläufige Verwaltungsakte	23 ff.
Aufklärungspflicht	54 f., 100 ff.
aufschiebende Wirkung	140
Ausblick	145 ff.
Auslegung	71, 82, 131
Begründungspflicht	111 f.
Bekanntgabe	110 f.
"Besonderes Regelungsinteresse"	32 f.
Bestandskraft	85, 135 f.
formelle	85, 135
materielle	85, 135
Bestimmtheitsgrundsatz	110 f., 127 f., 130 f.
Beteiligte	102 ff.
"Hauptbeteiligte"	102 ff.
hinzugezogene	104 ff.
Beteiligtenbegriff, formeller	103 f.
Beteiligteneigenschaft	103
Betriebsprüfung	58 f., 80, 136
Beurteilungsgrundlage	3 f., 101 f.
Beweislast	139
formelle	139
materielle	139
Beweislastumkehr	139
Beweismittel, sofort verfügbare	41, 101
Bindungswirkung	135 f.

Effektivität der Verwaltung 29
"Eilfälle" 106 f.
Eingrenzung 39 ff.
Eingriffsverwaltung 18 ff.
einstweiliges Rechtsschutzverfahren 5, 32, 94 f., 143
"einstweilige" Erlaubnis 42
Ereignis, künftiges, ungewisses 56 ff.
Erforderlichkeitsgrundsatz 124 f.
Erklärungswert, objektiver 81
Erlaubnis, vorläufige 7
Ermessen 113, 115 ff., 129 f.
    bzgl. "Art" des Handelns 116
    bzgl. "Maß" der getroffenen Regelung 116
    Entschließungs- 115 f.
Ermessensgrenzen 117
Ermessensreduzierung 117
Erstattungsanspruch 132 ff.
Evidenzkontrolle 36, 51, 63, 101
Feindosierung verwaltungsrechtlichen Handelns 81, 114
Folgen, irreparable 93
Folgenbeseitigungsanspruch 132 ff.
Fristen 137
Geeignetheitsgrundsatz 118 ff.
"Gefahr" 19 ff.
"Gefahrenverdacht" 20
gesellschaftliche Entwicklung 145
gestuftes Verfahren 43
Gewaltenteilung 41 f., 95
Gewaltverhinderung 124
Handlungsformen, verwaltungsrechtliche 48
Handlungsinstrument, verwaltungsrechtliches 48, 146
"Hauptverfahren" 17, 41, 42, 54, 63, 68, 73
    92 ff., 98, 101 f., 123, 126, 144, 147
    Straffung des - 147
"horizontale Zerstückelung" 35
Individualinteressen 5
"inhaltliche Beschränkung" 53
"Inhaltsbestimmung" 53, 114
"innere" Wirksamkeit 137
Interesse
    der Allgemeinheit 25 ff.
    der Verwaltung 28 ff.

Interessen
    makroökonomische   8
    mikroökonomische   8
Interimslösung   119
Klagearten   140 ff.
    Prüfungsumfang   140 ff.
komplexe Verfahren   37 f.
Konstellationen, typische   33 ff.
Kosten   144
"Massen-Verwaltungsakte"   108
"Massenverwaltung"   29
materielle Gerechtigkeit   77 f.
Menschenwürdegarantie   105
Mitwirkung anderer Behörden   109 f.
Nachteilabwendung   122
"Naturereignis"   57
Nebenbestimmungen   48 ff.
    Bedingung   56 ff.
    Befristung   49 ff.
    funktionale Unterscheidbarkeit   62
    Rechtsbedingung   68 ff.
    "sui generis"   80 ff.
    tatbestandssichernde Funktion   64 f
    "typisierte"   53 f., 81 ff., 90
    "uneigentliche" Bedingung   66 ff.
    Widerrufsvorbehalt   69 ff.
    zu vorläufigen Verwaltungsakten   90
"non liquet"   139
Normzweckverwirklichung   25
Notkompetenzen   21 f.
Notstand, polizeilicher und ordnungsbehördlicher   22 f.
"öffentliches Interesse"   25 ff.
Ordnungsrecht   18 ff.
Polizeirecht   18 ff.
"potentielles Unrecht"   126
Potestativbedingung   58, 74
Progroseentscheidung   102, 135
Prüfungsintensität   36, 51, 63, 101
"reaktives" Handeln der Gerichtsbarkeit   119 f.
Rechtmäßigkeit   55
    der Verfahrenswahl   98 ff.
    formelle, verfahrensbezogene   98 ff.
    formelle, sachinhaltsbezogene   129
    in der Sache, sachinhaltsbezogene   129 ff.

materielle, verfahrensbezogene	112 ff.
materielle, sachinhaltsbezogene	129 ff.
Rechtsbehelfe	140 ff.
Rechtsbehelfsbelehrung	135, 137
Rechtsbeständigkeit	85
Rechtsklarheit	127
Rechtssicherheit	78, 104, 127
Rechtsstaat	6
Rechtsstaatsprinzip	61 f., 100, 105, 117, 127
Rechtsverwirklichung	120 ff.
Beeinträchtigung der -	121 ff.
Gefahr für die -	121
Rechtswahrung, effektive	115, 118 f., 120 f.
"Regelungsanordnung"	118
Regelungsart	122
Regelungsgehalt, -inhalt	64, 84 f.
Regelungsgrundlage	62
Regelungsintensität	62, 94
Risikobegrenzung	30 f.
Rückerstattungsansprüche	132 f.
"Rücknahme"-Vorbehalt	79, 80
Rückwirkung	61 ff., 75 ff.
"echte"	61
"unechte"	61
Rückwirkungsverbot	75 ff.
Schadensersatzforderungen	133
Schlechtwettergeld unter Vorbehalt	13 f.
"Sicherungsanordnung"	118
"Sozialakt"	58
Sozialrecht	9 ff.
Sozialstaatsprinzip	10, 24, 117
Staatshaftung	134
"Strukturtypus, rechtlicher"	40
subjektives Recht	140
Subventionsbewilligung, vorläufige	7 ff.
Subventionsrecht	12 f.
"summarische" Sachverhaltsprüfung	3, 6, 41, 55, 63, 37, 101
Tatbestandswirkung	137
Tatsachen, glaubhaft gemachte	41, 55, 101
Teilanfechtung	82, 141
Teilgenehmigungen	35 f., 43 f., 84
Teilhandlungen	84
Teilverwaltungsakte, vorläufige	91

Ungewißheit, Unsicherheit, Merkmal 33 ff.
Untersuchungsgrundsatz 54 f., 100 ff.
Unzumutbarkeit weiteren Abwartens 124
Verfahrensökonomie 29, 100
"Verfahrenswahl" 96 ff., 129
Verhältnismäßigkeit 117 ff., 130
Verhältnismäßigkeit i.e.S. 125 ff.
Verhältnismäßigkeit i.w.S 117 ff., 127
Verpflichtungsklage 141 f.
"vertikale Zerstückelung" 35
Vertrag, öffentlichrechtlicher 146
Vertrauensschutz 61 f., 77
Verwaltungsakt
  Auslegung 82, 131
  Bestandteil 53, 63, 81 f., 90
  endgültiger 9, 74, 92 ff., 128
  Ermessens- 116 f.
  gebundener 116
  materiellrechtliche "Befugnis" 96 f., 129 f.
  statusbegründender 114
  "sui generis" 80 ff.
  verfahrensrechtliche Zulässigkeit 92 f., 113
  vorläufiger 1 f., 3 ff., 40 ff.,
    92 ff., 145 ff.
  vorläufiger, Abgrenzung, Eingrenzung 39 ff.
  vorläufiger, Akzessorietät 41, 55, 65, 78,
    93, 122, 144
  vorläufiger, Anforderungen, sachent-
    scheidungsbezogene 97, 129 ff.
  vorläufiger, Bindungswirkung 135 ff.
  vorläufiger, Bestandskraft 135
  vorläufiger, Bezeichnungen, Erscheinungs-
    formen 2, 39, 71
  vorläufiger, Definition 6
  vorläufiger, Entfallen der Vorläufig-
    keitswirkung 136
  vorläufiger, Fortentwicklung 145 ff.
  vorläufiger, Hauptmerkmale 41 f
  vorläufiger, "innere" Wirksamkeit 137
  vorläufiger, Konstellationen, typische 33 ff.
  vorläufiger, Normierung 147
  vorläufiger, Prüfungsintensität 36, 51,
    63, 101
  vorläufiger, Rechtsbeständigkeit 85 f.

vorläufiger, Rechtsgrundlage,
    verfahrensbezogene   112 ff.
vorläufiger, Rechtsnatur   48 ff., 80 ff.
vorläufiger, Rechtswirkungen   135 ff.
vorläufiger, Regelungs-   123 f.
vorläufiger, Regelungsgehalt   89 f., 135
vorläufiger, Sicherungs- oder
    Aufklärungs-   120 ff.
vorläufiger, Tatbestandswirkung   137
vorläufiger, Teil-   44, 91
vorläufiger, verfahrensbezogene
    Anforderungen   98 ff.
vorläufiger, Vorläufigkeitscharakter   41, 127
vorläufiger, Zulässigkeit, ver-
    fahrensrechtliche   96 f., 98 ff.
vorsorglicher   2, 86 ff.
Verwaltungsrechtsverhältnis   3, 53, 58
Verwaltungstätigkeit
    gestaltende   14 ff.
    feststellende   14 ff.
    leistungsgewährende   7 ff.
Verwaltungsverfahren
    Einleitung eines –   98
    gestuftes –   43
    Haupt- , s. a. bei "Hauptverfahren"   92 ff.
    Kosten   144
    restriktive Handhabung   94, 147
    vorläufiges   1 f., 3 ff., 38 ff., 92 ff.
    vorläufiges, Definition   3 ff.
    vorläufiges, Verhältnis zum
        "Hauptverfahren"   92 ff., 147
Verwaltungsvorakt   45 f.
Verwirkung   138 f.
Vorbereitungshandlungen   84
Vorbescheid   43
vorläufige Maßnahmen   21, 79
"vorläufige positive Gesamtbeurteilung"   36 f., 43
"vorläufiges positives Gesamturteil"   36 f., 43
Vorläufigkeitsbestimmung   41
Vorschußleistungen   46
Vorteile für den Bürger   23 f.
Vorwegnahme der Hauptsache   93
"Wahrscheinlichkeit"   41, 101 f., 124
Wahrscheinlichkeitsbegriff, normativ-subjektiver   19, 41

"Wahrscheinlichkeitsdichte"   126
Wahrscheinlichkeitsprognose   102, 135
Widerrufsvorbehalt   69 ff.
Widerspruch   140
Wintergeld unter Vorbehalt   13 f.
Zeitdruckbefreiung   30 f.
Zusage   44 f.
Zusammenschau   145 ff.
Zusicherung   44 f.
Zuständigkeit   98 ff., 129
Zustandsveränderung   122